河南省软科学研究计划项目"县级政府预算绩效管理改革障碍与协同治理机制研究"（项目编号：222400410625）

江书军　著

全面实施预算绩效管理
理论与实践

QUANMIAN SHISHI YUSUAN JIXIAO GUANLI
LILUN YU SHIJIAN

中国财经出版传媒集团

经济科学出版社
Economic Science Press

·北京·

图书在版编目（CIP）数据

全面实施预算绩效管理理论与实践／江书军著．
北京：经济科学出版社，2024.5. ‒‒ ISBN 978 ‒ 7 ‒ 5218 ‒
5965 ‒2

Ⅰ. F812.3
中国国家版本馆 CIP 数据核字第 2024G4L155 号

责任编辑：武献杰
责任校对：杨　海
责任印制：邱　天

全面实施预算绩效管理理论与实践

江书军　著

经济科学出版社出版、发行　新华书店经销

社址：北京市海淀区阜成路甲 28 号　邮编：100142

编辑部电话：010 ‒ 88191441　发行部电话：010 ‒ 88191522

网址：www. esp. com. cn

电子邮箱：esp_bj@ 163. com

天猫网店：经济科学出版社旗舰店

网址：http://jjkxcbs. tmall. com

固安华明印业有限公司印装

710 × 1000　16 开　18.75 印张　350000 字

2024 年 5 月第 1 版　2024 年 5 月第 1 次印刷

ISBN 978 ‒ 7 ‒ 5218 ‒ 5965 ‒ 2　定价：128.00 元

（图书出现印装问题，本社负责调换。电话：**010 ‒ 88191545**）

（版权所有　侵权必究　打击盗版　举报热线：**010 ‒ 88191661**

QQ：2242791300　营销中心电话：**010 ‒ 88191537**

电子邮箱：**dbts@ esp. com. cn**）

前　　言

　　党的二十大报告从战略和全局高度，明确了进一步深化财税体制改革的重点举措，提出"健全现代预算制度"，为做好新时代新征程财政预算工作指明了方向、提供了遵循。全面实施预算绩效管理作为新时代党中央国务院的重大战略部署，进一步推动了我国政府治理模式和预算管理方式进行深刻变革与重构，对建立健全现代预算管理与公共财政制度、完善国家治理体系与提升国家治理能力现代化具有重要意义。自 2018 年 9 月《中共中央　国务院关于全面实施预算绩效管理的意见》（以下简称《意见》）印发实施至今，"全方位、全过程、全覆盖"的预算绩效管理体系基本建立，实现了从项目、政策到部门、政府预算绩效管理格局的跃升，实现了从事后绩效评价向事中绩效监控、事前绩效目标管理与评估全过程绩效管理链条的贯通，实现了从一般公共预算领域向政府性基金预算、国有资本经营预算、社会保险基金预算等领域的全覆盖，基本形成了成本预算绩效管理的探索路径，对落实党中央、国务院习惯"过紧日子"要求，解决财政资源配置和使用中的低效无效问题，增强政府预算透明度和财政统筹能力等方面取得了明显效果。

　　全书基于全过程预算绩效管理的理论建构、基本框架和逻辑体系，通过理论梳理和案例解析，系统阐述了预算绩效管理的基本理论、政策演进、地方实践、流程制度、操作要领、保障体系等内容。全书在撰写中力图将预算绩效管理理论与实践进行有效融合，实现理论性与实用性相统一，为理论界与实务界开展预算绩效管理工作提供理论参考和实操指导。本书共分为九章，首先，对预算绩效管理基础理论、政策演进与地方实践进行概述；其次，围绕全过程预算绩效管理的事前绩效评估、绩效目标管理、绩效运行监控、绩效评价、绩效信息公开与应用五个关键环节进行理论与实务论述；最后，对全面实施预算绩效管理的保障体系与其他领域的预算绩效管理案例进行研究。全书内容兼顾专业性和可读性、操作性与实用性，既可以作为高校研究生教学用书，也可以作为从事预算绩效管理专业领域的财政预算部门、第三方机构等开展绩效管理实操的指导用书。

衷心感谢河南理工大学研究生院的资助，感谢河南昭元绩效评价咨询有限公司提供的部分案例资料，感谢黄盼盼、刘培馨、王淼、荣俊峰、徐安莉、杨柳等帮助整理部分资料。本书系河南省软科学研究计划项目"县级政府预算绩效管理改革障碍与协同治理机制研究"（项目编号：222400410625）阶段性成果，由于作者水平所限，书中难免有疏漏和不足，恳请同行和读者不吝批评指正。

江书军

2024 年 4 月 22 日

目　　录

第一章

预算绩效管理概论

第一节　政府预算

一、政府预算内涵

政府预算是经法定程序由国家权力机关批准的政府年度财政收支计划，是政府组织和规范财政分配活动的重要工具。

1. 从内容及形式来看，政府预算表现为年度财政收支计划，即政府预算是政府根据国家政治、经济、文化、社会、生态各方面的发展规划和当年的政策目标在财政年度内对政府财政收支规模、结构进行预计、测算和安排。政府预算涵盖部门或单位所有的收入和支出，不仅包括财政预算内资金收支，还包括各项预算外资金收支、经营性收支以及其他收支；既包括一般预算收支，也包括政府性基金收支、国有资本经营预算、社会保险基金预算，体现了"大收入、大支出"的原则。从支出角度来看，政府把从社会国内生产总值中集中起来的政府资金在社会范围内进行分配，履行其公共职能，向社会提供公共产品和公共服务，满足社会公共需求。从政府收支来看，政府预算反映了政府财政资金的收入来源、规模和支出方向，反映公共财政参与国内生产总值分配与再分配的规模与结构。

2. 从决策程序来看，政府预算是人类在政治架构下的一种行为，预算过程就是一个政治过程，任何政治活动最终都通过预算过程来完成，任何形式的预算改革也都具有政治上的内涵，没有什么预算改革只是体现技术内涵。与此同时，预算是以公民偏好为前提，政府产出是这种偏好的反映和体现，虽然预算制定是由政府机构内部以及机构之间完成的，但这种预算制定也是基于一般利益集团或特定利益集团对公民偏好的反映，体现了公民的重要地位。由此，国家治理能力在很大程度上取决于其预算能力。

3. 从法律属性来看，政府预算是具有很强法律效力的文件。政府预算必须经过国家权力机关就其内容进行审核、批准后，政府预算才有效，政府才具有预算执行权，才能进行年度预算活动。政府预算的编制、执行、决算要按预算法进行；政府预算编制经过国家权力机关审查批准才能公布和实施；政府预算执行必须严格按照法律规定进行；政府预算调整必须严格按照法定程序进行，未经法定程序审批，任何人无权更改预算收支指标；政府预算必须按照法律规定进行编制和报告。政府预算和决算都必须按法律规定进行公开，接受监督。

4. 从功能作用来看，政府预算是对各类公共资源进行配置，在配置过程中实现人类的目的，本质上具有工具属性。政府预算通过对社会稀缺资源的配置，反映对社会各类未来支出项目进行的比较与选择。在发展市场经济的条件下，市场配置资源方面也存在市场失灵的情况，以及市场无法保证社会的公平，为此需要政府借助相关工具进行宏观调控，以保证市场的平稳运行、经济社会的稳定发展和实现社会的公平正义，政府预算即是政府施行宏观调控的一个重要工具。

二、政府预算特征

政府预算作为一个独立的财政范畴，是财政发展到一定历史阶段的产物，从预算的产生到发展为现代预算制度，其内涵不断得到完善和充实，并形成了区别于其他经济范畴和财政范畴的政府预算特征。

（一）法治性

法治性是指政府预算的形成和执行以及结果等全过程，都要在相关预算法律法规及制度的框架范围内进行，即法治性不仅限于预算文件的法律效力，而且预算全过程都要在法制环境中运行。政府预算的法治性体现在：第一，预算的编制、执行、调整和决算的程序是在法律规范下进行的；第二，有关预算级次划分、收支内容、管理职权划分等，都受《中华人民共和国预算法》（以下简称《预算法》）的约束。这样就使政府的财政行为通过预算的法治化管理，被置于社会公众的监督之下。

（二）约束性

约束性是指预算作为一个通过立法程序确定的对公共资源分配具有法律效力的文本，对在预算过程中的各利益主体都具有约束作用。预算约束强调预算的编制、审批、执行与决算过程都按规定的程序运行，使资源配置在每一环节都顺畅运行，规避政府公共资源与市场资源的错配。

（三）公共性

公共性是指通过预算分配的内容要满足社会公共需要，预算的运行方式要公开、透明、规范，预算运行的过程要接受立法及公众的监督，预算运行的结果要对公众负责。因此，相对于其他预算主体和传统的国家预算来说，政府预算具有很鲜明的公共性。

（四）综合性

综合性是指政府预算是各项财政收支的汇集点和枢纽，综合反映了国家财政收支活动的全貌，即预算内容应包含政府的一切事务所形成的收支，全面体现政府年度整体工作安排。

三、政府预算体系构成

政府预算体系指根据国家政权结构、行政区划和财政管理体制的要求而确定的各预算级次和预算单位，按一定组合方式组成的统一体。

根据《预算法》的规定，我国政府预算组成体系是按照一级政权设立一级预算的原则建立的。我国宪法规定，国家机构由全国人民代表大会、国务院、地方各级人民代表大会和各级人民政府组成。与政权结构相适应，并同时结合我国行政区域的划分，政府预算由中央预算和地方预算组成，地方预算由省（自治区、直辖市、计划单列市）、市、县（市、自治县）和乡（镇）预算组成。

▶▶▶ 专栏1-1 全口径预算管理

《预算法》第四条规定："预算由预算收入和预算支出组成。政府的全部收入和支出都应当纳入预算。"政府预算包括一般公共预算、政府性基金预算、国有资本经营预算、社会保险基金预算。

1. 一般公共预算是对以税收为主体的财政收入，安排用于保障和改善民生、推动经济社会发展、维护国家安全、维持国家机构正常运转等方面的收支预算。一般公共预算收入包括税收收入和非税收入。其中，税收主要包括增值税、企业所得税、个人所得税、资源税等；非税收入包括专项收入、行政事业性收入、国有资源有偿使用收入等。

2. 政府性基金预算是依照法律、行政法规的规定在一定期限内向特定对象征收、收取或者以其他方式筹集的资金，专项用于特定公共事业发展的收支预算。

3. 国有资本经营预算是对国有资本收益作出支出安排的收支预算。国有资本经营预算应当按照收支平衡的原则编制，不列赤字，并安排资金调入一般公共预算。

4. 社会保险基金预算是对社会保险缴款、一般公共预算安排和其他方式筹集的资金，专项用于社会保险的收支预算。社会保险基金预算应当按照统筹层次和社会保险项目分别编制，做到收支平衡。

一般公共预算、政府性基金预算、国有资本经营预算、社会保险基金预算应当保持完整、独立。政府性基金预算、国有资本经营预算、社会保险基金预算应当与一般公共预算相衔接。

四、政府预算管理

政府预算管理是指对一个预算周期内整个政府预算过程进行的管理。政府预算周期包括预算编制、预算审批、预算执行、预算调整、预算监督、决算和绩效评价等众多阶段，由预算程序、分类系统、预算文件、会计与报告、激励机制等诸多要素组成，体现了计划年度内政府的财政收支指标及其平衡状况，以及政府活动的范围、方向和政策。

（一）政府预算管理流程

政府预算的科学性、合理性需以严格的预算程序、预算步骤为保证。政府预算管理以年度为周期，依编制、审批、执行、调整、决算、监督和评价等环节循环往复，各环节紧密相连。

1. 预算编制是预算周期中最为重要的环节，是政府年度工作重点和工作方向的全面反映，包括政府预算收支计划的拟定及其确定。为保证预算编制的科学准确，在编制政府预算前需充分调研，科学筹划，谨慎决策。

2. 预算审批是保证预算合法有效的环节，由各级立法机关对同级政府提出的预算草案进行审查和批准。经过立法机关批准的预算属于法律文件，具有法律效力，非经法定程序不得改变。

3. 预算执行是各级财政部门和其他预算主体组织收入和划拨支出的活动，是将经法定程序批准的预算付诸实施的重要阶段。《预算法》规定，各级预算由本级政府组织执行，具体工作由本级财政部门负责。在预算征收方面，预算收入征收部门必须依法及时足额征收预算收入，不得违法擅自减免或缓征，不得截留、占用或者挪用预算收入。在划拨预算支出方面，各级财政部门必须按照有关规定及时足额拨付支出资金，加强对预算支出的管理和监督。

4. 预算调整须经立法机关批准，各级政府对于必须进行的预算调整，应当编制调整方案，由同级立法机构审查和批准。未经立法机构批准，任何部门不得擅自调整预算。

5. 决算是对年度预算收支执行情况的总结和最终反映，是预算管理不可或缺的环节，通过决算可以总结经验，发现不足，为财政统计和下年度预算科学编制奠定基础。

6. 预算监督分为预算编制监督和预算执行监督。预算编制监督主要为针对各级政府部门和财政部门预算编制行为的监督；预算执行监督主要为针对各级政府部门及财政部门的预算执行情况和决算开展的检查。

7. 绩效评价是财政部门和预算部门根据设定的绩效目标，运用科学合理的绩效评价指标、评价的标准和评价方法，对财政支出的经济性、效率性和效益性进行客观、公正的评价，其目的在于规范和加强财政支出管理，强化支出责任，建立科学、规范的绩效评价管理体系，提高财政资金使用效益。

（二）政府预算管理职权

预算管理职权是指确定和支配政府预算的权力和对于政府预算的编制、审查、批准、执行、调整、监督权力的总称。按照预算管理职权主体不同可以分为立法层面的预算管理职权和政府层面的预算管理职权。

1. 立法层面的预算管理职权。在我国，立法层面的预算管理职权表现为：全国人民代表大会审查中央和地方预算草案及中央和地方预算执行情况的报告；

批准中央预算和中央预算执行情况的报告；改变或者撤销全国人民代表大会常务委员会关于预算、决算的不适当的决议。全国人民代表大会常务委员会监督中央和地方预算的执行；审查和批准中央预算的调整方案；审查和批准中央决算；撤销国务院制定的同宪法、法律相抵触的关于预算、决算的行政法规、决定和命令；撤销省、自治区、直辖市人民代表大会及其常务委员会制定的同宪法、法律和行政法规相抵触的关于预算、决算的地方性法规和决议。

县级以上地方各级人民代表大会审查本级总预算草案及本级总预算执行情况的报告；批准本级预算和本级预算执行情况的报告；改变或者撤销本级人民代表大会常务委员会关于预算、决算的不适当的决议；撤销本级政府关于预算、决算的不适当的决定和命令。县级以上地方各级人民代表大会常务委员会监督本级总预算的执行；审查和批准本级预算的调整方案；审查和批准本级政府决算（以下简称本级决算）；撤销本级政府和下一级人民代表大会及其常务委员会关于预算、决算的不适当的决定、命令和决议。

设立预算的乡、民族乡、镇的人民代表大会审查和批准本级预算和本级预算执行情况的报告；监督本级预算的执行；审查和批准本级预算的调整方案；审查和批准本级决算；撤销本级政府关于预算、决算的不适当的决定和命令。

2. 政府层面的预算管理职权。我国政府预算由一级政府财政预算以及所属部门预算构成。各级政府是本级预算的行政管理机关，其主要职权有：预算编制权，即国家行政机构对预算编制的指导思想、收支范围、收支安排进行统筹决策的权利；组织执行权，即国家行政机构将预算通过一定的方式付诸实施的权利，提请审批、报告权，改变或撤销权等。

基于政府预算日常管理贯穿政府预算编制、执行和决算的全过程，按照我国《预算法》规定，各级预算由本级政府组织编制、执行和决算，即负责政府预算管理的组织领导机关是国务院及地方各级人民政府。国务院作为国家最高行政机关，负责编制中央预算、决算草案，向全国人民代表大会作关于中央和地方预算草案的报告，将省、自治区、直辖市政府报送备案的预算汇总后报全国人民代表大会常务委员会备案，组织中央和地方预算的执行，决定中央预算预备费的动用，编制中央预算调整方案，监督中央各部门和地方政府的预算执行，改变或者撤销中央各部门和地方政府关于预算、决算的不适当决定、命令，向全国人民代表大会、全国人民代表大会常务委员会报告中央和地方预算的执行情况。地方各级人民政府负责本级政府预算和本行政区域内总预算并对本级各部门和所属下级政府预算管理进行检查和监督。

第二节　预算绩效管理内涵

一、绩效与预算绩效

（一）绩效

"绩效"一词最初来源于企业管理。"绩效"就是个人、组织、政府等通过努力和投入所形成的产出和结果，以及产出和结果的合理性、有效性。

绩效与传统的行政效率概念既有联系又有区别。它们都讲求以最少的行政消耗获得最大的行政效果。但是，行政效率多是针对具体的行政行为，侧重于行政内部关系，即命令的执行情况。绩效涉及的主体行为既有具体的行政行为，也有抽象的行政行为，更注重行政与社会、行政与公民的关系，即支出的外部效果。因此可以说，绩效是一个在内涵、测量机制等诸多方面都比行政效率更复杂、更综合的范畴，在整个政府改革进程中，是一个比行政效率更加重要的焦点问题。其本质上是政府的发展观和政绩观的具体体现。

关于绩效的概念，不同的学者给出了不同的定义。伯拉丁（Bernardin，1995）等认为"绩效应该定义为工作的结果，因为这些工作结果与组织的战略目标、顾客满意感及所投资金的关系最为密切"。凯恩（Kane，1996）指出绩效是"一个人留下的东西，而这种东西与目的相对独立存在"。墨菲（Murphy，1990）给绩效下的定义是"绩效是与一个人在其中工作的组织或组织单元的目标有关的一组行为"。坎贝尔（Campbell，1993）指出"绩效是行为，应该与结果区分开，因为结果会受系统因素的影响"。他认为绩效不是活动的结果，而是活动本身，是人们实际做的，与组织目标有关，并且是可以观察到的行动，而且这些行为完全能由个体自身控制。奥斯本和盖布勒（Osborn and Gaebler，1992）认为，预算中的绩效是指将改变管理政策的方法运用到公共部门，以绩效的方法建立制度。

（二）预算绩效

"预算绩效"是由于预算实施所产生的效益、效率和效果，反映因预算安排和执行所达到的产出和结果。关于预算绩效的进一步阐述，1995 年学者芬维克提出了

"3E"标准，以经济性（economic）、效率性（efficiency）和有效性（effectiness）的衡量标准取代了传统的绩效管理评价，通过这一标准来获取和使用资源以更好地实现绩效目标。经过了一段时期的完善与发展，目前国内外普遍采取绩效预算的"4E"衡量标准（见图 1-1）：（1）经济性（economic），主要衡量政府部门投入成本的降低程度，要求各部门尽可能以最低的成本购买或提供特定的数量和质量的公共产品和服务；（2）效率性（efficiency），反映政府部门的最终工作成果与工作过程中资源消耗之间的对比关系，要求在既定的投入水平下达到产出最大化，或在既定的产出水平下实现投入最小化，即支出是否合理、高效；（3）效益性（effectiveness），通常是要求衡量政府所进行的工作或提供的服务在多大程度上达到了政府的目标并满足了公众的需求；（4）公平性（equity），主要衡量全部政府服务对象是否都受到了平等的对待，对于弱势群体或其他特殊群体是否有更多的政策倾斜等。总体上，绩效预算更强调产出和结果，关注支出的成本和效益，注重公众满意度。

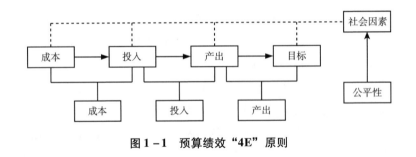

图 1-1 预算绩效"4E"原则

二、绩效预算

绩效预算（performance budgeting）是一个西方舶来概念，有着鲜明的西方语汇背景与较长的实践历史。绩效预算概念的提出是公共财政理论与实践的重大进步，它改变了传统预算单纯的资金分配职能，将政府投入的财政资金与政府的工作内容和效率紧密联系起来，要求每一笔预算资金的拨付必须符合公众预期的政府作为。因此，绩效预算概念绝不仅是财政或是预算领域的概念，它体现的是政府职能的转变。

20 世纪 40 年代末至 50 年代初，美国率先提出了绩效预算改革的理念。绩效预算的开创者胡佛委员会认为，绩效预算就是要重视产出，包括一般性质工作与重大工作的执行和服务的提供，而不仅是效仿过去的条目预算，单一着眼于投入。进入 20 世纪 90 年代，为了适应绩效预算实践的需要，美国成立了指导美国绩效预算改革的全国绩效评价委员会（NPR）。NPR 对绩效预算的定义是绩效预算是使命驱动、结果定位的预算，强调组织改变，包括组织结构和决策进程的改变，组织预算权的下放，加强预算过程与政策制定过程的联系，管理者注重设立目标，加强公共部门的绩效评价并向公众公开，目的是实现某种公众所预期的社会结果和公共满意度的提高。美国总统预算管理办公室（OMB）提出，绩效预算是阐明拨款所要达到的目标，为实现目标而拟定的计划需要花费多少钱，以及用哪些量化的指标来衡量其在实施每项计划的过程中取得的成绩和完成工作的情况的一种预算。

经合组织（OECD）认为，绩效预算是把资金分配与可度量的结果连接起来的预算形式。澳大利亚政府认为，绩效预算是政府行政活动的资金支持体系的一种评价模式，具体分成五个部分：一是政府要办的事；二是配置预算资源；三是以结果为中心制定绩效目标；四是评价目标实现状况的标准；五是评价绩效的指标体系。

一些西方公共经济学学者也尝试对绩效预算进行定义。科斯伦（Cothran，2000）认为，绩效预算是控制支出预算、利润分享及各种不同措施的预算制度。它对支出设置限额，采取由上而下的预算编制程序，给予部门管理者自主安排资金的权力，同时要求对预算执行结果负责。林奇（Lynch，2001）认为，绩效预算是公共管理者为开源而进行的一系列支出控制活动，这些活动从投入到产出，经过规划、评估、选择及绩效衡量的程序，以提高生产力及效率。艾伦·希克（Allen Schick，2003）认为，广义上的绩效预算是表达特定政府机构用所得到的拨款做了什么事情或希望做的什么事等信息的预算。狭义上的绩效预算是将每一项资源的增加与产出的增长相联系的预算管理模式。

对绩效预算概念的不同定义体现了不同国家及不同专家学者对绩效预算的不同理解。虽然在对概念的界定方面存在差异，但对绩效预算的核心理念已达成如下共识：绩效预算是一种以结果为导向的预算管理方式，符合新公共管理所倡导的理念，适应政府部门改革的需要。同时，在绩效预算中融入了市场经济的概念将政府预算建立在可衡量的绩效基础上，以提高财政支出效率，提升公共服务质量。

三、预算绩效管理

预算绩效管理是以预算为对象开展的绩效管理，它将绩效理念和管理方法融入预算过程中，使之与预算编制、预算执行、预算监督一起成为预算管理的有机组成部分，是一种以绩效目标为导向、以绩效监控为保障、以绩效评价为手段、以评价结果应用为关键的全过程预算管理模式，其根本目的是改进预算管理，优化资源配置，控制节约成本，提高公共产品质量和公共服务水平。

2011 年，我国财政部印发的《关于推进预算绩效管理的指导意见》明确指出：预算绩效管理是政府绩效管理的重要组成部分，是一种以支出结果为导向的预算管理模式。它强化政府预算为民服务的理念，强调预算支出的责任和效率，要求在预算编制、执行、监督的全过程中更加关注预算资金的产出和结果，要求政府部门不断改进服务水平和质量，花尽量少的资金、办尽量多的实事，向社会公众提供更多、更好的公共产品和公共服务，使政府行为更加务实、高效。推进预算绩效管理，有利于提升预算管理水平、增强单位支出责任、提高公共服务质量、优化公共资源配置、节约公共支出成本。

关于预算绩效管理的内涵，一般包括以下四方面的内容。

1. 预算绩效管理是一种先进的预算理念。它强调绩效的思想，强化支出责任和效率意识，树立产出和结果的导向，注重提高资金的使用效益，要求提高公共产品和服务的数量与质量。

2. 预算绩效管理是一种有效的技术工具。它是借鉴绩效管理的手段和方法，用于改进预算管理、完善预算管理的一种工具，主要侧重于技术方面的改进，而忽略政治上的衡量和淡化体制上的改革，因而更多的是作为一种技术方法应用到现行预算管理中去。

3. 预算绩效管理是一种完善的全过程机制。它在结果导向基础上实现对预算过程的管理，将预算作为一个管理的闭环，贯穿于预算编制、预算执行、预算监督之中，实现全方位、全覆盖，侧重于机制上的控制与改善，每一个环节是下一个环节的续接，体现了全过程的特征。

4. 预算绩效管理是一种创新的预算管理模式。它在本质上仍是预算管理，服务服从于预算管理，是对现有预算管理模式的改革和完善，并不是与预算管理相割裂、相并行的一个单独体系，而是利用绩效管理理念、绩效管理方法等对现有的预算管理模式的创新与提升，从而形成一个有机融合、全面衔接的全新预算管理模式，以强调资金使用效益，增强预算支出效率，实现资源的优化配置，提高财政管理水平。

▶▶▶ **专栏1-2 米尔顿·弗里德曼花钱办事的四种模式**

花自己的钱办自己的事，最为经济；

花自己的钱给别人办事，最有效率；

花别人的钱为自己办事，最为浪费；

花别人的钱为别人办事，最不负责任。

——米尔顿·弗里德曼

公共财政又称为"集众人之财、办众人之事"，干的就是"花别人的钱、给别人办事"的事情。因此，公共财政资金如何使用，需要报预算，经过立法机构的审查批准通过后，方可使用。并且在预算执行过程中，公共部门需要严格按照立法机构批复的预算，合规地使用纳税人的资金，不能随意地调整预算。而合规使用纳税人资金只是改革的第一步，公共部门还需要花好纳税人的钱，提高纳税人资金的使用产出与效果。

四、政府绩效管理

政府绩效管理，是指围绕政府绩效（government performance）开展的管理活动及其行为模式。政府绩效也称"政府业绩""公共组织绩效""国家生产力"等，就是政府通过资源配置而得到的有效输出，主要指政府及其部门履行自身职责的行为及其产出的结果和社会经济影响，是政府在行使其职能、实施其意志的过程中体现出的管理能力。它既包括政府"产出"绩效，又包括政府"过程"的绩效。"产出"绩效表现为政府提供公共服务和进行社会管理活动的数量、质量等方面的结果；"过程"绩效表现为政府在行使职能过程中的行为及其运转效率。政府绩效还可以从经济绩效、社会绩效和政治绩效等方面来分析。其中：经济绩效表现在经济发展的数量和效益上；社会绩效是经济发展基础上的社会进步，包括居民生活水平和生活环境的普遍改善；政治绩效主要体现在制度安排和制度创新方面的改进。随着公共管理的演进和实践发展，政府绩效的内涵也经历了由"以效率为核心"向"结果导向""多元价值导向""以公共价值为基础"

等内容的变迁，成为对公共管理领域效率、效益、效果，甚至是公平等一系列概念的综合与超越。

政府绩效管理主要是通过构建政府部门战略绩效管理模式，涵盖政府部门职能和战略规划的确定、绩效目标体系设计、绩效信息收集、绩效评价以及绩效改进等各方面内容，使政府部门的职能和战略与绩效管理相连接，以促进政府部门绩效的持续改进和提升。政府绩效管理作为一种新型的行政管理模式，主要是指通过建立科学合理的政府绩效评估指标体系和评估机制，对政府及其工作人员履行职能、完成工作任务以及实现经济社会发展目标的过程、实绩和效果实行综合考核评价，并根据考评结果改进政府工作、降低行政成本、提高政府效能的一种管理理念和方式。

五、相关概念辨析

（一）预算绩效管理与绩效评价的关系

预算绩效管理与绩效评价有着密切的联系。我国的预算绩效管理就是在绩效评价试点工作的基础上发展起来，预算绩效管理的核心是绩效评价，绩效评价成为实施预算绩效管理的重要手段。绩效评价是政府和财政部门根据财政效率原则，借助相应的绩效评价指标，按照一定的程序和标准对公共支出的绩效作出客观、公正的评价。它主要是对预算执行情况和执行结果的评价，侧重的是事后评价。

预算绩效管理与绩效评价又有所区别。总体而言，预算绩效管理的内涵范围更大，属于上位概念；而绩效评价的内涵相对较窄，是在预算绩效管理之下开展的一项工作，属于下位概念。绩效评价为预算绩效管理目标的实现提供保障，预算绩效管理则为绩效评价的实施提供前提和归宿。具体来讲，绩效评价实际上是预算绩效管理的一个重要组成部分，它反映了部门预算执行情况的效率和效果，体现为一种管理工具。预算绩效管理是一种由绩效评价手段支持的管理理念和管理机制相结合的综合体系，并在绩效评价的基础上利用绩效评价结果改善预算管理，改进预算分配决策，是一种全过程的绩效评价和预算管理系统。传统的绩效评价是一个相对独立的系统，通常与组织中的其他背景因素相脱离，如组织目标和战略、组织文化、管理者的承诺和支持等，而这些背景因素对于成功实施绩效评价有着非常重要的作用。正因为传统的绩效评价的局限性，才导致了绩效管理系统的改革。

综上所述，绩效评价和预算绩效管理是部分和整体、环节和流程、方法和目的、中心和全面的关系。绩效评价是支持预算绩效管理的工具和方法，属于预算绩效管理的重要一环。预算绩效管理以绩效评价为起点和基础，但并不仅限于单纯的绩效评价，而是以绩效评价为重点内容和中心环节，进而拓展到事前、事中、事后的管理过程，更强调系统和机制的作用。预算绩效管理与绩效评价的区别如表1-1所示。

表1-1   **预算绩效管理与绩效评价**

预算绩效管理	绩效评价
以绩效为目标的全过程预算绩效管理	预算绩效管理的重要环节和手段
侧重于信息反馈与预算管理的改进	侧重于支出绩效的判断和评价
伴随预算管理活动的全过程	只出现在特定的时期
事先的沟通与承诺	事后的考察与评价

资料来源：范柏乃. 政府绩效管理［M］. 上海：复旦大学出版社，2003.

（二）预算绩效管理与预算管理的关系

预算绩效管理是预算管理与绩效管理的有机融合，已经成为目前加强预算管理的重要内容，两者有着内在的紧密联系，并体现出一定的差异和不同。

一是预算绩效管理与预算管理在本质上是一致的。预算绩效管理强调预算支出的效率和责任，针对传统预算管理存在的"重分配、轻管理，重支出、轻绩效"问题，采用科学的体系和方法，突出强调绩效导向，目的是进一步改进预算管理水平，提高财政资金使用效益，其本身仍属于预算管理的范畴，而讲求绩效是预算管理的应有之义，其中优化资源配置、提高支出效益也是传统预算管理的重要职能。从这一点上看，两者的本质是相同的。

二是预算绩效管理依托于预算管理改革。实施预算绩效管理必须依赖一定的预算管理基础，近年来推进的部门预算等一系列预算改革，使得预算管理的科学性、规范性不断提高，为实施预算绩效管理提供了前提条件和坚实基础。同时，推进预算绩效管理，又可进一步促进预算管理改革的深化。两者互为依托，互相提供支撑。

三是预算绩效管理模式随着预算管理模式的发展而发展。预算管理模式是在综合考虑一国政治、经济、社会发展实际的基础上确定的，具有较强的时代特性，并伴随着社会经济的发展而不断进行调整和完善。预算绩效管理根植于预算管理模式之上，既要与其相适应，又要随着预算管理模式的发展而调整、完善。

（三）预算绩效管理与政府绩效管理的关系

预算绩效管理是政府绩效管理的重要组成部分，两者相互联系。预算是政府履行职能的物质基础、体制保障、政策工具和监管手段，是政府的主要职能和施政理念的体现。现代预算制度是政府公共支出的核心，因此预算绩效既是衡量政府绩效的主要指标和重要内容，也是影响政府其他功能性绩效的关键因素，预算资金使用的高效、责任、透明，又是政府部门履职高效、责任、透明的前提。预算绩效管理服务于政府绩效管理，与政府施政方向是一致的，推行预算绩效管理有利于提高公共服务质量，进一步转变政府职能，有效提升政府绩效，两者的根本目的是相同的。

预算绩效管理与政府绩效管理又存在一定的区别，主要在于两者的侧重点不同。政府绩效是包括预算因素在内的多种因素综合作用的结果。一般来讲，政府绩效主要包括政府业绩维度、政府行政效率维度、政府效能维度、政府行政成本维度四个维度，其中政府业绩和行政成本维度与预算绩效管理密切相关。但从整体角度来看，政府绩效管理通常更重视政府履职结果，其评价结果强调政府整体层面的绩效，预算投入及其管理只是其中一个重要的方面。预算绩效管理注重支出的责任和效率，关注公共资源的科学合理配置，强调财政投入和产出的关系，主要目的是改进政府预算管理，提高公共支出效率和资金使用效益。

（四）预算绩效管理与财会监督、绩效审计的关系

预算绩效管理与财会监督、绩效审计一样，都是加强预算管理、强化监督的重要手段，其目的是规范管理，强调效益，都属于广义的财政管理范畴。其中，绩效审计的概念最早出现于美国国会颁布的《政府审计准则》黄皮书中，并在美国、加拿大、瑞典等西方国家得到发展和完善。绩效审计在我国起步较晚，由审计署在其《2003－2007年审计工作发展规划》中较早明确提出绩效审计的要求。绩效审计与预算绩效管理一样，同属于政府绩效管理的组成部分，它是由独立的审计机构或人员，依据有关法规和标准，运用审计程序和方法，对政府及各隶属部门、事业单位等经济活动的经济性、效率性、效果性和资金使用效益进行的审计及评价，以促进政府科学管理、提高绩效的一种独立性的监督活动。

但是，上述三者之间也存在一些不同：一是定位不同。预算绩效管理是内部

管理，属于预算管理内容，财会监督、绩效审计是外部管理，属于监督管理活动。二是时间切入点不同。预算绩效管理贯穿预算全过程，涵盖事前、事中和事后各环节，而财会监督和绩效审计工作更多侧重于事后。三是工作的着重点不同。预算绩效管理的出发点和关注点在于预算是否实现了预期的产出和结果、财政支出是否取得了应有的效益，侧重于绩效。财会监督、绩效审计虽然也关注绩效，但更多的是合法性、合规性检查，侧重于监督。

（五）预算绩效管理与绩效预算的关系

预算绩效管理是借鉴绩效预算的理论，参考西方国家的经验与做法，结合我国国情，在财政预算管理中引入绩效理念，通过完善绩效评价手段和方法，建立绩效导向的管理机制，从而不断提高财政资金使用效益的一种预算管理模式。它与绩效预算既有联系，亦有区别，更有发展。

一是预算绩效管理与绩效预算在其理念和方法上有共同之处。比如，两者均以结果为导向，以提高财政支出效率、改进公共服务质量为最终目标；两者都要对预算进行考核和评价，明确预算支出绩效目标，然后依据一定的评价指标体系对其目标完成情况进行评价等。

二是预算绩效管理与绩效预算在发展上有着交叉的联系。从产生及发展阶段来看，先有绩效预算概念的提出，并在西方国家的实践中得到了重新的认识和重视。反过来，绩效预算理论与实践的发展，则进一步加深了我们对预算绩效管理的理解，强化了有关绩效管理的理念，进而在此基础上提出建立一种基于绩效管理的全新预算管理模式。可以说，预算绩效管理在一定程度上源于绩效预算，同时又融入中国国情因素，丰富了相关内容，推进了我国预算管理的创新。

三是预算绩效管理和绩效预算在具体管理上有着明显不同。如前定义所述，绩效预算是一个将资金分配与绩效紧密结合的预算系统，它侧重于预算编制环节，围绕产出来编制预算，强调预算编制的前瞻性、科学性和一定的灵活性，其实质是按照实现的产出和效果来分配预算、评价预算，是按照"办事的效果给钱"，即以绩效为基础来分配预算。预算绩效管理则是"先给钱、后看花钱的效果"，即在分配预算的基础上关注绩效、评价绩效，预算额度分配确定给部门后，由部门提出预期实现的绩效目标和指标，在预算完成后进行绩效评价，并作为下年预算安排的参考。这种模式主要是基于我国仍沿袭传统的"以收定支"预算管理方式而确定的，加上政治体制、行政决策等因素的制约，预算资金安排目前还难以完全以结果导向作为决定性因素。但是我国的预算绩效管理又加入了全新的管理因子，即强调从预算编制，执行到监督全过程的绩效管理，做到了事前有目标、事中有监控、事后有评价，相对于绩效预算将重点放在预算编制环节上的做法有所拓展。

第三节　预算绩效管理的内容与特征

一、预算绩效管理的主要内容

根据《中共中央　国务院关于全面实施预算绩效管理的意见》（以下简称《意见》）制度精神，全面实施预算绩效管理要求将绩效理念和方法深度融入预算编制、执行、监督全过程，构建事前事中事后绩效管理闭环系统。

（一）事前绩效评估管理

各部门各单位要结合预算评审、项目审批等，对新出台重大政策、项目开展事前绩效评估。事前绩效评估开展于预算编制阶段，是根据部门战略规划、事业发展规划、项目申报理由，对政策和项目实施的必要性、投入的经济性、绩效目标设置的合理性、实施方案的可行性、筹资的合规性等方面进行的评估，评估结果作为申请预算的必备条件。

（二）绩效目标管理

各部门编制预算时要贯彻落实党中央、国务院各项决策部署，分解细化各项工作要求，结合本地区本部门实际情况，全面设置部门和单位整体绩效目标、政策及项目绩效目标。

1. 绩效目标设置。绩效目标是预算绩效管理的基础，是整个预算绩效管理系统的前提，包括绩效内容、绩效指标和绩效标准。预算单位在编制下一年度预算时，要根据国务院编制预算的总体要求和财政部门的具体部署、国民经济和社会发展规划、部门职能及事业发展规划，科学、合理地测算资金需求，编制预算绩效计划，报送绩效目标。报送的绩效目标应与部门目标高度相关，并且是具体的、可衡量的、一定时期内可实现的。预算绩效计划要详细说明为达到绩效目标拟采取的工作程序、方式方法、资金需求、信息资源等，并有明确的职责和分工。

2. 绩效目标审核。财政部门要依据国家相关政策、财政支出方向和重点部门职能及事业发展规划等对单位提出的绩效目标进行审核，包括绩效目标与部门职能的相关性、绩效目标的实现所采取措施的可行性、绩效指标设置的科学性、实现绩效目标所需资金的合理性等。绩效目标不符合要求的，财政部门应要求报送单位调整、修改，审核合格的，进入下一步预算编审流程。

3. 绩效目标批复。财政预算经各级人民代表大会审查批准后，财政部门应在单位预算批复中同时批复绩效目标。批复的绩效目标应当清晰、可量化，以便在预算执行过程中进行监控和预算完成后实施绩效评价时对照比较。

（三）绩效运行监控管理

预算绩效运行监控管理是预算绩效管理的重要环节。各级政府和各部门各单位对绩效目标实现程度和预算执行进度实行"双监控"，发现问题时要及时纠正，确保绩效目标如期保质保量实现。各级财政部门建立重大政策、项目绩效跟踪机制，对存在严重问题的政策、项目要暂缓或停止预算拨款，督促及时整改落实。各级财政部门要按照预算绩效管理要求，加强国库现金管理，降低资金运行成本。

（四）绩效评价管理

预算绩效评价是预算绩效管理的核心。预算执行结束后，要及时对预算资金的产出和结果进行绩效评价，重点评价产出和结果的经济性、效率性、效益性和公平性。实施绩效评价要编制绩效评价方案，拟定评价计划，选择评价工具，确定评价方法，设计评价指标。预算具体执行单位要对预算执行情况进行自我评价，提交预算绩效报告，要将实际取得的绩效与绩效目标进行对比，如未实现绩效目标，须说明理由。组织开展预算支出绩效评价工作的单位要提交绩效评价报告，认真分析研究评价结果所反映的问题，努力查找资金使用和管理中的薄弱环节，制定改进和提高工作的措施。财政部门对预算单位的绩效评价工作进行指导、监督和检查，并对其报送的绩效评价报告进行审核，提出进一步改进预算管理、提高预算支出绩效的意见和建议。

（五）绩效评价结果反馈和应用管理

建立预算绩效评价结果反馈和应用制度，将绩效评价结果及时反馈至预算单位，要求其根据绩效评价结果，完善管理制度，改进管理措施，提高管理水平，降低支出成本，增强支出责任；将绩效评价结果作为安排以后年度预算的重要依据，优化资源配置；将绩效评价结果向同级人民政府报告，为政府决策提供参考，并作为实施行政问责的重要依据；逐步提高绩效评价结果的透明度，将绩效评价结果，尤其是一些社会关注度高、影响力大的民生项目和重点项目支出绩效情况依法向社会公开，接受社会监督。

二、预算绩效管理的特征

（一）以"结果"为导向

传统预算的最大缺陷在于预算支出缺乏明确的目标与结果考核指标，导致公共资金使用效益低下。绩效预算强调的是"结果"，而不仅是政府部门的"拨款"和"产出"。"结果"指的是政府支出所要实现某种既定的目标，包括效率、效益和受益对象满意度；而"产出"指的是生产了多少公共产品或是提供了多少公共服务。绩效预算不但阐述了政府"花了多少钱""钱花在何处"，而且更明确了纳税人最为关心的政府"花钱所产生的效果如何"的问题。

（二）强调"成本核算"

预算绩效管理从强调公共产品核算的角度，在预算中贯穿了成本核算的理念，更准确、更全面地反映政府在一个时期内提供公共产品和服务所耗费的成本，并更好地将预算成本与预期的产出效益进行比较，进行成本效益分析，有利于约束管理者控制成本，并对产出和效益负责，促进科学决策。

（三）追求"有效供给"

有效供给是指按绩效原则建立的一套支出与绩效相匹配的财政资金供给制度。它要求预算编制"该花的钱坚决满足"，而无绩效的支出则一分钱也不给，改变过去纯粹的货币拨款上的"讨价还价"，把预算资金分配与政府各部门业绩考核结合起来，按绩效进行奖惩，形成良好的激励约束机制，提高预算资金分配的科学性、合理性。

（四）"放权"与"问责"相结合

在预算绩效管理模式下，政府通过赋予部门充分自主权，强化部门管理者责任，促使部门按照成本效益原则，优化资源配置，提高财政资金的有效性。一方面，部门在既定的预算拨款额度内，自行决定如何优化配置资源、分配预算资金以实现本部门的绩效目标；另一方面，辅以完善的考核问责机制来强化跟踪问效和责任追究，即部门在享有管理灵活性的同时，要对未实现绩效目标的后果承担责任。

▶▶▶ 专栏 1-3 全面实施预算绩效管理与治理理念转变

2018 年 9 月，《中共中央 国务院关于全面实施预算绩效管理的意见》印发，全面实施预算绩效管理的顶层设计已经形成，我们进入了预算绩效管理的新时代。新时代要有新目标、新要求、新制度和新举措，我们要把思想认识和行动统一到党中央、国务院决策部署上来，增强"四个意识"，坚定"四个自信"，提高政治站位，把全面实施预算绩效管理各项措施落到实处。

全面实施预算绩效管理是新时代党中央、国务院的重大战略部署，是政府治理和预算管理的深刻变革。

首先是治理理念。坚持以人民为中心的发展思想，是习近平新时代中国特色社会主义思想的重要组成部分。中国特色社会主义进入了新时代，适应我国社会主要矛盾变化，必须坚持以人民为中心。以人民为中心就是要始终把实现好、维护好、发展好最广大人民的根本利益作为工作的出发点和落脚点，建设人民满意的服务型政府。全面实施预算绩效管理，要求在预算管理中全面融入绩效理念和绩效方法，更加注重结果导向。这一点本质上就是要以人民为中心，把取之于民的财政资金风险控制好、合理配置好、有效管理好、精准使用好，更高质量、更有效率、更加公平、更可持续地提高公共服务质量和水平，不断提升人民的获得感、幸福感、安全感。

其次是治理方式。全面实施预算绩效管理是推进国家治理体系和治理能力现代化的有力举措，是政府治理方式的深刻变革。预算是政府活动和宏观政策的集中反映，也是规范政府行为的有效手段。以全面实施预算绩效管理为关键点和突破口，解决好绩效管理中存在的突出问题，可以弥补我国政府实施绩效管理中的短板，有利于夯实各地区、各部门、各单位绩效主体责任，推动政府效能提升，加快实现国家治理体系和治理能力现代化。

最后是治理责信。责信是责任、说明、报告和信任的统一，是现代政府治理的基本准则。全面实施预算绩效管理突出责任和效率，关注产出和结果。预算绩效是衡量政府绩效的主要指标之一，本质上反映的是各级政府、各部门的工作绩效。全面实施预算绩效管理旨在实现预算和绩效一体化，将"花钱"和"办事"统一起来，通过绩效目标的设定、监控、评价、报告和公开，实现政府责任的计量化、透明化、可视化，这有效地反映了国家经济社会发展的大政方针和任务部署，体现了政府活动的范围和方向，成为落实现代政府治理责任的有效工具。全面实施预算绩效管理有利于促进各地区、各部门、各单位认真履职尽责，提高管理效率，全面提升政府效能，增强政府公信力和执行力，加快实现国家治理体系和治理能力现代化。

资料来源：白景明. 新意义、新目标、新制度、新要求：把全面实施预算绩效管理落到实处［J］. 中国财政，2019（10）.

三、预算绩效管理实施主体与覆盖范围

（一）实施主体

1. 党委政府。《意见》明确要求"要坚持党对全面实施预算绩效管理工作的领导，充分发挥党组织的领导作用，增强把方向、谋大局、定政策、促改革的能力和定力"。各级党委政府在预算绩效管理工作中要发挥好统筹指导、监督检查和奖惩激励的作用。

2. 财政部门。财政部门除了开展部门自身的预算绩效管理以外，还需要做好组织协调工作，发挥推动预算绩效管理工作的发动机和方向盘作用。财政部门在推动预算绩效管理工作中主要承担建章立制、指导预算部门开展绩效管理、组织协调、监督问责等职责。

3. 预算部门。预算部门作为部门预算绩效管理的责任人，"部门和单位主要负责同志对本部门本单位预算绩效负责，项目责任人对项目预算绩效负责，对重大项目的责任人实行绩效终身责任追究制，切实做到花钱必问效、无效必问责"。预算部门需要在以下几个方面承担起部门预算绩效管理的主体责任：一是制订部门绩效管理具体实施方案；二是开展部门全过程预算绩效管理；三是实现部门预算绩效管理全覆盖；四是理顺部门内部工作机制。

4. 人大。在预算法的基础上《关于人大预算审查监督重点向支出预算和政策拓展的指导意见》进一步明确了人大预算审查监督的重点，其中涉及预算绩效

的主要有五个方面：一是支出预算总量与结构；二是重点支出与重大投资项目；三是部门预算绩效的审查监督；四是财政转移支付绩效的审查监督；五是政府收支的绩效审查。

5. 审计机构。《意见》指出"审计机关要依法对预算绩效管理情况开展审计监督"。审计机关对照预算绩效管理制度，对各级政府各部门预算绩效管理情况开展审计。

6. 社会公众。社会公众参与的主要形式是第三方参与全过程预算绩效管理。第三方是指向委托方提供预算绩效管理工作相关服务的法人或其他组织，主要包括会计师事务所、资产评估机构、政府研究机构、高等院校、科研院所、社会咨询机构及其他评价组织等。另外专家和公众也可以根据相关规定参与到预算绩效管理的全过程。

（二）覆盖范围

《意见》明确提出要完善预算绩效管理体系，加强"四本预算"之间的衔接。

1. 建立一般公共预算绩效管理体系。各级政府要加强一般公共预算绩效管理。收入方面，要重点关注收入结构、征收效率和优惠政策实施效果。支出方面，要重点关注预算资金配置效率、使用效益，特别是重大政策和项目实施效果，其中转移支付预算绩效管理要符合财政事权和支出责任划分规定，重点关注促进地区间财力协调和区域均衡发展。同时，积极开展涉及一般公共预算等财政资金的政府投资基金、主权财富基金、政府和社会资本合作、政府采购、政府购买服务、政府债务项目绩效管理。

2. 建立其他政府预算绩效管理体系。除一般公共预算外，各级政府还要将政府性基金预算、国有资本经营预算、社会保险基金预算全部纳入绩效管理，加强四本预算之间的衔接。政府性基金预算绩效管理，要重点关注基金政策设立延续依据、征收标准、使用效果等情况，地方政府还要关注其对专项债务的支撑能力。国有资本经营预算绩效管理，要重点关注贯彻国家战略、收益上缴、支出结构、使用效果等情况。社会保险基金预算绩效管理，要重点关注各类社会保险基金收支政策效果、基金管理、精算平衡、地区结构、运行风险等情况。

| 第二章 |

预算绩效管理政策演进与改革实践

第一节　预算绩效管理政策演进

一、预算绩效管理起源阶段（20 世纪 90 年代末 ~ 2011 年）

预算绩效考评与评价在我国的起步与发展阶段始自 21 世纪初。2000 年，根据财政部安排，湖北省财政厅率先在恩施土家族苗族自治州选取 5 个行政事业单位进行评价试点，真正意义上的预算支出绩效评价开始在我国起步。2001 年，财政部要求各省份进行财政支出绩效评价工作的研究探索，并于 2002 年在内蒙古自治区召开"国家财政支出效益评价"座谈会，探讨财政支出绩效评价体系的构建，并成立课题组进行专题研究。

2001 年 7 月，财政部出台《中央部门项目支出预算管理试行办法》，提出将对中央部门年度预算安排的项目实行绩效考评制度，并将项目完成情况和绩效考评结果作为以后年度审批项目立项的参考依据。

2003 年，党的十六届三中全会《关于完善社会主义市场经济体制若干问题的决定》将"建立预算绩效评价体系"确定为我国财政预算改革的核心内容。与此同时，在我国的中央层面也已开始策划绩效考评试点，并制定了一系列单项性绩效考评管理办法，如《中央级教科文部门项目绩效考评管理施行办法》《中央级行政经费项目支出绩效考评管理办法（试行）》《关于开展中央政府投资项目预算绩效评价工作的指导意见》等。一系列中央部门项目绩效考评制度的出台，预示着以绩效考评为突破口的政府预算改革正式开启。从此，我国正式拉开政府预算绩效管理改革的序幕。

2005 年 5 月，财政部印发《中央部门预算支出绩效考评管理办法（试行）》，提出以绩效考评的内容、方法、指标、组织管理、工作程序以及结果应用为核心，开展预算支出绩效评价。该考评办法的实施对象虽然仅限于中央部门，但却为后续开展的预算绩效管理积累了丰富的经验。

2009 年 6 月，财政部印发《财政支出绩效评价管理暂行办法》。此暂行办法相比 2005 年的中央部门管理办法而言，扩大了绩效评价对象的范围，并对绩效目标的内容和要求作出了详细说明，要求将绩效目标编入部门年度预算，同时对绩效报告和绩效评价报告的撰写提出要求。同年 10 月，为在中央层面加速推进项目支出绩效评价，财政部发布《关于进一步推进中央部门预算项目支出绩效评价试点工作的通知》。这一通知将绩效评价各方职责放在首位，详细规定了项目承担单位、中央主管部门和财政部各自的职责，避免了责任真空地带或互相责任推诿现象出现。同时，还提出中央部门财政项目支出绩效评价采取"项目承担单位开展自评、中央主管部门组织实施评价和财政部进行重点评审"相结合的方式。该通知里提出的"一上"确定绩效评价项目、事前填报绩效目标、事后进行绩效自评和绩效评价、对评价结果进行应用的评价程序一直沿用至今，目前绝大部分中央部门的绩效评价工作依然按照此程序进行。

2011 年 4 月，财政部对 2009 年印发的绩效评价管理暂行办法进行了修订，同时发布《财政支出绩效评价管理暂行办法》，进一步细化了绩效评价的对象和内容、绩效目标、绩效评价指标、评价标准和方法、评价组织管理和工作程序、绩效报告和绩效评价报告、评价结果及应用，修订后的办法成为当时我国财政支出绩效评价重要的指导性文件。

2011 年 7 月，财政部出台《关于推进预算绩效管理的指导意见》，首次明确提出预算绩效管理包括绩效目标管理、绩效运行跟踪监控管理、绩效评价实施管理以及绩效评价结果反馈和应用管理，正式确立了我国实施全过程预算绩效管理的主要内容。

二、预算绩效管理发展阶段（2012～2017 年）

2012 年，财政部印发《预算绩效管理工作规划（2012—2015 年）》，将预算绩效管理规范为"预算编制有目标、预算执行有监控、预算完成有评价、评价结果有反馈、反馈结果有应用"的全过程预算绩效管理，并将预算绩效管理的重点工作确定为：（1）完善预算绩效管理制度体系和预算绩效评价体系；（2）健全专家学者库、中介机构库和监督指导库，提供以智库为基础的智力支持；（3）实施绩效管理范围、重点评价、评价质量和评价结果应用四个方面的相关工作。同期，财政部还发布配套文件《县级财政支出管理绩效综合评价方案》，明确了县级财政绩效评价基本行为规范。

2013 年 4 月，为落实完善绩效评价指标体系的要求，财政部印发《预算绩效评价共性指标体系框架》，对项目支出、部门整体支出、财政预算三个方面进行了绩效评价共性指标体系框架设计；同时出台《经济建设项目资金预算绩效管理规则》，指导绩效评价指标体系的构建和经济建设项目资金的绩效管理活动。

2014 年 3 月，财政部在《地方财政管理绩效综合评价方案》中规定，财政部每年对 36 个省（直辖市、自治区、计划单列市）的财政管理情况进行综合评价，具体包括实施透明预算、规范预算编制、优化收支结构、盘活存量资金、加强债务管理、完善省以下财政体制、落实"约法三章"、严肃财经纪律八个方面，评价结果作为相关转移支付分配的重要参考依据。

2014 年 10 月，国务院发布《关于深化预算管理制度改革的决定》，提出要"健全预算绩效管理机制。全面推进预算绩效管理工作，强化支出责任和效率意识，逐步将绩效管理范围覆盖各级预算单位和所有财政资金，将绩效评价重点由项目支出拓展到部门整体支出和政策、制度、管理等方面，加强绩效评价结果应用，将评价结果作为调整支出结构、完善财政政策和科学安排预算的重要依据"。该决定的出台为我国预算绩效管理工作的改进指出了更为明确的方向。

2015 年新实施的《预算法》首次以法律形式明确了财政预算绩效管理要求，为我国预算体制由传统预算向绩效预算转型奠定了坚实的法理基础。

2015 年 6 月，财政部发布《中央部门预算绩效目标管理办法》，将绩效目标分为基本支出、项目支出和部门整体支出三类，对绩效目标的设定、审核、应用作出详细规定，以促进绩效目标和预算执行、绩效评价的融合，全过程预算绩效管理机制各环节实现联结，该办法是将绩效目标管理纳入全过程预算绩效管理机制后进行模块化管理的开端。

同期，财政部将部门投资评审中心更名为预算评审中心，并于 2015 年 6 月正式发文《关于充分发挥预算评审中心职能作用切实加强预算管理的通知》，对财政部预算评审中心的职能和作用进行了重新界定。预算评审中心的职能作用是：（1）建立预算评审机制，将预算评审实质性嵌入部门预算管理流程，使预算评审成为预算编制的必要环节，提高预算编制的真实性、合理性和准确性。

（2）全过程参与预算绩效管理，成为绩效管理的重要组成部分，为提高财政资金使用效益服务，促进形成预算编制、执行、监管、绩效评价相互衔接相互制约的工作机制。自财政部预算评审中心更名并转换职能后，全国各地方纷纷成立地方预算评审中心，这些机构在全面推进预算绩效管理改革中发挥了积极的促进作用，成为我国预算绩效管理改革重要的有生力量。

2015年9月，财政部印发《中央对地方专项转移支付绩效目标管理暂行办法》，规定中央对地方专项转移支付在填报绩效目标的同时要加强绩效目标审核，同时还制定了较为完善的绩效目标申报及审核表等规范性文本，并对中央对地方专项转移支付绩效目标的批复、调整与应用提出了相应要求。

2016年7月，财政部印发《关于开展2016年度中央部门项目支出绩效目标执行监控试点工作的通知》，选择教育部、国土资源部、工业和信息化部等15个中央部门的部分项目开展项目支出绩效目标执行监控试点，以一级项目为对象，对项目绩效目标的完成程度及趋势进行监控，对绩效目标的偏离予以警示，对预计年底不能完成绩效目标的原因及拟采取的改进措施进行说明。

2017年3月，财政部、环境保护部联合发布《水污染防治专项资金绩效评价办法》，强化水污染防治专项资金管理，以提高资金使用的规范性、安全性和有效性，支持和引导《水污染防治行动计划》目标任务的实现。2017年9月，为进一步发挥绩效评价对财政专项扶贫资金使用管理的导向和激励作用，财政部和国务院扶贫办联合发布《财政专项扶贫资金绩效评价办法》，开展财政专项扶贫资金绩效目标管理工作，探索经验，并结合实际逐步推进。

上述文件的出台是对国务院《关于深化预算管理制度改革的决定》文件精神的积极响应，同时，也在拓展绩效管理范围、强化绩效目标管理、加强结果应用等方面发挥了积极作用，使我国全过程预算绩效管理形成了闭合链条。与此同时，地方预算绩效管理改革也在不断深化，在事前绩效评估、第三方绩效评价、绩效评价结果应用等方面积累了不少成功经验。

三、预算绩效管理全面实施阶段（2017年至今）

2017年10月，党的十九大报告中指出，要加快建立现代财政制度，建立权责清晰、财力协调、区域均衡的中央和地方财政关系。建立全面规范透明、标准科学、约束有力的预算制度，全面实施绩效管理。为我国预算绩效管理的深化改革指明了方向。

2018 年 9 月，《中共中央　国务院关于全面实施预算绩效管理的意见》（以下简称《意见》）提出，创新预算管理方式，更加注重结果导向、强调成本效益、硬化责任约束，力争用 3 ～ 5 年时间基本建成全方位、全过程、全覆盖的预算绩效管理体系，实现预算和绩效管理一体化。同年，财政部以《意见》为指导，印发《关于贯彻落实〈中共中央　国务院关于全面实施预算绩效管理的意见〉的通知》，提出全面实施预算绩效管理的路径与总体目标，即到 2020 年底，中央部门和省级层面要基本建成全方位、全过程、全覆盖的预算绩效管理体系，既要提高本级财政资源配置效率和使用效益，又要加强对转移支付的绩效管理，防止财政资金损失浪费；到 2022 年底，市县层面要基本建成全方位、全过程、全覆盖的预算绩效管理体系，做到"花钱必问效、无效必问责"，大幅提升预算管理水平和政策实施效果。同期，财政部针对政府购买行为的第三方绩效评价工作出台《关于推进政府购买服务第三方绩效评价工作的指导意见》，并选取天津市、上海市、深圳市、江苏省、浙江省等 10 个地区开展试点。

2020 年 2 月，财政部印发《项目支出绩效评价管理办法》，该办法针对当前阶段项目支出绩效评价领域绩效自评不实、绩效评价方法不统一、结果应用软约束等问题，为便于评价结果相互比较，突出结果导向，提高绩效评价工作质量和可操作性，从绩效评价框架体系、绩效评价指标、标准和方法、绩效评价结果应用等方面进行了重新界定。

2020 年 8 月，《预算法实施条例》对于预算编制和执行中绩效管理的实施办法作出了进一步的细化和完善，具体体现在绩效目标设置、评价内容选择、绩效评价的部门职责以及绩效评价结果应用四个方面。

2021 年，财政部先后印发了《关于委托第三方机构参与预算绩效管理的指导意见》《第三方机构预算绩效评价业务监督管理暂行办法》两项制度，对引导和规范第三方参与预算绩效管理，科学界定第三方机构的权责利，提升预算绩效管理服务质量提供了指引。

2021 年 8 月，为提升中央部门项目支出绩效目标编制质量，推动加强和改进绩效自评工作，突出成本效益原则，财政部印发《中央部门项目支出核心绩效目标和指标设置及取值指引（试行）》，对绩效目标及指标设置思路和原则，绩效指标的类型、设置要求、具体编制进行了说明。

随着预算绩效管理政策措施的不断完善，体制机制的不断创新，我国预算绩效管理逐步迈入改革创新的深化阶段，逐步实现了全方位、全过程、全覆盖的预算绩效管理体系的构建，为提高财政资源配置效率和使用效益，改变预算资金分配的固化格局，提高预算管理水平和政策实施效果，为经济社会发展提供有力保障。

第二节　预算绩效管理改革的地方实践

一、省级层面改革实践

（一）北京模式——破解成本控制管理密码①

全面实施预算绩效管理是深化财税体制改革、建立现代财政制度的重要内容。北京市自 2002 年启动预算绩效管理试点工作以来，牢固树立"过紧日子"的思想，不断强化绩效理念和成本意识，加快推进预算绩效管理体系建设。经过几年改革实践，北京市形成了以提升治理能力为目标，以事前绩效评估为引领，以全成本预算绩效管理为基石的预算绩效一体化管理"北京模式"。2019～2021年，北京市全成本预算绩效改革更好地树立了成本控制理念，实现节支超 250 亿元，在降本增效方面取得了积极成效。

1. 把方向、定目标——成本预算绩效管理工作的"火车头"。北京市委、市政府主要领导将全成本预算绩效管理工作作为不断提升政府治理能力的有效手段，亲自部署和推动，召开专题会研究重点领域成本绩效管理措施，提出明确要求，为推进改革指明了方向，提供了坚强后盾。2019 年，北京市委、市政府印发《关于全面实施预算绩效管理的实施意见》，确立了全方位格局、全过程闭环、全范围覆盖、全成本核算、多主体联动（即"四全一多"）的全面预算绩效管理体系建设总体目标。北京市财政局党组不折不扣落实市委市政府要求，专题研究部署各阶段全成本预算绩效管理改革的领域、方法和目标，建立局长办公会定期通报机制，按计划分批分步有序推进改革工作，形成了全局上下齐抓共管全成本预算绩效管理的工作格局。

2. 建规章、明机制——成本预算绩效改革推行的"指挥棒"。北京市不断加强制度顶层设计，将部门全过程业务环节纳入预算绩效管理，建立"1 + 1 + N"

---

① 探寻预算绩效管理"北京模式"破解北京成本控制管理密码［EB/OL］.［2022 - 04 - 06］. http：//www. mof. gov. cn/zhengwuxinxi/xinwenlianbo/beijingcaizhengxinxilianbo/202204/t20220406_3801145. htm.

制度体系框架，形成了以市委、市政府《关于全面实施预算绩效管理的实施意见》为核心、以《北京市预算绩效管理办法》为统领，涵盖事前绩效评估管理、绩效目标管理、绩效评价管理、绩效评价结果应用、绩效信息公开、绩效考核等预算绩效管理各个环节的9个制度、13类共性指标体系、15个操作规范、25个工作模板、65个绩效目标样表，初步构建起较为完善的预算绩效管理制度体系。在强化制度规范的同时，实行全过程的成本管理和控制，实现了"预算编制核成本、预算执行控成本、预算评价考成本"的全流程绩效管理机制。

在预算编制阶段，以事前绩效评估为抓手，在项目初期立项时就注重合理把控项目成本，注重增强项目产出效益，在前端实现"预算支出结构优化、项目投入成本量化"；在预算执行阶段，对预算执行进度和项目绩效目标完成情况实行"双监控"，及时发现项目执行中出现的问题和偏差，督促有关单位及时纠正，保障高效按期实现绩效目标；在项目决算阶段，单位严格依据设定的绩效目标对项目资金使用情况进行成本效益分析，实行绩效评价结果与政策调整和预算安排"双挂钩"。

3. 多主体，巧联动——成本预算绩效管理工作的"助推器"。北京市在全成本预算绩效管理中不断完善多主体协同联动机制。一是积极邀请市人大代表、政协委员参与事前绩效评估和事后绩效评价工作。二是横向加强相关部门对接。市审计部门加强成本绩效审计监督，市发展改革委开展政府性投资项目全过程成本管控，合力破解成本绩效管理改革推进中的瓶颈，形成协同共推机制。三是纵向联合各区层层落实。指导督促各区切实履行绩效管理主体责任，加快预算绩效管理体系建设。2020年开始，常态化推动区级财政运行综合绩效评价，建立定期通报机制，促使各区加强成本管控。四是引入高端智库。建立北京市财政预算绩效管理专家库，充分发挥专业特长开展评估评价，发挥高校等第三方机构独立作用和专业优势。2021年，北京市财政局与中央财经大学合作，编制出版了《预算绩效管理"北京模式"》一书，系统总结了北京市绩效管理工作的理论基础和实践成果。

4. 以"事前绩效评估"为引领，为预算绩效管理"把关守口"。北京市在全国率先推行以事前绩效评估为引领的全过程预算绩效管理。在资金分配前端引入绩效分析，通过对新增重大事业发展类项目和政策开展事前绩效评估，着重论证项目或政策实施方案的必要性、可行性、效率性、效益性及经济性，从源头上提高预算编制的科学性和精准性。鼓励项目单位在预算编制时，运用成本效益分析方法对比不同方案成本绩效优劣，在方案论证阶段即开展成本管控。通过项目立项事前评估推动预算安排风险防控前置,实行预算项目随报、随评、随入库管理,做实做细项目储备,对于评估成本不实、措施不严、方案不可行的项目不安排预算并核减单位预算规模,努力实现预算一经批准即可实施。2019~2021年,共完成400余个项目(政策)的事前绩效评估,核减金额超过28亿元,有效节约财政资金。

5. 以"成本绩效分析"为基石,打造预算绩效管理支撑点。成本绩效分析是开展全成本预算绩效管理的关键环节和核心方法。北京市通过多年探索实践,建立了以成本数据为基础的定额标准体系,完成了覆盖生态保护、城市管理、产业发展、教育教学、乡村建设、医疗卫生等基础设施建设和公共服务等领域的全成本预算绩效分析工作。2021年,北京市印发《关于开展2021年成本预算绩效分析工作的通知》,要求所有纳入市政府绩效考核的市级部门结合自身职责,对本行业本领域内的1~2个延续性项目开展成本预算绩效分析。各区各部门分析领域涵盖广泛,包括购买服务类、改造类、运维类、检测类、行政运行类等领域,通过成本绩效分析,各区各部门对本行业本领域的支出标准进行了优化调整和新设,填补了有关领域支出标准的空白。以公用事业领域为例,通过历史数据纵向比较和同类型企业横向对比,系统梳理历史成本变化情况,深入剖析企业成本结构,评估财政补贴的合理性,指导企业制定降本提质增效目标方案,倒逼企业加快结构调整,提升可持续发展能力。

6. 以"构建定额标准"为路径,确保实现降本增效目标。由点到面、逐步深化全成本预算绩效改革。2018年,选择学前教育、养老机构运营2个项目开展全成本预算绩效分析试点,在全国率先破题。2019年,进一步扩展到城市运行、生态环保、医疗卫生等领域27个项目,形成了89项定额标准并用于年度部门预算编制,明确了全成本预算绩效管理的方法和路径。2020年,推进改革向公用事业、政府投资等重点领域全面拓展延伸,涉及资金占年度支出规模达六成。2021年,组织市级部门开展成本绩效分析,累计梳理形成122项支出定额标准,并已全部用于年度预算编制,强化成本约束。节约财政资金统筹用于支持重大战略、重点改革和重大政策项目落地。

成本预算绩效分析目的是加强财政资源统筹,寻找提升财政资金使用效益的路径和方法,为政策调整和管理改进提供新思路,让政策支持更加灵活有度,财政资金使用更加有效。下一步,北京市将继续纵深推进预算绩效管理工作常态化,将改革推向市级部门、区乡基层和各重点支出领域推进。引导督促区街乡镇开展全成本绩效管理,对行政运行、农林水、教育、文化、经济建设等领域加强成本管控，加快形成"横向到边、纵向到底"的分领域、分行业支出标准体系，不断提高财政资金使用效益，提升财政预算科学化、精细化管理水平。

（二）山东路径——探索独具特色的绩效管理①

山东的预算绩效管理改革自 2019 年拉开帷幕，经过近几年的改革实践，省、市两级基本建成全方位、全过程、全覆盖的预算绩效管理体系。

1. 统筹推进，初步形成大绩效管理格局。横向上，加快"一体化"融合。借助预算管理一体化系统推广应用，构建事前、事中、事后"三位一体"的绩效管理"闭环"，推动绩效管理由"软要求"向"硬约束"转变。山东省预算绩效管理已拓展到"四本预算"，涵盖了政府债券、政府引导基金、政府购买服务等各类支出，部门单位"重绩效、抓绩效、讲绩效"的氛围日益浓厚。纵向上，实现"上下级"贯通。到市县开展各类政策宣讲和培训授课 200 余场，并实施"重点县推进行动"，建立 16 个示范县和 16 个突破县"两张清单"，示范引领、以强带弱，将预算绩效管理链条延伸至基层单位和资金使用终端。截至 2022 年，预算绩效管理的各项改革任务已在市、县两级全面铺开。整体上，强化"指挥棒"引导。发挥考核"指挥棒"的作用，注重强化工作督导，2019 年制订绩效管理三年行动方案，实施联合督导；2021 年又分别与省人大建立工作协同推进机制，与省审计厅建立财审协同联动机制，凝聚起绩效督导监管的强大工作合力。

2. 动真碰硬，有效提升财政资源配置效率。坚持真抓、严管，不断提升绩效管理工作质量，增强财政资源配置效率和资金使用效益，有效缓解财政收支"紧平衡"压力。预算安排前，实施精准把关。规定新增重大政策和项目必须开展事前绩效评估，将其作为编报项目库和申请预算的前置条件，预算编制更加科学、细化、精准。预算执行中，强化监控纠偏。持续加大预算绩效监控力度，充分利用信息化手段，对项目资金绩效目标实现程度和预算执行进度实行"双监控"，给财政资金戴上"紧箍咒"，设置风险防控"预警灯"，推动部门单位及时纠偏，校准方向，改进管理。2019～2021 年，在部门单位全面自行监控的基础上，各级财政部门共对 1.5 万余个项目开展重点监控，监控资金规模 1 923 亿元，根据监控情况收回、调整预算 106 亿元，腾出资金用于疫情防控、民生保障等急需支出。预算结束后，加强评价问效。坚持"花钱必问效"，建立项目支出"单

---

① 山东大绩效管理格局初步形成 [N]. 中国财经报，2022 – 05 – 17.

位自评 + 财政抽查复核"和"部门评价 + 财政重点评价"的全方位绩效评价机制,财政抽查复核和重点评价不断扩围、持续加码,真正实现"干与不干不一样,干好干差不一样"。

3. 创新引领,绩效管理"山东模式"逐渐成熟。坚持因地制宜、兼收并蓄、守正创新,积极探索独具特色的绩效管理"山东路径""山东模式"。聚焦财政政策提质增效,探索"4 + 2 + 1"全生命周期绩效管理。对实施期超过一年的重大政策,在不同实施阶段,分别有侧重地组织开展前期论证、中期评估、到期评价和综合评定 4 项工作,重点关注政策设计和资金使用"两个有效性",从根本上实现"提高政策实施精准度"这一目标。截至 2022 年,省级已连续两年对 16 项重大政策开展了全周期跟踪问效,市县全周期跟踪问效的政策达到 724 项。通过这一全新管理模式,及时对设计不合理、执行有偏差的政策按下"暂停键",有效解决了资金固化和政策项目"只能上、不能下"的问题。聚焦提升履职效能,探索"六步接力"部门支出整体绩效管理。充分发挥部门单位绩效管理的主体责任,建立以构建指标体系为起点,涵盖目标编报、部门自评、绩效报告、财政评价、结果应用 6 个步骤的部门支出整体绩效管理模式,全面提升部门单位的绩效管理水平。省市两级已实现部门整体绩效管理全覆盖,县区试点全面推开,许多部门单位将绩效管理与职能运行同步考量、同步推进,取得了"共赢"的效果。聚焦过"紧日子"要求,探索"成本与效益并重"的成本绩效管理模式。将企业管理中的成本理念引入预算管理,通过成本分析、测算和控制,实现"少花钱、多办事"。2021 年,组织 16 个市选取 6 大领域 50 个项目开展成本绩效管理试点,在同等产出和效益水平下,实现了压实成本、节约投入的预期目标,有的延续性项目还提炼形成预算支出标准,预算编制更加科学高效。

4. 长效管用,全面夯实基础支撑体系。围绕"标准科学、制度完备、规范高效"目标,加快构建基础支撑体系,推动预算绩效管理程序规范、方法合理、结果可信,绩效管理的科学化、精细化、规范化水平进一步提高。管理制度更加健全。坚持制度先行,指导各级建立健全涵盖绩效管理各领域、各环节的制度办法和工作规范。截至 2022 年,省级已构建起"1 + 2 + 30"的预算绩效管理制度体系,16 市出台的制度办法、工作规程等达 320 多项。指标标准更加完善。省级高质量建设"共性 + 专项 + 部门"、分行业、分领域、分层次的预算绩效指标标准体系,覆盖省直 107 个部门、5 068 条指标;制定了养老服务、高水平大学和高水平学科建设等支出标准 300 多项。专业队伍更加壮大。2021 年,整合原有 7 个事业单位的职能和力量,成立省财政绩效评价中心,山东省 13 市也相继成立绩效评价专职机构，省市两级绩效评价专业力量达 900 多人。同时，还积极引导和规范第三方机构参与绩效管理，建立了专家咨询机制。公开机制更加完备。坚持既亮"报账单"，也晒"成绩单"，建立绩效信息向人大报送和向社会公开常态化机制，以公开倒逼改革推进，以公开促进效益提升。省级连续 6 年公开财政评价结果，2022 年将 37 大类重点支持项目和 172 个部门预算重点项目的绩效目标报送省人大参阅，公开了 30 个重点评价报告，主动接受社会监督。

（三）广东模式——打造预算绩效管理新格局①

近年来，广东省财政厅持续推进预算和绩效管理一体化，谋划新思路，落实新举措，以深化预算绩效管理改革为着力点，打造"上下畅通、前后呼应、纵横覆盖、理论实践一体"的预算绩效管理新格局。

1. 高度重视，预算绩效管理是广东省财政改革两大抓手之一。首先，广东省委、省政府对于预算绩效管理给予高度重视。2018 年《中共中央　国务院关于全面实施预算绩效管理的意见》下发以后，省委、省政府马上布置研究起草，2019 年 2 月广东省委、省政府印发《广东省关于全面实施预算绩效管理的若干意见》，要求在三年内建成全方位、全过程、全覆盖、制度化、规范化、标准化、信息化的具有广东特色的预算绩效管理体系。同时，广东省领导对预算绩效管理高度关注，在多个场合都对预算绩效管理提出要求，并对绩效评价结果运用作出具体部署。

全面实施预算绩效管理是广东省财政改革两大抓手之一，另一个抓手是预算编制执行监督管理改革。广东省从 2018 年开始预算编制和执行监督管理改革，通过"强两头、优化中间"的管理模式使财政部门更加聚焦主责主业。"强两头"就是强化预算编制和预算监督，"优化中间"就是把更多的资金分配权限压实到业务主管部门身上，让财政部门将更大精力、时间投入到财政改革，更多地做好预算编审和预算执行监督。绩效管理可以贯穿预算编制、执行和监督的全过程中。通过两大改革，部门预算编制的主动性和积极性得以提高，对绩效的意识和理念也得到迅速提升。

2. 制度保障，有序推进，基本实现绩效评价全覆盖。广东省自 2003 年开始，就率先探索绩效评价的试点工作。一直以来注重建章立制，形成了一套比较完整

---

① 广东省财政厅：全面实施预算绩效管理的广东实践［EB/OL］．［2020 - 09 - 21］．http：//czt. gd. gov. cn/jxglxxgk/content/post_3088463. html.

的绩效管理制度，包括项目支出、整体支出、政策管理等绩效评价的综合性文件，也制定了到期专项资金、一般性转移支付资金、十件民生实事等绩效评价的专项办法，同时研究了自评管理、第三方管理、绩效指标库管理和绩效报告质量控制的操作规程和具体指引，形成了层级配套、功能协调、体系完备的制度体系。同时，该省从 500 万元以上项目支出开展绩效评价开始，目前已经做到了一般公共预算、政府性基金预算、国有资本经营预算和社会保险基金预算等财政"四本预算"的全覆盖。

3. 多方管理合力，促进绩效理念和绩效意识的迅速增强。一是压实各业务部门的主体责任。目前，广东省部门整体支出和专项资金的绩效自评要求全覆盖，而且该省也已形成一套自评的复核体制，对绩效自评结果进行复核，包括第三方的复核；同时，将自评报告由分散公开向集中公开转变，进一步压实部门责任，进一步强化公众监督的力度。二是财政部门的重点评价力度不断增强，不断扩围。自 2011 年以来，每年都委托第三方独立开展重点评价；2019 年，广东省本级对乡村振兴战略新增债券、生态环保到期项目等近 100 个、2 263 亿元项目实施重点评价。重点评价的范围包括十件民生实事、到期专项资金、涉农资金整合，还有省委、省政府重点关注的资金，都纳入重点评价的范围。三是人大绩效监督机制初步形成。广东省人大从 2014 年开始了绩效监督工作，每年该厅都会配合评价工作，至今已完成了 14 个领域的评价；2019 年开始，广东省政府每年都要向省人大常委会汇报有关专项资金绩效情况。2019 年 11 月，向广东省人大常委会汇报 2016～2018 年省级财政专项资金支出的绩效情况。

4. 绩效管理抓关键环节有新突破。

（1）抓目标管理有突破。一是印发绩效目标管理办法。预算绩效管理是从目标、评价到结果应用的一个闭环，而目标管理是开端。如果目标做不好，那么评价工作就会很被动。2019 年广东省根据预算编制执行监督改革的要求，于 2019 年 8 月重新修订印发了省级的预算绩效目标管理办法，对部门整体支出、专项资金、一般转移支付、专项转移支付和涉农整合资金，根据不同属性和特点，对于申报范围、申报程序、申报内容、审核要求都提出了明确的规范。二是建立广东省财政绩效指标库。2018 年，广东省收集整理绩效指标，目前已收录 52 个子类、277 个资金用途的广东财政绩效指标库。指标库实行常年开放，动态管理，实行业务部门填报、财政部门审核的共建方式。截至编制 2020 年预算时，该省指标库已经收录 18 704 个绩效指标，指标库可以将标准值、历史值与填报值进行比对，加强绩效目标审核的科学性；各单位也在填报绩效目标过程中，将

"填空题"变为"选择题"。三是实现目标申报与预算编制的"五同步"。即：同步布置、同步申报、同步审核、同步下达、同步公开，确保目标深度融入到预算编制中。四是引入第三方申报辅导机制。很多部门在填报的初期，对于如何填报绩效目标，如何填好绩效目标以及绩效目标的具体要求，在概念上都比较模糊，在操作上也不太清晰。因此，该省厅借助第三方力量对部门进行一对一辅导。每年预算编制时，广东省财政厅会组织第三方机构对口服务部门，不断提高绩效目标的填报质量。五是建立绩效目标联审机制。实行"部门初审＋第三方机构审核＋财政部门重点审核"的绩效目标联审机制，加强绩效目标审核。

（2）抓评价质量有突破。一是完善绩效报告体例。在对接财政部"投入—过程—产出—效果"的一级指标框架下，业务部门、行业专家、资金处室和绩效处共同参与，设置二级、三级指标，确保指标更有针对性和操作性；从目标指标合理性、过程管理有效性、产出质量、效益实现度四个维度突出绩效分析的作用，改变以往绩效报告比较像财政监督、财务报告的现象，更立足于绩效的角度去分析资金的使用情况。二是建立第三方机构全过程跟踪监督机制。从指标体系、评价方案、书面评审、现场评价到报告完成，实行"绩效处＋业务处＋业务部门＋第三方"多家共同参与负责的全过程管理机制，确保专业性和客观性结合，评价质量进一步提高。三是建立报告点评机制。在第三方评价报告撰写、修改、形成初稿的基础上，召集第三方机构、主管部门、行业专家、业务处室和绩效处对绩效报告进行分析、平衡。2019 年，该省厅组织对重点评价报告，特别是等级评为中以下的评价报告进行了重点点评。通过第三方点评形式，能够较好地把各个机构按照相对统一的尺度，对其报告的赋分标准、原则、方式等方面基本上达到"一碗水端平"。四是建立第三方评价的监督和考核机制。印发了《广东省财政支出绩效评价报告质量控制和考核指标体系框架》，设置了 3 个一级指标、12 个二级指标、20 个三级指标的质量控制和考核指标，对第三方机构出具的评价报告进行打分考核。考核评估结果与委托服务费用支付以及以后年度选取第三方承担预算绩效管理工作资格相挂钩，进一步增强第三方机构工作责任感和自我约束能力。

（3）抓结果应用有突破。一是评价报告公开有突破。所有的绩效自评报告实行全公开，同时从 2018 年开始，广东省财政厅将 298 项 2019 年预算绩效目标申报表和 50 项 2018 年重点项目绩效评价报告提供省十三届人大二次会议审议，受到人大代表和社会各界的充分肯定。在向省人大公开的同时，也在门户网站向社会公众公开了所有绩效评价报告。二是预算编制充分利用绩效管理结果。该省厅实行的预算编审制度，将绩效评价结果直接嵌入到预算编制的审核环节。2019年已完成的2020年六场预算编审会，除了预算处、资金主管处室外，绩效处和监督局都必须到会，绩效处要对每一个单位申报的预算资金及其资金绩效目标申报、资金使用情况进行反馈，并向预算处和业务处提供资金重点评价的等级分数、发现问题等内容，监督局则要反馈预算执行进度情况。三是完善绩效评价结果与预算挂钩机制。除补助到个人的民生项目外，对重点绩效评价结果为"中""低""差"的，原则上在下年预算压减安排规模或不予安排。其中，评为中的原则上压减20%，评为"低""差"的不再安排。

二、市县级层面——河南实践

近年来，笔者针对河南省地级市、县（区）预算绩效管理改革进行了大量的实地调研，先后完成对焦作市、开封市、新乡市、郑州市、漯河市、鹤壁市等多个地级市及孟州市、范县、濮阳示范区、灵宝市、宁陵县、商丘梁园区、漯河郾城区、漯河召陵区、开封祥符区、杞县、内乡县、镇平县、淅川县、滑县等多个县（市）区财政部门及预算部门的现场调研、访谈及问卷调查工作。

调研内容主要围绕各级政府财政局、预算部门预算绩效管理职能机构设置、管理办法出台、绩效管理信息化建设以及事前评估、目标设置、过程监控、绩效评价、结果应用五个关键环节工作开展情况调研。在问卷调查结果的基础上，初步梳理并掌握河南省县级政府目前绩效管理改革的现状、取得的成效，并系统梳理了部分市级层面的改革路径。

（一）市县预算绩效管理改革成效

随着预算绩效管理改革纵深推进，各市县绩效管理工作逐步形成了"入耳"日隆、"入行"愈广、"入心"渐显的良好局面。各级政府、各部门领导对预算绩效管理工作高度重视，预算绩效管理制度体系和职能机构初步建立，绩效管理范围和层次不断拓展、深化、规范，绩效管理领域改革成效明显。

一是市县级政府层面的预算绩效管理实施意见相继出台。据调研，80%以上的县级政府已经出台了相应的实施意见，如范县、孟州市、沁阳市等部分县市已从县（市）级政府层面出台了《关于全面实施预算绩效管理实施意见》。

二是全过程绩效管理办法逐步完善。在办法措施层面，开封市杞县、南阳市镇平县等围绕预算管理的主要内容和环节，完善了涵盖事前绩效评估、绩效目标管理、绩效运行监控、绩效评价管理、评价结果应用等五个关键环节的管理办法，焦作市辖属各区在市财政局相关制度的基础上，围绕评估管理、目标设置、过程监控、绩效自评价与外部评价三个方面制定了全过程预算绩效管理操作手册，为预算部门（单位）的应用提供了可参考的方法指引。

三是内部操作规程逐步规范。如洛阳市洛宁县把制度建设作为开展绩效管理工作的关键环节，根据国家、省和市有关文件要求，绩效办结合全局工作实际，绩效办制定了《洛宁县财政局预算绩效管理内部工作规程》，加强各股室对项目绩效目标运行进行全程监控，发现问题及时解决；并在各预算单位自评的基础上，实施重点评价，形成重点评价报告，确保预算绩效管理工作取得实效。

四是预算绩效管理工作考核办法实施范围逐步扩大。濮阳市范县在河南省财政厅《市县财政部门预算绩效管理工作考核办法》的工作指引下，初步建立"1个意见 +5 个办法 +1 个规程"的绩效管理制度框架，并在此基础上制定了《范县预算绩效管理工作考核办法》，从基础工作、绩效目标管理、绩效监控管理、绩效评价管理、评价结果应用五个方面共计 100 分对县级预算部门进行考核。

（二）焦作路径——推动市县预算绩效管理同频共振

近年来，河南省焦作市紧密围绕预算绩效管理有关政策精神，坚持市县一体化路线，着眼于绩效工作系统化、管理体系协同化和可用资源集成化，落脚于全面预算绩效管理的方法、工具、流程，主动探索适宜地方情况的可行路径，持续推进全面预算绩效管理工作。

1. 市县绩效一体化，落实预算绩效管理政策精神。焦作市紧密围绕上级部门预算绩效管理政策精神，积极谋划部署预算绩效管理改革工作，确立了"全市一盘棋"的主导思路，坚持市县一体化路线，设定全面预算绩效管理预期目标任务，规划设计财政与预算部门横向一体、市县两级纵向一体的系统化建设布局。实行市县统筹的总体思路，由市级先行先试，以市级层面为带动，探路领路，县（市）区参照比照，随同跟进，梯次进行，市县两级合力推进组织机构建设、管理制度体系建设、全过程绩效建设等，推进形成具有雁阵效应的全面预算绩效管理局面。在基层实践中遵循顶层设计原则，坚持做到守正创新，提出市级"集中财力惠民生"和县级"集中财力稳三保"财政工作理念，按照中期规划思路，确立了全面预算绩效管理工作的时间表和路线图，从组织制度体系和信息技术支撑体系两个维度，将项目（政策）绩效、部门（单位）、政府绩效逐步纳入全面预算绩效管理，并推进达到县乡镇（办事处）等基层单位和资金等使用末端，逐步构建全方位预算绩效管理格局，推进财政与预算部门、市与县的联动，因地制宜落实工作举措。

2. 绩效改革系统化，促进预算绩效管理聚力增效。焦作市将政策制度的整合集成、流程的优化重组、组织体系的聚力增效等系统化、体系化、集成化，贯穿落实在全面预算绩效管理之中。一是政策制度整合集成。焦作市先后出台纲领性文件 12 件、规程性文件 11 件、操作性办法 10 件，制度体系建设涵盖到组织体系、标准体系、专业体系等诸多方面。通过有力有效的制度硬约束，全面预算绩效管理逐步成为常态化的规定动作。二是管理机制统筹建设。将共建共享与统筹推进结合起来，在市本级预算部门（单位）、市县两级范围内，将流程优化、标准体系构建、信息系统搭建、专业机构和专家团队建设等在一个综合框架内考虑，推进流程管控和程序约束，搭建预算绩效智能管理平台，将全过程预算绩效管理放在线上线下统筹运行。三是组织体系聚力增效。以聚力增效为方向，发挥相关组织体系的整合集成效应，在财政内部将绩效融入预算管理全过程，在财政与预算部门（单位）之间推进预算资金管理与部门工作的有机融合，在市县两级推进预算绩效管理同频共振和联动进行。

3. 管理体系协同化，优化预算绩效管理内部流程。焦作市先后出台了《预算绩效管理工作专班》《预算和绩效一体化工作制度》《预算绩效联审联办工作方法》《预算绩效管理内部工作规程》等制度办法，通过市级财政部门联审联办、分工协作，优化内部工作流程。一是全组织体系绩效力量优化。设置绩效工作专班，形成了领导层、管理层、操作层相互衔接的层级管理模式。立足于全过程优化、全员绩效、全领域融合，构建形成以"专班、协同、联办、衔接"为特征的预算和绩效一体化格局。二是全流程绩效业务优化。绩效与预算、执行、监督、评审纵向上串行协同，与综合科、教育科、农业科等 10 个业务科室横向上并行协同，必要情况下绩效科与相关科室通过联审联办方式，全程协同组织预算、执行、决算、监督等全过程，做到预算有目标、执行有监控、决算有自评。三是全领域绩效环节优化。在全口径和分领域上，绩效科室与各业务科室、债务债券科室、投融资服务中心等共推一般预算项目、政府债务项目、政府投资基金、政府和社会资本合作等预算绩效管理，并将绩效延伸到基层单位和资金终端。四是分级资金管理协同。明确责任分工，绩效科与各相关业务科室协同对市本级资金和上级资金，按照"事前有目标、事中有监控、事后有评价、结果要公开"的要求，信息共享，同步落实。

4. 可用资源集成化，构建绩效管理共享共建机制。焦作市积极推进多主体、多维度、多层面的一体化融合，预算和绩效一体化融合发展机制不断完善。一是市县一体联动。焦作市财政局印发《关于县（市）区全面实施预算绩效管理指导意见》，引导带动县（市）区开展工作。各县（市）区结合自身特点，从体系建设、流程优化、结果应用等各个方面，在行动上同频共振，在步调上递次推进，实现市县绩效联动。二是绩效指标体系共享共建。焦作市不断吸纳中央和省级财政共性指标体系，召集专家学者和专业机构进行地方绩效指标建设研讨，并通过实践操作并加以提取指标数据方式，丰富个性指标库，形成动态化维护机制，初步建立涵盖中央和省、市、县四级共性指标和部分行业个性指标、库容规模达 2 700 余条的指标库，在市县两级、财政与预算部门（单位）全面开放与共建共享，支持全面预算绩效管理建设。三是打造预算绩效智能平台。结合财政部预算一体化建设的数字化方向，组织召开全市数字绩效培训及各县市区推进（培训）会，市本级 353 家预算部门，11 个县（市）区开始同步建设，将信息化、数字化、智能化一揽子考虑迭代建设方案，以智能化建设为高起点推进预算绩效智能管理平台建设，以大数据和智能化的技术思维推进绩效管理和结果应用，实现数字形态的预算和绩效一体化。

▶▶▶ **专栏 2 - 1　优化县级政府预算绩效管理改革的路径选择**

（一）以"资源因素"为核，推动预算绩效管理改革提质增效

县级政府预算绩效管理改革的高质量推进，要以绩效数据库的建设为重点，以信息化手段为支撑，以高素质人才培育为保障，以丰富、健全的人力、技术、数据等资源要素实现绩效管理提质增效。一是建立县级政府绩效指标库和标准库。财政部门要以绩效指标库建设为核心，指导预算部门加快建立分行业、分领域、分层次的项目或部门个性指标体系，形成规范完备的一、二、三级指标并细化量化指标标准值，补齐绩效指标库和标准库缺失建设短板。二是运用信息化手段提高绩效管理效率。建议县级政府在上级政府统一部署下尽快建立绩效管理数据信息库和信息数据交换平台的"大数据"系统，借助信息化平台，搭建智能化的绩效管理模板，引入大数据、云计算等数据分析和处理技术，对各环节原始绩效数据进行搜集提取、综合分析、科学诊断、及时反馈，实现绩效管理从"人为判断"到"智能诊断"转变，打造"数字绩效"。三是重视各类绩效参与主体的业务培训。财政部门要根据业务职能部门需求特征制订差异化、分层次的绩效培训计划，积极培育绩效管理专业人才，提升全员绩效专业素养，逐步形成全员

"懂绩效、讲绩效、重绩效、用绩效"的良好工作氛围，为高质量绩效信息的输出奠定坚实基础。四是完善县级政府绩效专家库建设。财政部门与预算部门应结合基层特点，充实适用于本级政府各部门、各行业领域的绩效专家库，为全过程预算绩效管理工作的顺利开展、部门人员专业技能提升、绩效管理质量提升等提供智力支持。

（二）以"环境因素"为剂，培育绩效改革协同治理文化氛围

县级政府预算绩效管理改革"上热下冷"窘境的改变，需在现有的技术操作层面上，引导各级责任主体从绩效理念、权责界定、文化塑造、行为习惯、价值认同等方面采取有效的改革策略，形成良好的绩效管理改革环境。一方面，需厘清各方权责，构建共建格局。在现有政府治理体制与权责分工模式下，各方主体应努力构建统筹协调、相互合作的预算绩效协同治理格局，避免"缺位"与"越位"现象的发生。各级党委政府要加强对预算绩效管理的领导；财政部门应在建章立制、组织协调等方面履职尽责，发挥预算绩效管理工作的"发动机"作用；预算部门作为预算绩效管理的实施主体，应明确部门绩效管理的工作内容和边界；人大、审计、纪委等部门作为预算绩效管理的外部监督主体，要充分发挥其监督问责职责，形成立法机关、审计机关、纪检监察机关对部门实施全过程预算绩效监督的倒逼机制。另一方面，需强化宣传引导，培育绩效文化。各部门可通过媒体宣传、财政培训、专家指导、绩效管理制度学习与实务经验交流等方式普及绩效知识，将绩效理念渗透到预算管理过程中，及时纠正各部门对绩效管理工作的认知偏差，逐步形成绩效参与人员对绩效理念的认同感和对绩效管理规则的普遍性遵从。此外，预算部门需对传统的"因钱设事"行政组织文化和预算管理理念进行变革，重塑预算部门绩效导向的组织文化，培育部门人员在预算管理中的前瞻性、预见性，将绩效内化为部门的科学理财观，实现绩效管理与部门的预算编制、执行、决算等环节融为一体。

（三）以"管理因素"为基，健全绩效管理运行机制与配套制度

县级政府绩效管理改革的顺利开展，需从宏观的政府治理、微观的预算绩效管理层面硬化部门领导责任约束，健全部门绩效管理机构设置，并围绕改革内容出台一系列绩效管理办法、规程、操作手册等配套制度，为指导实务工作的顺利实施提供基础保障。基于管理因素的要求，一是健全财政部门绩效管理机构设置。县级财政部门需单独设置预算绩效职能机构，配备专职绩效管理人员，统一负责部门绩效管理环节各项工作，各业务职能机构厘清部门业务与绩效管理改革关系，做好协调配合工作。二是明确绩效管理责任约束与问责机制。通过建立完

善的绩效奖惩机制，对各级部门形成有效的激励与约束，激发其积极推动绩效管理改革的内在动力；充分发挥人大在绩效问责中的主体作用，加强对各级部门绩效管理责任主体的问效和问责，并逐步建立以项目负责人为主体的绩效问责机制。三是建立预算绩效信息公开机制。相较于中央、省市级部门，县级政府预算绩效信息公开需在公开内容、方式、渠道等方面逐步完善，提升利益相关者对预算绩效信息的知情权和资金使用的监督权，增强政府部门公信力。四是完善县级政府绩效管理配套制度体系。县级政府财政部门应及时制定并出台全过程预算绩效管理办法、操作手册等实务性文件，实现绩效管理各环节工作流程化、制度化；预算部门负责预算绩效管理组织、指导，并协调、配合财政部门做好事前评估、绩效目标设置、绩效过程监控、绩效评价等相关工作。

资料来源：江书军，陈立妮，蔡晓冉．县级政府预算绩效管理改革制约因素与优化路径研究——基于河南省的调研分析［J］．财政监督，2023（3）．

| 第三章 |

事前绩效评估

　　《意见》提出"各部门各单位要结合预算评审、项目审批等，对新出台重大政策、项目开展事前绩效评估，重点论证立项必要性、投入经济性、绩效目标合理性、实施方案可行性、筹资合规性等，投资主管部门要加强基建投资绩效评估，评估结果作为申请预算的必备要件。各级财政部门要加强新增重大政策和项目预算审核，必要时可以组织第三方机构独立开展绩效评估，审核和评估结果作为预算安排的重要参考依据"。事前绩效评估工作的开展，将预算绩效管理端口前移，严把入口关，防止"拍脑袋决策"，从源头上提高了预算编制的科学性和精准性，对完善项目库建设，优化公共资源配置，提高政府理财和公共服务水平具有重要意义。

第一节　事前绩效评估概述

（一）事前绩效评估的含义

　　事前绩效评估，是指财政部门或预算部门根据部门战略规划、事业发展规划、项目政策、申报理由等内容，运用科学、合理的评估方法，对项目政策立项实施必要性、投入经济性、绩效目标合理性、实施方案可行性、筹资合规性、财政支持的方式及项目预算的合理性等方面进行客观、公正的评估，必要时可以委托第三方机构独立开展事前绩效评估。

　　事前绩效评估的对象为党政机关、企事业单位等申请财政预算资金的政策和项目，财政预算资金是指纳入政府财政预算管理的各类预算资金，包括一般公共预算资金、政府性基金预算资金、国有资本经营预算资金和社会保险基金预算资金。

在实施过程中要与预算评审进行有效的区分，事前绩效评估解决"支持与否"的问题，即这个项目是否纳入明年财政预算支持的范围，有哪些部分纳入明年预算支持的范围。预算评审，从时间顺序而言，处于事前绩效评估之后，解决"支持多少"的问题，即根据每一项预算内容的标准、数量等进行评审，控制预算支持规模。

（二）事前绩效评估的主要内容

1. 项目政策立项实施的必要性和投入经济性。主要评估项目政策立项依据是否充分，项目内容与省委省政府重要部署、行业政策、主管部门职能和规划、当年重点工作是否相关；项目设立依据的宏观政策是否具有可持续性，项目所在行业环境是否具有可持续性；项目是否具有现实需求、需求是否迫切，是否有可替代性，是否有确定的服务对象或受益对象；是否有明显的经济、社会、环境或可持续性效益，项目预期效益的可实现程度如何。

2. 项目政策实施方案的可行性。主要评估项目政策组织机构是否健全，职责分工是否明确，组织管理机构是否能够可持续运转；项目政策内容是否明确具体，是否与绩效目标相匹配；项目政策技术方案是否完整、先进、可行，与项目政策有关的基础设施条件是否能够得以有效保障；项目单位及项目政策的各项业务和财务管理制度是否健全，技术规程、标准是否完善，是否得到有效执行；针对市县筹集资金和其他资金来源可能不到位存在的风险，是否有相应的保障措施。

3. 项目政策绩效目标合理性。主要评估项目政策是否有明确的绩效目标，绩效目标是否与部门的长期规划目标、年度工作目标相一致，项目政策产出和效果是否相关联，受益群体的定位是否准确，绩效目标与项目要解决的问题是否匹配、与现实需求是否匹配，是否具有一定的前瞻性和挑战性；绩效指标设置是否与项目高度相关，是否细化、量化。

4. 财政支持方式科学性。主要评估项目政策是否具有公共性，是否属于公共财政支持范围；项目单位是否有类似项目政策得到财政资金的重复支持；项目政策资金来源渠道是否明确，各渠道资金到位时间、条件是否能够落实；财政资金支持方式是否科学合理，财政资金配套方式和承受能力是否科学合理。

5. 项目政策预算编制合理性。主要评估项目政策预算是否与绩效目标、项目政策内容相匹配，预算编制是否符合相关规定，编制依据是否充分，投入产出比是否合理。

6. 其他内容。其他需要评估的内容。

（三）事前绩效评估的组织管理

1. 预算部门。预算部门负责具体组织实施项目事前绩效评估工作，编制事前绩效评估报告，按程序报财政部门进行审核，针对审核提出的问题进行整改。必要时，可委托第三方机构开展事前绩效评估工作。

2. 财政部门。财政部门负责制定事前绩效评估制度办法，明确事前绩效评估的工作程序和原则，负责对预算部门事前绩效评估结果进行审核，参考评估结果安排预算，督促被评估单位落实整改意见。必要时，财政部门可根据工作需要独立开展或委托第三方机构开展重点评估。

（四）事前绩效评估的方式和方法

1. 事前绩效评估的主要方式。事前绩效评估的方式包括现场调研、聘请专家、网络调查、电话咨询、召开座谈会、问卷调查、人大代表和政协委员参与等方式。（1）聘请专家。邀请技术、管理和财务等方面的专家参与事前评估工作，提供专业支持。（2）网络调查。通过互联网及相关媒体开展调查，向评估对象利益相关方了解情况或征询意见。（3）电话咨询。通过电话对专业人士、评估对象及其他相关方进行咨询。（4）召开座谈会。由第三方机构组织特定人员或专家座谈，对评估项目集中发表意见和建议。（5）问卷调查。调查者运用统一设计的问卷向评估对象利益相关方了解情况或征询意见。（6）人大代表和政协委员参与。邀请人大代表和政协委员参与事前评估工作，人大代表和政协委员可分别从预算监督和民主监督的角度提出意见和建议。

2. 事前绩效评估方法包括成本效益分析法、比较法、因素分析法、最低成本法、公众评判法等。（1）成本效益分析法。是指通过将政策项目的预算支出安排与预期效益进行对比分析，对其进行评估。（2）比较法。是指通过对绩效目标与预期实施效果、历史情况、不同部门和地区同类预算支出（项目）安排的比较，对其进行评估。（3）因素分析法。是指通过综合分析影响政策项目绩效目标实现、实施效果的内外因素，对其项目进行评估。（4）最低成本法。是指对预期效益不易计量的政策项目，通过综合分析测算其最低实施成本，对其进行评估。（5）公众评判法。是指通过专家评估、公众问卷及抽样调查等方式，对其进行评估。（6）其他评估方法。

事前绩效评估方式和方法的选用应当坚持简便有效的原则。根据评估对象的具体情况，可采用一种或多种方式、方法进行评估。

（五）事前绩效评估结果及其应用

事前绩效评估结果分为"建议予以支持""建议调整完善后予以支持""建议部分支持""建议不予支持"。事前绩效评估结果须在充分论证的基础上得出，"建议部分支持"的结论需在结论中明确支持和不支持的具体内容，以便安排预算时参考使用。

财政部门应当及时整理、归纳、分析、反馈事前绩效评估结果，按照评估结果安排预算，并将其作为改进管理的重要依据。预算部门应根据事前绩效评估结果，改进管理工作，调整和优化部门预算支出结构，合理配置资源；同时应建立事前评估信息公开制度，将事前评估结果在一定范围内公布。

第二节　事前绩效评估的工作流程

事前绩效评估工作流程包括事前评估准备、事前评估实施、事前评估总结和应用三个阶段。

一、事前评估准备阶段

（一）确定事前评估对象

预算部门根据经济社会发展需求和年度工作重点，制订事前评估年度计划，并依据下一年度部门预算编制要求，提出事前评估对象的选定原则，按照预算编制通知等相关要求具体确定事前评估项目和工作任务。

（二）制订工作方案

预算部门制订事前评估总体工作方案，明确事前评估工作目标、具体任务、时间安排和工作要求等具体事项。

（三）明确事前评估任务

预算部门下达事前评估项目通知书，明确评估组织实施形式和评估要求。

（四）成立事前评估工作组

预算部门成立事前评估工作组，可委托第三方机构具体实施，确保事前评估工作顺利实施。

（五）开展业务培训

预算部门对评估工作组、第三方机构和项目单位组织开展事前评估工作培训，讲解事前评估的工作内容、方法、程序、标准和时间要求等。

二、事前评估实施阶段

（一）下达事前评估入户通知

预算部门向项目单位下达《项目事前绩效评估入户通知书》，明确事前评估的依据、任务、时间、人员等事项。

（二）入户调研

事前评估工作组先到预算部门开展调研，了解项目内容或历年预算安排情况，听取项目预算安排意见；之后到项目单位开展入户调研，了解项目的具体内容，以及项目的可研论证、实施方案和预算安排等内容；事前评估工作组向项目单位出示《项目支出事前绩效评估资料准备清单》（如表 3 - 1 所示），明确提出需要准备的资料以及提交资料的时间要求，并指导项目单位填报《事前绩效评估预期绩效报告》（如专栏 3 - 1）、《项目绩效目标申报表》等材料。

事前评估工作组开展入户调研，可以邀请人大代表和政协委员一同参与。

表 3-1　　　　　　　　　政策项目事前绩效评估资料准备清单

资料类型	资料清单	备注
项目单位需填报的资料	1. 事前绩效评估政策项目申报书	
	2. 事前绩效评估政策项目绩效目标表	
	3. 事前绩效评估政策项目预期绩效报告	
项目单位需准备的资料	1. 政策项目立项背景及发展规划	（1）国家及本省相关法律、法规和规章制度 （2）国家及本省确定的大政方针、政策 （3）部门或行业的发展规划（计划） （4）项目单位职能及单位简介
	2. 政策项目立项申请材料	（1）项目实施方案 （2）可行性研究报告 （3）立项专家论证意见 （4）初步设计资料或总体设计、初步设计图纸
	3. 政策项目预算申请材料	（1）项目预算及明细、测算说明 （2）主要材料、设备的名称、型号、规格品牌、生产厂家、价格及依据 （3）工程预算定额、取费标准及行业主管部门制定的相关专业定额 （4）反映测算依据的其他相关文件规定
	4. 与政策项目相关的组织管理制度	
	5. 与政策项目立项和预算有关的其他材料	

▶▶▶ **专栏3-1　事前绩效评估政策项目预期绩效报告**

事前绩效评估政策项目预期绩效报告

一、政策项目基本情况（主要包括政策背景、主要内容等）。

二、政策项目实施的相关性（主要说明项目政策的立项依据，包括项目政策与部门职能、相关政策及规划、现实需求、是否应该省财政资金投入等方面的相关性）。

三、政策项目绩效目标（介绍项目政策的总体绩效目标以及具体的产出指标和效果指标，绩效目标内容应具体明确、符合项目现实需求及部门长期规划和年度工作目标，产出指标和效果指标内容应具体细化、量化，并且要有可衡量的评价标准。同时介绍设定项目绩效目标所考虑的因素，如何根据需求设定，设定的绩效目标是否具有可考核性和可实现性等）。

四、政策项目实施方案的有效性（主要说明项目政策的具体实施方案，包括项目政策决策程序，实施程序，人、财、物等基础条件保障情况，相关管理制度建设情况，以及对不确定因素和风险的控制措施等）。

五、政策项目预期绩效的可持续性（介绍与项目政策相关的政策、行业环境等方面的可持续性，预期产出及效果的可持续性，组织管理机构、运行机制的可持续性）。

六、政策项目预算（介绍项目政策的预算构成、预算测算依据和标准、财政支持的范围和方式、市区两级财政经费保障渠道和方式等）。

七、其他内容（省级财政专项资金管理办法及中期规划编制通知中规定的其他需要说明的内容）。

（三）拟定工作方案

事前评估工作组根据了解到的项目内容和事前评估工作要求，分项目拟定《项目事前绩效评估工作方案》（如专栏 3 - 2），包括评估对象、内容、方法、专家、时间安排等，并及时将工作方案报省财政厅备案。

▶▶▶ 专栏 3 - 2　项目政策事前绩效评估工作方案

项目政策事前绩效评估工作方案
（参考范本）

一、事前绩效评估目的

二、事前绩效评估对象

（要求：明确事前绩效评估项目政策概况，包括项目主管部门、实施单位、项目名称、项目预算等基本信息）

三、事前绩效评估依据

（要求：列示考评依据的文件和材料）

四、事前绩效评估原则

五、事前绩效评估方法

（要求：明确拟运用的评估方法）

六、事前绩效评估内容及重点

（要求：对评估的主要内容进行简要描述）

七、事前绩效评估程序及时间安排

（要求：明确本项目的详细评估进度安排）

八、评估人员及措施保障

（要求：明确参与评估的相关人员和职责；明确评估工作的保障措施）

（四）组建专家组

事前评估工作组依据项目内容遴选评估专家，组成专家组。专家组成员应包括业务专家、管理专家和财政财务专家，专家组原则上不少于5人。事前评估工作组应及时将专家情况报送预算部门审核，并适时对专家进行业务培训，与专家签署《专家承诺书》。

（五）收集审核资料，现场调研

事前评估工作组收集审核项目资料，与专家、人大代表、政协委员到项目现场进行调研。通过查阅资料、实地勘测、核实、了解项目具体内容、申报理由和项目实施的具体做法、依据等，将现场情况与上报材料进行对比，对项目疑点问题进行询问，听取并记录项目单位对有关问题的解释和答复。

（六）进行预评估

事前评估工作组对项目单位报送的资料进行整理和登记，形成《事前绩效评估资料确认单》，双方进行确认。事前评估工作组与专家组对相关数据进行摘录、汇总、分析，完成预评估工作。对于资料不全或不符合要求的，事前评估工作组明确列出需补充的资料内容，要求项目单位在5个工作日内补充上报，逾期不提供视同资料缺失。

（七）多方获取项目信息

事前评估工作组通过咨询专业人士、查阅资料、问卷调查、电话采访、集中座谈等方式，多渠道获取项目信息。咨询专业人士，主要是咨询行业内专业人士，了解项目背景，准确把握项目特点；查阅资料，主要是通过图书馆、电子书库、网络等多种手段，收集查阅项目的背景、国内外现状、同类或类似项目做法等资料，对项目进行充分了解；问卷调查、电话采访、集中座谈，主要是通过对服务对象进行访谈，核实有关情况，了解基层或项目受益对象的真实想法。

（八）正式专家评估会

事前评估工作组在全面了解预期绩效的基础上形成专家工作手册和《项目事前绩效评估非正式检查报告》，召开专家评估会，项目单位汇报项目计划内容和实施方案情况，专家组通过审核项目资料和听取项目单位汇报，对项目的相关性、预期绩效的可实现性、实施方案的有效性、预期绩效的可持续性和资金投入的可行性及风险等内容进行评估，并就具体问题和项目单位进行沟通交流。在此基础上，专家独立出具《项目事前绩效评估专家评估意见》，讨论形成《项目事前绩效评估专家组评估意见》（如专栏3－3）。

参与评估的人大代表、政协委员可单独出具评估意见，包括对事前评估工作的意见建议、项目的评估意见等，形成《项目事前绩效评估人大代表评估意见》和《项目事前绩效评估政协委员评估意见》，该意见作为《事前评估报告》的参考和依据。

对于限定时间内项目单位补充的资料仍不符合要求的，经专家组讨论，评估结论确定为"不予支持"。

▶▶▶ **专栏3－3　项目政策事前绩效评估专家组评估意见**

××项目政策事前绩效评估专家组评估意见
（参考模板）

一、分项意见

（一）项目政策的相关性

（二）预期绩效的可实现性

（三）实施方案的有效性

（四）预期绩效的可持续性

（五）资金投入的可行性及风险

二、总体意见

三、其他问题和建议

专家组组长签字：

日期：

三、事前评估总结及应用阶段

（一）撰写报告

事前评估工作组根据专家、人大代表和政协委员评估意见，按照规定的文本格式和要求，撰写《项目事前绩效评估报告》（如专栏3-4），整理事前评估资料。

▶▶▶ 专栏3-4 项目事前绩效评估报告

××项目政策事前绩效评估报告
（参考模板）

一、评估对象

项目政策名称：

项目单位：　　　　　　　　　主管部门：

项目属性（新增/延续）：

项目政策绩效目标：

申请资金总额：　　　　　　　其中申请财政资金：

项目概况

二、评估方式和方法

（一）评估程序

（二）论证思路及方法

（三）评估方式（含专家名单）

三、评估内容与结论

（一）项目的相关性

（二）预期绩效的可实现性

（三）实施方案的有效性

（四）预期绩效的可持续性

（五）资金投入的可行性及风险

（六）总体结论

四、相关建议

五、其他需要说明的问题

（阐述评估工作基本前提、假设、报告适用范围、相关责任以及需要说明的

其他问题等）

六、附件

包括事前绩效评估项目预期绩效报告、项目支出绩效目标申报表、事前绩效评估专家组评估意见、事前绩效评估人大代表（人大工作机构负责人）评估意见、事前绩效评估政协委员评估意见、专家及工作组情况表。

（二）提交报告

事前评估工作组在专家评估会后5个工作日内，向预算部门提交事前评估报告和资料手册。

（三）结果反馈与应用

预算部门及时向参与事前评估的人大代表和政协委员反馈事前评估报告，根据事前评估结果作出预算安排决策，同时负责向主管部门反馈事前评估报告。预算部门及时将事前评估报告提交财政部门，财政部门审核后作为预算安排的重要参考依据。

（四）结果汇报

财政部门应按要求向本级政府提交重大政策和重点项目事前绩效评估报告和评估结果应用情况。

第三节　事前绩效评估案例

本节内容以笔者编写的《H市某薯品扶贫产业园项目事前绩效评估报告》（专栏3–5）为例，结合上一节事前绩效评估报告参考模板，完整展现事前绩效评估报告的撰写思路与核心内容。

▶▶▶ **专栏 3 – 5   H 市某薯品扶贫产业园项目事前绩效评估报告**

一、评估对象

（一）项目名称

H 市某薯品扶贫产业园项目

（二）项目单位

H 市 YZ 投资有限公司

（三）项目主管部门

本项目主管部门为 H 市 Z 村乡人民政府，其在本项目中主要负责项目总体规划方案的把握，造价、图纸等的审核，重大决策的部署，以及对工程质量进行监管，项目完工后组织验收等工作。

（四）项目属性

本项目为新增项目

（五）项目绩效目标

1. 项目绩效总目标：

按照《中共中央　国务院关于实施乡村振兴战略的意见》要求，完成 H 省某薯品扶贫产业园建设工作，构建一个集当地薯产品文化、产品展销、文化展示、旅游观光为一体，以引进红薯加工生产企业为主题的扶贫产业园，利用高新技术带动 H 市科研教育、网上电子商城、产品展览、农产品加工、观光旅游等产业发展，改善周边农业种植结构，提高农业附加值，有效增加当地农民收入，促进地方农村经济繁荣。

2. 项目绩效具体目标：

（1）投入和管理目标：本项目总投资 29 979.07 万元，计划于 2020 年投入自有资金 979.07 万元，2021 年投入 23 000.00 万元，其中专项债券资金 22 000.00 万元，自有资金 1 000.00 万元，2022 年投入自有资金 4 000.00 万元，2023 年投入自有资金 2 000.00 万元。由 H 市 YZ 投资有限公司对项目建设周期内从前期策划决策、建设实施直至竣工验收阶段的工作进行计划、组织、指挥、协调和控制，项目实施前期，制定完善的管理制度、实施方案，合理分工、责任到人，实施过程中严格执行各项制度，加强监管，保障项目顺利开展，资金得到合理利用。

（2）产出数量目标：按计划完成 127 680m² 标准化厂房、5 400m² 办公综合楼、1 栋电商及展览中心、1 600 m² 职工食堂、10 800 m² 职工宿舍楼、29 600 m² 冷库、1 座污水处理站、38 800 m² 堆场的建设工作，同时完成相应的广场、道路、绿化、给排水、强弱电、消防等配套管网工程。项目总用地面积 333 333 m²（合 500 亩），绿化面积 59 999.94 m²，计容建筑面积 305 160 m²。

（3）产出质量目标：各项工程建设符合计划要求和相关国家、行业标准，且均经过验收合格，达到能够正常使用的状态。

（4）时效目标：项目建设周期为 36 个月，计划自 2020 年 9 月开工建设，2023 年 9 月完工。

（5）效果目标：招商完成后，预期入驻大型企业 3 家，小型企业 10 家以上，直接带动脱贫 416 户，间接带动脱贫 3 560 户，有利于缓解就业压力，维护社会稳定，同时项目实施预计带动周边 10 000 多农民从事红薯种植生产，引导农民大量种植优质红薯，发展特色生态农业，推进农村一二三产业融合发展，加快转变农业发展方式，农民人均收入增加 2 000 元，提高农业和农村经济的素质和效益。且项目建成后，预计年均利润总额 1 567.85 万元，年均税后利润可以达到 1 175.89 万元，能够为当地带来可观的经济效益，有效促进经济发展。

（六）申请资金总额

本项目总投资 29 979.07 万元。其中：自有资金安排 7 979.07 万元，申请地方政府专项债券资金 22 000.00 万元。

（七）项目概况

本项目计划总投资 29 979.07 万元，拟构建一个集当地薯产品文化、产品展销、文化展示、旅游观光为一体，以引进红薯加工生产企业为主题的扶贫产业园，利用高新技术带动 H 科研教育、网上电子商城、产品展览、农产品加工、观光旅游等产业发展，改善周边农业种植结构，提高农业附加值，有效增加当地农民收入，促进地方农村经济繁荣。项目建设主要包括 127 680 m² 标准化厂房、5 400 m² 办公综合楼、1 栋电商及展览中心、1 600 m² 职工食堂、10 800 m² 职工宿舍楼、29 600 m² 冷库、1 座污水处理站、38 800 m² 堆场以及相应的广场、道路、绿化、给排水、强弱电、消防等配套管网工程。

二、评估方式和方法

（一）评估程序

事前绩效评估的程序包括：准备阶段、实施阶段、事前绩效评估总结及应用阶段，每阶段的具体详情如下：

1. 准备阶段

（1）确定事前绩效评估对象。H市财政局根据当地经济社会发展需求和政府战略规划确定事前绩效评估对象。

（2）明确事前绩效评估任务。H市财政局下达事前绩效评估项目通知书，明确评估组织实施形式，确定评估目的、内容、任务、依据、评估时间及要求等方面的情况。

（3）成立事前绩效评估工作组。H市财政局成立事前绩效评估工作组，确定工作组人员名单，工作组应包括财政局、第三方、项目主管单位、项目实施单位、其他利益相关方，由第三方协助工作组组织开展事前绩效评估各项工作。

2. 事前绩效评估实施阶段

（1）拟定工作方案。第三方按要求拟定具体的事前绩效评估工作方案。专家针对工作方案提出独立、客观、公正的评审意见。第三方根据专家评审意见，对项目工作方案进行修改完善。

（2）入户调研。第三方到项目实施单位进行入户调研，了解项目情况，向项目实施单位收集准备各种资料。包括相关政策文件、行业标准、项目立项审批全流程资料、其他相关资料。

（3）组建专家组。评估工作组依据项目内容遴选评估专家5人，组成专家组，专家组成员应包括事前绩效评估专家、工程预决算专家、财务专家等。第三方将收集到的项目相关资料发给专家并对专家进行必要的业务讲解和培训。

（4）审核资料，现场调研。评估工作组审核项目资料，与专家、人大代表、政协委员到项目现场进行调研。通过咨询专业人士、查阅资料、电话采访、集中座谈等方式，多渠道获取项目信息。

（5）进行预评估。评估工作组与专家组、第三方机构对项目相关数据进行摘录、汇总、分析，完成预评估工作。对于资料不全或不符合要求的，要求项目实施单位在5个工作日内补充齐全，逾期则视同该资料缺失。

（6）召开正式专家评估会。专家组通过审核项目资料和听取项目单位汇报以及对项目现场进行实地勘察，对项目的相关性、预期绩效的可实现性、实施方案的有效性、预期绩效的可持续性和资金投入的可行性及风险、绩效目标的合理性、绩效目标的完整性等内容进行评估。先五位专家分别出具专家个人意见并填写《事前绩效评估专家评估意见》，然后由专家组组长综合各位专家个人意见出具专家组意见并形成评估结论。

3. 事前绩效评估总结及应用阶段

（1）撰写报告。根据专家小组的评估意见，按照规定的文本格式和要求，撰写事前绩效评估报告，整理事前绩效评估资料。

（2）提交报告。评估工作组在专家评估会后10个工作日内，向H市财政局提交事前绩效评估报告。

（3）结果反馈与应用。H市财政局根据事前绩效评估结果及评估报告按程序进行审核，将审核结果作为预算安排的重要参考依据。

（二）论证的思路和方法

1. 论证思路

项目的相关性主要针对政策相关性、职能相关性、需求相关性、财政投入相关性和产出与效果相关性等进行分析；项目预期绩效的可实现性主要针对绩效目标明确合理性、绩效目标细化量化程度和项目预期效益可实现程度等进行分析；项目实施方案的有效性主要针对项目内容明确性、决策程序规范性、预算编制科学合理性、项目资金保障条件、组织机构健全有效性、技术方案科学合理性、项目管理制度和项目管控措施健全有效性等进行分析；项目预期绩效的可持续性主要针对政策的可持续性、预期产出及效果的可持续性和组织管理机构的可持续性等进行分析；财政资金投入的可行性风险主要针对财政投入能力风险、财政资金重复投入风险、支持方式导致的财政资金投入风险和项目执行风险导致的财政资金投入风险等进行分析。

2. 论证方法

本次事前绩效评估方法主要采用以下方法。

（1）成本效益分析法：运用财务分析方法详细测算项目投入成本与项目预期效益，诊断项目投资方案的可行性。

（2）比较法：针对项目投资运营情况与同类产业园项目进行比较分析，合理测算运行效果、运行风险等内容。

（3）因素分析法：根据专项债券全生命周期中涉及的管理因素、风险因素等内容进行分析，合理判定影响项目实施过程中关键影响因素。

（4）公众评判法：引入专家、财政局、项目单位等社会公众参加项目评估工作。

（三）评估方式

本次事前绩效评估遵循全面考虑、重点突出的原则，主要采用专家咨询的方式，同时辅之以资料分析、集中座谈、网络查询、电话采访等评估方式和手段，对项目的相关性、有效性、可行性、持续性等方面进行全面评估。专家名单汇总如专栏表 3 - 1 所示。

专栏表 3 - 1　　　　　　　　　　专家名单汇总

序号	姓名	单位	职称/职务
1	××	××市人大	H 市人大代表
2	××	××学院	教授
3	××	××大学	教授
4	××	××市财政局绩效科	科长
5	××	××工程咨询有限公司	造价工程师

三、评估内容与结论

（一）项目的相关性

1. 政策相关性

本项目的立项依据为《中华人民共和国国民经济和社会发展第十三个五年规划纲要》《中共中央　国务院关于实施乡村振兴战略的意见》《中共中央　国务院关于抓好"三农"领域重点工作确保如期实现全面小康的意见》《H 省"十三五"现代农业发展规划》《H 省委省政府关于推进乡村振兴战略的实施意见》《X 市国民经济和社会发展第十三个五年规划纲要》等政策文件和国家、H 省、X 市相关规划，项目建设符合"推动农村一二三产业融合发展，加快建设国家、省、市、县现代农业产业园"政策相关要求。

2. 职能相关性

H 市 YZ 投资有限公司成立于 2020 年 6 月 24 日，经营范围包括政府授权范围内国有资产经营管理，资产维护管理、租赁，土地储备管理、运营；对公用事业及重点行业领域进行投资、建设、运营、管理；城乡建设项目的投资、运营、管理；道路养护服务；绿化养护服务；旅游开发服务。本项目属于对公用事业及重点行业领域进行投资、建设、运营、管理，建设完成后有利于促进当地经济发展、农业产业结构优化升级、缓解当地就业压力，维护社会稳定。因此本项目与 H 市 YZ 投资有限公司的职能相关，符合职能相关性的要求。

3. 需求相关性

Z 村乡位于 H 省 H 市东北部，地处太行山丘陵地区，土质属于特有的石灰岩红黏土，土壤富含磷、钾等微量元素，极其适宜种植红薯，加上气候干旱，光照充足，温度适宜，为红薯的生长提供了理想的条件，当地所产红薯质地坚实，含粉量极高。然而因其地处深山，交通不便，农业产业化技术的推广尚不够普及，现代化农业技术运用的深度不够，农作物种植和加工方面与国内先进地区相比差距十分明显，区域内各村庄收入水平仍然较低。

而 H 省某薯品扶贫产业园项目的实施一方面能够为 Z 村乡新增一个有特色、有影响力的薯产品产业园区，帮助当地村民利用高新技术对红薯进行快育种植、红薯深加工、红薯产品研发等，带动周边 10 000 多农民从事红薯等种植生产，改善农业种植结构，提高农业附加值，有效增加农民收入，促进地方农村经济繁荣。另一方面，项目建设完成后能够为当地带来大量就业岗位，吸收农村剩余劳动力、农村留守人员、下岗职工与闲置人口再就业，维护社会的稳定与繁荣，同时，产业园区建成后可以吸引各种薯产品生产企业到当地投资，能够有效发挥产业集聚效益，带动区域农产品行业发展，促进 H 市特色产业经济发展和转型升级，从而实现振兴区域经济的目的，切实满足人民群众对小康生活的期盼。因此，本项目的实施符合需求相关性的要求。

4. 财政投入相关性

2019 年 7 月 1 日起施行的《政府投资条例》第一章第三条明确规定，政府投资资金应当投向市场不能有效配置社会资源的社会公益服务、公共基础设施、农业农村、生态环境保护、重大科技进步、社会管理、国家安全等公共领域的项目。而 H 省某薯品扶贫产业园项目作为社会公益服务的一部分，虽然具备一定盈利能力，但投资大、时间跨度长、情况复杂，仅通过社会资源的投入难以达到预期的目的，此时就需要依靠财政投入来进行弥补。因此本项目属于财政投入的范围，符合财政投入相关性的要求。

5. 产出与效果相关性

H 省某薯品扶贫产业园项目计划于 2023 年 9 月完工，总投资 29 979.07 万元。项目建设完成后，将为 H 新增一座包含 127 680m² 标准化厂房、5 400m² 办公综合楼、1 座电商及展览中心、1 600m² 职工食堂、10 800m² 职工宿舍楼、29 600m² 冷库、1 座污水处理站、38 800m² 堆场的特色产业园区，带动周边 10 000 多农民从事红薯等种植生产，改善农业种植结构，提高农业附加值，有效增加农民收入，促进地方农村经济繁荣，同时产业园区招商完成后能够有效促进当地经济的发展和农业产业结构的优化升级，引进大量优质企业，为直接带动当地 416户贫困户脱贫，间接带动 3 560 户贫困户脱贫，缓解区域内就业压力，维护社会稳定。因此，本项目产出与预期的效果密切相关，符合产出与效果相关的要求。

（二）预期绩效的可实现性

1. 绩效目标明确合理性

H 市 YZ 投资有限公司提供的 H 省某薯品扶贫产业园项目绩效目标申报表包含产出数量、产出质量、产出成本、产出时效、社会效益、经济效益、服务对象满意度等，各项目标设置清晰明确，符合实际情况，但经济效益指标测度的合理性、准确性、科学性有待加强。

2. 绩效目标细化量化程度

H 市 YZ 投资有限公司设置了详细的绩效目标申报表，并将绩效目标细化为产出、效益、满意度等一级指标，产出数量、质量、时效、社会效益、经济效益等二级指标以及各项三级指标，各项指标设置全面、清晰，能够有效评价本项目的产出是否符合预期计划，是否达到预期的绩效目标，但在具体绩效目标和指标的量化方面，需要做进一步优化。

3. 项目预期效益可实现程度

项目从产出、效益、满意度三个方面编制了 H 省某薯品扶贫产业园项目绩效目标申报表，较为翔实的对项目预期绩效目标进行了设定，各项指标比较全面，能够有效评价本项目的产出是否符合预期计划、是否达到预期的绩效目标，从绩效目标和绩效指标设计状况、项目预期效益可实现程度等角度考查，本项目的预期绩效的可实现性较高，但在预期效益的测算方面，应该考虑潜在经济成本和经营风险的影响，尽可能避免出现预期过高或过低的情况。

（三）实施方案的有效性

为保障项目顺利实施，H 市 YZ 投资有限公司进行了充分的前期调研，编制了详细、全面的可行性研究报告，充分了解了本项目建设内容和可能遇到的各种风险，制定了有针对性的实施方案。实施方案围绕项目经济社会效益、项目投资估算与资金筹措、专项债券融资方案、项目收益与融资自求平衡分析、风险分析等进行撰写，尤其本项目涉及债券资金 2.2 亿元，实施方案针对项目预期的厂房租金收入、电商及办公楼出租收入、冷库出租收入、餐厅及宿舍出租收入、污水处理收入进行预测分析、计算本息覆盖倍数，科学预测项目预期风险，并提出了相应的控制措施，项目方案已考虑了政策法规、项目管理、工程技术、财务测算等内容，具有较高的合规性、合理性和有效性。

但项目债券资金占比 73.38%，年限 30 年，周期较长，收入来源单一，针对债券偿债风险措施制定得不够细致，过于笼统，有待于进一步细化风险控制措施。

（四）预期绩效的可持续性

项目建成后以厂房出租为主，目前已与 H 某薯品有限公司签订了厂房租赁意向合同，预期绩效可持续性较高。但目前项目主体工程设计规模较大，意向企业相对较少，可能会对后续的项目运营造成一定的风险。实施方案与财评报告测算的各项收入可以维持正常运营并按期偿还专项债券本息，但其测算中仅假设为理性状态下的租赁情况，未能针对项目收益与债券资金本息和对等下的出租率作出测算，项目招商引资、产业运营等方面考虑较少。

（五）资金投入的可行性及风险

该项目总投资 29 979.07 万元，其中：自有资金安排 7 979.07 万元，申请专项债券资金 22 000.00 万元，债券资金占比 73.38%，占比较高，且项目还款来源为项目收益，债务风险集中度较高，资金投入的风险包括以下方面。

1. 土地资金风险：由于土地费用、建设成本、管理成本较高且具有不确定性，或带来资金投入不足的风险。

2. 土地政策风险：核实土地性质和使用情况，防止耕地"非粮化"和"非农化"，贯彻落实"严格保护耕地，严格控制农用地转为建设用地，严格控制耕地转为林地、园地等其他类型农用地"的国家土地政策。

3. 资本金合规风险：项目资本金要排除使用债务性资金的情况，经得起穿透式审计。

4. 专项债资金投入集中度风险：本项目需要 2.2 亿元专项债资金，占项目总投入资金比例过高，建议适度降低，且专项债资金投入可根据项目进度合理分期连续投入。

5. 运营不足或失败风险：项目设计过分依赖场地的出租性收入，预期收入单一；未来运营规划相对不足，客观上会增加预期收入的不确定性。建议对项目投资、建设和运营的进度应设法加以调整和完善。

6. 项目投资利益分配机制不足：由于政府和项目单位之间的投资股权关系不清晰，导致投资分红机制不明确。

（六）总体结论

综上分析，项目的实施符合当地实际需要，符合各级政府和主管部门的产业政策和建设要求，预期能够产生良好的社会经济效益，项目的建设是必要的、可行的。但从项目目前方案的设计、资金构成、债务风险防范措施控制的角度来看，还存在较大的完善空间。

经专家组讨论，一致建议该项目"部分支持"，项目按照总体规划、分期建设，降低债券资金占比且债券资金分批次、滚动投入，降低偿债压力，合理控制债务风险。鉴于当前已与 H 某食品有限公司签订厂房租赁意向合同，可优先支持《H 市某薯品扶贫产业园项目实施方案》中"1.8 主要经济技术指标"中的序号 3 建设内容（建筑面积 177 480 平方米），其余建设任务根据后期产业运行效益、产业链条构建、产业集聚效应发挥再考虑逐步加大投入。

四、相关建议

1. 绩效目标细化量化不够，建议细化效益指标内容。

2. 从招商引资、产业运营、项目风险角度考查，需要进一步加强论证。建议项目分期、滚动投入建设，制订详细的产业发展规划，提升产业园规划层次。

3. 项目资金来源大量采用了专项债资金，还需考虑纳入专项债管理和专项债绩效评价相关的政策（如《地方政府专项债券项目资金绩效管理办法》）的要求，建议降低债券资金比重，多元化引入社会资本，确保项目投资、建设、运营、还款来源实现协调统一，提前防范和应对园区运营风险。

4. 项目偿债计划可行性和偿债风险点设计不够细致，还款机制不健全，建议加强债务风险防控机制措施的制定与完善。

5. 加强施工过程监管，保证施工质量。

6. 目前该块用地划入 H 市全域土地综合整治范畴，土地性质变更为工矿用地，但工矿用地是否可以建设产业园还需要进一步进行审批。建议尽快完成土地使用性质的确认与变更，保证项目分批建设顺利推进。

五、其他需说明的问题

（一）关于评估责任的说明

本评估结果依据评估客体提供的各项基础资料，运用规定的评估方法，评估工作组保证本次评估工作全过程的公正和公平，各项评估基础资料的真实性与完整性由被评估单位负责，未经评估组织机构同意，任何单位和个人不得将本评估结果对外公布。

（二）关于本项目评估中存在的局限性的说明

1. 本次评估受所收集资料的有限性和调查、分析、判断的局限性，评估结论无法考虑影响资金使用的所有因素，评估结论存在一定的局限性。

2. 本项目专业性较强，专业指标设定的全面性可能存在一定的局限性。

六、附件

附件1：事前绩效评估项目政策绩效目标申报表

（2021年度）

项目名称	H省某薯品扶贫产业园项目			
主管部门	H市Z村乡人民政府		单位名称	H市YZ投资有限公司
项目资金 （万元）	实施期资金总额	29 979.07	年度资金总额	23 000.00
	其中：财政拨款	0	其中：财政拨款	0
	其他资金	29 979.07	其他资金	23 000.00

绩效目标	实施期目标			年度目标			
	目标1：完成产业园建设工作，各建设项目均验收合格，达到可使用状态 目标2：建设周期36个月，总投资不高于29 979.07万元 目标3：带动H市科研教育、网上电子商城、产品展览、农产品加工、观光旅游等产业发展，改善周边农业种植结构，提高农业附加值，缓解就业压力，增加当地农民收入，促进地方农村经济繁荣			目标1：2021年投入23 000.00万元，其中专项债券资金22 000.00万元，自有资金1 000.00万元 目标2：按计划完成本年度施工进度，各建筑主体部分完工 目标3：确保施工安全			

绩效指标	一级指标	二级指标	三级指标	指标值	二级指标	三级指标	指标值
	产出指标	数量指标	标准化厂房	127 680m²	数量指标	标准化厂房	56 000m²
			综合办公楼	5 400m²		综合办公楼	
			宿舍楼	10 800m²		宿舍楼	
			电商展览中心	1座		电商展览中心	主体完工
			冷库	29 600m²		冷库	
			污水处理站	1座		污水处理站	
			堆场	38 800m²		堆场	
			绿化	59 999.94m²		绿化	
			食堂	1 600m²		食堂	
		质量指标	工程竣工验收合格率	100%	质量指标	工程竣工验收合格率	100%
			工程竣工配套基础设施正常使用率	100%		工程竣工配套基础设施正常使用率	100%
		时效指标	项目按时开工建设	2020年9月	时效指标	项目按时开工建设	2020年9月
			项目建设按期完工	2023年9月		项目建设按期完工	2023年9月
			项目资金按计划支出	按计划完成		项目资金按计划支出	按计划完成
		成本指标	总投资	≤29 979.07万元	成本指标	总投资	≤29 979.07万元

一级指标	二级指标	三级指标	指标值	二级指标	三级指标	指标值
绩效指标	效益指标	经济效益指标	收支平衡	平衡	经济效益指标	收支平衡	平衡
			年平均利润总额	≥1 567.85万元		促进经济发展	明显
			促进经济发展	明显		增加农民人均收入	2 000元
			增加农民人均收入	2 000元			
		社会效益指标	带动脱贫户数	≥3 976户	社会效益指标	带动脱贫户数	
			引进企业数量	≥13家		引进企业数量	
			提升居民生活质量	提升		提升居民生活质量	提升
			提升劳动者素质	提升		提升劳动者素质	提升
		生态效益指标	改善居住环境	改善	生态效益指标	改善居住环境	改善
			气体排放	符合大气污染物排放标准		气体排放	符合大气污染物排放标准
			施工噪音	符合建筑施工噪声排放标准		施工噪音	符合建筑施工噪声排放标准
			环保行政处罚次数	0		环保行政处罚次数	0
			污水排放	符合污水排放标准		污水排放	符合污水排放标准
		可持续影响指标	项目持续发挥作用期限	50年	可持续影响指标	项目持续发挥作用期限	50年
	满意度指标	服务对象满意度指标	周边居民满意度	≥90%	服务对象满意度指标	周边居民满意度	≥90%

附件2：专家组评估意见

H省某薯品扶贫产业园项目事前绩效评估专家评估意见

一、分项意见

（一）项目政策的相关性

本项目的立项依据为《中华人民共和国国民经济和社会发展第十三个五年规划纲要》《中共中央　国务院关于实施乡村振兴战略的意见》《中共中央　国务

院关于抓好"三农"领域重点工作确保如期实现全面小康的意见》《H省"十三五"现代农业发展规划》《H省委省政府关于推进乡村振兴战略的实施意见》《X市国民经济和社会发展第十三个五年规划纲要》等政策文件和国家、H省、X市相关规划,项目建设"符合推动农村一二三产业融合发展,加快建设国家、省、市、县现代农业产业园"政策相关要求。

（二）预期绩效的可实现性

项目从产出、效益、满意度三个方面编制了H省某薯品扶贫产业园项目绩效目标申报表,较为详实地对项目预期绩效目标进行了设定,各项指标比较全面,能够有效评价本项目的产出是否符合预期计划、是否达到预期的绩效目标,具有一定的可实现性。但经济效益指标测度的合理性、准确性、科学性有待加强。

（三）实施方案的有效性

为保障项目顺利实施,H市YZ投资有限公司进行了充分的前期调研,编制了详细、全面的可行性研究报告,充分了解了本项目建设内容和可能遇到的各种风险,制定了有针对性的实施方案。实施方案围绕项目经济社会效益、项目投资估算与资金筹措、专项债券融资方案、项目收益与融资自求平衡分析、风险分析等进行撰写,尤其本项目涉及债券资金2.2亿元,实施方案针对项目预期的厂房租金收入、电商及办公楼出租收入、冷库出租收入、餐厅及宿舍出租收入、污水处理收入进行预测分析、计算本息覆盖倍数,科学预测项目预期风险,并提出了相应的控制措施,项目方案整体有效且具有一定的可操作性。但项目债券资金占比73.38%,年限30年,周期较长,收入来源单一,针对债券偿债风险措施制定得不够细致,过于笼统,有待于进一步细化风险控制措施。

（四）预期绩效的可持续性

项目建成后以厂房出租为主,目前已与H薯品有限公司签订了厂房租赁意向合同,预期绩效可持续性较高。但目前项目主体工程设计规模较大,意向企业相对较少,可能会对后续的项目运营造成一定的风险。实施方案与财评报告测算的各项收入可以维持正常运营并按期偿还专项债券本息,但其测算中仅假设为理性状态下的租赁情况,未能针对项目收益与债券资金本息和对等下的出租率作出测算,项目招商引资、产业运营等方面考虑较少。

（五）资金投入的可行性及风险

该项目总投资29 979.07万元,其中:自有资金安排7 979.07万元,申请专项债券资金22 000.00万元,债券资金占比73.38%,占比较高,且项目还款来源为项目收益，债务风险集中度较高。

二、总体意见

综上分析，项目的实施符合当地实际需要，符合各级政府和主管部门的产业政策和建设要求，预期能够产生良好的社会经济效益，项目的建设是必要的、可行的。但从项目目前方案的设计、资金构成、债务风险防范措施控制的角度来看，还存在较大的完善空间。

经专家组讨论，一致建议该项目"部分支持"，项目按照投资建设任务分期建设，充分考虑产业运营效益的可实现性、债务风险的可控性，然后根据产业运行效益、产业链条构建、产业集聚效应发挥再考虑后续建设。

三、其他问题与建议

1. 绩效目标细化量化不够，建议细化效益指标内容。

2. 建议项目分期、滚动投入建设，制订详细的产业发展规划，提升产业园规划层次。

3. 项目资金来源大量采用了专项债资金，还需考虑纳入专项债管理和专项债绩效评价相关的政策（如《地方政府专项债券项目资金绩效管理办法》）的要求，建议降低债券资金比重，多元化引入社会资本。

4. 项目偿债计划可行性和偿债风险点设计不够细致，还款机制不健全，建议加强债务风险防控机制措施的制定与完善。

5. 加强施工过程监管，保证施工质量。

专家组组长签字：（略）

专家组成员签字：（略）

年　　月　　日

| 第四章 |

预算绩效目标管理

《意见》提出"各地区各部门编制预算时要贯彻落实党中央、国务院各项决策部署，分解细化各项工作要求，结合本地区本部门实际情况，全面设置部门和单位整体绩效目标、政策及项目绩效目标。绩效目标不仅要包括产出、成本，还要包括经济效益、社会效益、生态效益、可持续影响和服务对象满意度等绩效指标。各级财政部门要将绩效目标设置作为预算安排的前置条件，加强绩效目标审核，将绩效目标与预算同步批复下达"。

第一节　绩效目标管理概述

一、预算绩效目标

（一）预算绩效目标基本概念

预算绩效目标（以下简称绩效目标）是指预算部门及其所属单位使用和管理的财政预算资金计划在一定期限内达到的产出和效果。

绩效目标是进行事前绩效评估、建设项目库、编制部门预算、实施绩效监控、开展绩效评价等工作的重要基础和依据。

（二）预算绩效目标的分类

1. 按照预算支出的范围和内容划分，分为预算部门预算支出绩效目标和转移支付绩效目标。

（1）预算部门预算支出绩效目标包括基本支出绩效目标、项目支出绩效目标及部门（单位）整体支出绩效目标。

基本支出绩效目标是指预算部门预算安排的基本支出在一定期限内对本部门正常运转的预期保障程度，一般不单独设定，纳入部门整体支出绩效目标统筹考虑。

项目支出绩效目标是指预算部门依据职责和事业发展要求设立并通过部门预算安排的项目支出，在一定期限内预期达到的产出和效果，以及相应的成本控制要求。

部门整体支出绩效目标是指预算部门按照确定的职责，利用全部部门预算资金在一定期限内预期达到的总体产出和效果。部门整体支出是指纳入预算部门预算管理的全部资金，包括当年财政拨款和通过以前年度财政拨款结转和结余资金、事业收入、事业单位经营收入等其他收入安排的支出；包括人员类项目支出、运转类项目支出、特定目标类项目支出。

（2）转移支付绩效目标主要指中央对地方转移支付绩效目标、省对市县转移支付绩效目标。一般公共预算安排的共同财政事权转移支付、专项转移支付以及政府性基金预算和国有资本经营预算安排的转移支付资金按要求实施绩效目标管理。

转移支付绩效目标包括整体绩效目标、区域绩效目标和明细项目绩效目标三种类型。整体绩效目标是指一项转移支付的全部资金在一定期限内预期达到的总体产出和效果。区域绩效目标是指在市县区域范围内，一项转移支付资金在一定期限内预期达到的产出和效果。明细项目绩效目标是指一项转移支付资金细化落实到具体项目后，相关项目在一定期限内预期达到的产出和效果。

2. 按照时效性划分，绩效目标可分为实施期绩效目标和年度绩效目标。实施期绩效目标是指预算部门预算资金在跨度多年的计划期内预期达到的产出和效果。年度绩效目标是指预算部门预算资金在一个预算年度内预期达到的产出和效果。

二、绩效目标管理

（一）绩效目标管理的概念

绩效目标管理是指财政部门和预算部门及其所属单位以绩效为导向，对部门预算绩效目标的设置、审核、批复、调整和应用等为主要内容所开展的预算管理活动。

绩效目标与预算编制同步布置、同步申报、同步审核、同步批复、同步公开。绩效目标是预算安排的前置条件，未按要求设定绩效目标或绩效目标审核不通过的，不得安排预算。

（二）绩效目标管理职责分工

1. 财政部门。负责绩效目标管理工作的总体组织指导；研究制定绩效目标管理的有关制度；审核、批复本级预算绩效目标；建立完善共性项目绩效指标体系；指导本级预算主管部门开展绩效目标管理工作。

2. 预算部门。负责组织本部门及所属单位绩效目标管理工作；按照财政部门审核意见修改完善绩效目标；督促落实绩效目标；建立完善本行业、本领域绩效指标体系；指导所属单位开展绩效目标管理工作。

第二节　绩效目标设置

一、绩效目标设置的原则和思路

（一）绩效目标设置原则

按照"谁申请资金，谁设置目标"的原则，绩效目标由省级部门及其所属单位在申报预算支出时设置。

项目支出绩效目标，在该项目纳入预算部门项目库之前编制，并按要求随同预算部门项目库提交本级财政部门；部门（单位）整体绩效目标，在申报部门预算时编制，并按要求提交本级财政部门。

（二）绩效目标设置思路

设置绩效目标应遵循确定项目总目标并逐步分解的方式，确保绩效目标和指标相互衔接、协调配套。绩效目标通过具体绩效指标予以细化、量化描述。绩效目标设置思路如下。

1. 确定项目绩效目标。在项目立项阶段，应明确项目总体政策目标。在此基础上，根据有关中长期工作规划、项目实施方案、与项目立项直接相关的依据文件等，分析重点工作任务、需要解决的主要问题和相关财政支出的政策意图，研究明确项目的总体绩效目标，即总任务、总产出、总效益等。

2. 分解细化指标。分析、归纳总体绩效目标，明确完成的工作任务，将其分解成多个子目标，细化任务清单。根据任务内容，分析投入资源、开展活动、质量标准、成本要求、产出内容、产生效果，设置绩效指标。

3. 设置指标值。绩效指标选定后，应参考相关历史数据、行业标准、计划标准等，科学设定指标值。指标值的设定要在考虑可实现性的基础上，尽量从严、从高设定，以充分发挥绩效目标对预算编制执行的引导约束和控制作用。避免选用难以确定具体指标值、标准不明确或缺乏约束力的指标。

4. 加强指标衔接。强化待分项目绩效目标的统领性，明细项目是待分项目支出的细化和具体化，反映待分项目部分任务和效果。加强待分项目和明细项目之间绩效指标的有机衔接，确保任务相互匹配、指标逻辑对应、数据相互支撑。

（三）绩效目标与绩效指标的关系

从绩效目标申报表的设计来看，绩效目标与绩效指标是宏观内容阐述与微观考核细化的关系。各级绩效指标的设计是将绩效目标逐步进行分解和细化的过程，通过关键核心指标反映绩效目标的主要内容和任务。从绩效目标转化为绩效指标具体思路如下：

1. 目标分解。将各层面目标分解为清晰和独立的目标单元。

2. 选择测度指标。针对分解后的目标单元，设计和选择测度指标，测度指标可以是直接的和间接的。

3. 确定绩效指标。根据数据来源确定绩效指标。

4. 设定基准值和目标值。

二、绩效指标设置的原则、类型与要求

（一）绩效指标设置的原则

1. 高度关联。绩效指标应指向明确，与支出方向、政策依据相关联，与部门职责及其事业发展规划相关，与总体绩效目标的内容直接关联。不应设置如常规性的项目管理要求等与产出、效益和成本明显无关联的指标。

2. 重点突出。绩效指标应涵盖政策目标、支出方向主体内容，应选取能体现项目主要产出和核心效果的指标，突出重点。

3. 量化易评。绩效指标应细化、量化，具有明确的评价标准，绩效指标值一般对应已有统计数据，或在成本可控的前提下，通过统计、调查、评判等便于获取。难以量化的，可采用定性表述，但应具有可衡量性，可使用分析评级（好、一般、差）的评价方式评判。

（二）绩效指标的类型

绩效指标包括成本指标、产出指标、效益指标和满意度指标四类一级指标。原则上每一项目均应设置产出指标和效益指标。工程基建类项目和大型修缮及购置项目等应设置成本指标，并逐步推广到其他具备条件的项目。满意度指标根据实际需要选用。

（三）绩效指标设置要求

1. 成本指标。为加强成本管理和成本控制，应当设置成本指标，以反映预期提供的公共产品或服务所产生的成本。项目支出首先要强化成本的概念，加强成本效益分析。对单位成本无法拆分核算的任务，可设定分项成本控制数。对于具有负外部性的支出项目，还应选取负作用成本指标，体现相关活动对生态环境、社会公众福利等方面可能产生的负面影响，以综合衡量项目支出的整体效益。

成本指标包括经济成本指标、社会成本指标和生态环境成本指标等二级指标，分别反映项目实施产生的各方面成本的预期控制范围。

（1）经济成本指标。反映实施相关项目所产生的直接经济成本，如"成本控制额≤××元""补贴标准=××元"。

（2）社会成本指标。反映实施相关项目对社会发展、公共福利等方面可能造成的负面影响。如修路造成的"拥堵≤××天"。

（3）生态环境成本指标。反映实施相关项目对自然生态环境可能造成的负面影响。如防护林喷洒农药造成的空气污染"空气污染小于≤范围"。

2. 产出指标。产出指标是对预期产出的描述，包括数量指标、质量指标、时效指标等二级指标。

（1）数量指标。反映预期提供的公共产品或服务数量，应根据项目活动设定相应的指标内容。数量指标应突出重点，力求以较少的指标涵盖主要工作内容。

举例说明：三级指标可设置为"培训班次""补助教师数量""发放养老补贴教师数量""新增设备数量"等。指标值应尽量使用绝对数（而非百分比）来表示，如"3 次""100 人""15 台"等。如果工作任务的数量尚不能明确，需要根据上级文件、基层单位申报等确定的，指标值可以用百分比等形式表示，如"经济困难寄宿生应补尽补率——应补尽补""学杂费应免尽免率——应免尽免"，待任务数量明确后也可及时进行绩效目标修订。

常见问题：一是指标设置不够具体细化，如"完成建设项目——1 个""工作目标完成率——100%"等，难以了解资金用途和项目内容，这种情况需要进一步细化补充。二是指标值设置过高或过低，偏离了正常业绩水平。

（2）质量指标。反映预期提供的公共产品或服务达到的标准和水平，原则上工程基建类、信息化建设类等有明确质量标准的项目应设置质量指标，如"设备故障率""项目竣工验收合格率"等。

举例说明：如果发放补贴、补助类可设置为"发放养老补贴的教师条件合格率""发放养老补贴的教师资金发放足额率"；资助家庭困难学生、奖励优秀学生类可设置为"资助政策覆盖率""资助学生条件达标率"；如果购置教学设备可设置为"采购设备合格率"等。指标值一般设为"≥×%"。

（3）时效指标。反映预期提供的公共产品或服务的及时程度和效率情况。设置时效指标，需确定整体完成时间。对于有时限完成要求、关键性时间节点明确的项目，还需要分解设置约束性时效指标；对于内容相对较多并且复杂的项目，可根据工作开展周期或频次设定相应指标，如"工程按时完工率""助学金发放周期"等。

举例说明：设置时效指标，需确定整体完成时间。对于有时限完成要求、关键性时间节点明确的项目，还需要分解设置约束性时效指标；对于内容相对较多并且复杂的项目，可根据工作开展周期或频次设定相应指标，如"工程按时完工率""助学金发放周期"等。三级指标可设置为"培训完成时间""研究成果发布时间"等；指标值可设置为"××年7月15日前""××年三季度"等。如果资金用于持续性的事务，指标可设置为"信息化项目运维保障时间——7×24 小时"；如果资金用于应对突发事件，指标可设置为"应急措施响应时间——≤2 小时"。

常见问题：一是指标不具体、可衡量性差，如将指标值设置为"及时"。二是设置的时间超出预算资金年度，如使用 2021 年预算资金安排的项目，时效指标设置为"2022 年6月底前完成"，应结合项目建设进度选取当年的阶段性时间要求作为时效指标。

产出指标的设置应当与主要支出方向相对应，原则上不应存在重大缺项、漏项。数量指标和质量指标原则上均需设置，时效指标根据项目实际设置，不作强制要求。

3. 效益指标。效益指标是对预期效果的描述，包括经济效益指标、社会效益指标、生态效益指标等二级指标。

（1）经济效益指标。反映相关产出对经济效益带来的影响和效果，包括相关产出在当年及以后若干年持续形成的经济效益，以及自身创造的直接经济效益和引领行业带来的间接经济效益。

举例说明：三级指标可设置为"参与项目农民收入增长""展会达成交易额""流域内农作物亩产增加"等。经济效益指标值一般应以定量表示，如"≥×万元"。

（2）社会效益指标。反映相关产出对社会发展带来的影响和效果，用于体现项目实施当年及以后若干年在提升治理水平、落实国家政策、推动行业发展、服务民生大众、维持社会稳定、维护社会公平正义、提高履职或服务效率等方面的效益。

举例说明：三级指标可设置为"带动就业增长率""校园安全事故下降率""学前教育普惠保障水平""受资助学生生活质量改善"等。指标值根据三级指标设置，优先定量表示，如不能定量表示，应尽量提高可衡量性。

常见问题：一是过于宏观，与项目的相关性不足，如设置为"提高经济社会发展保障水平"。二是过于片面，不能反映项目的核心作用，如某办事大厅建设项目的社会效益指标只设置了"带动就业人数"，应选择最能体现项目核心效果的指标作为绩效指标。

（3）生态效益指标。反映相关产出对自然生态环境带来的影响和效果，即对生产、生活条件和环境条件产生的有益影响和有利效果。包括相关产出在当年及以后若干年持续形成的生态效益。

举例说明：三级指标可设置为"水电能源节约率""空气质量优良率""河流水质达标率"等。指标值根据三级指标设置，优先定量表示，如不能定量表示，应尽量提高可衡量性。

对于一些特定项目，应结合管理需要确定必设指标的限定要求。如工程基建类项目和大型修缮及购置项目，考虑使用期限，必须在相关指标中明确当年及以后一段时期内预期效益发挥情况。对于具备条件的社会效益指标和生态效益指标，应尽可能通过科学合理的方式，在予以货币化等量化反映的基础上，转列为经济效益指标，以便于进行成本效益分析比较。

4. 满意度指标。满意度指标是对预期产出和效果的满意情况的描述，反映服务对象或项目受益人及其他相关群体的认可程度。对申报满意度指标的项目，在项目执行过程中应开展满意度调查或者其他收集满意度反馈的工作。如"展览观众满意度""补贴对象满意度"等。

满意度指标一般适用于直接面向社会主体及公众提供公共服务，以及其他事关群众切身利益的项目支出，其他项目根据实际情况可不设满意度指标。

举例说明：三级指标可设置为"受训学员满意度""××群体对××工作的满意度""社会公众投诉率/投诉次数"等。指标值应以定量表示，如"≥×%"。需要说明的是，应在三级指标中明确受益人群具体名称，可以设置为"受补助患者/平台使用单位满意度"，避免空泛地表述为"相关方/群众满意度"。

三、绩效指标的具体编制

（一）绩效指标名称及解释

1. 指标名称。指末级指标的名称，是对指标含义的简要描述，要求简洁明确、通俗易懂。如"房屋修缮面积""设备更新改造数量""验收合格率"等，末级指标设计尽量采用清晰简洁的名词作为指标内容，指标字数一般控制在 10 个字以内。

2. 指标解释。是对末级指标名称的概念性定义，反映该指标衡量的具体内容、计算方法和数据口径等。

（二）绩效指标来源

1. 政策文件。部门和单位可以从党中央、国务院或本部门在某一个领域明确制定的目标、规划、计划、工作要求中提炼绩效指标。此类指标主要是有明确的统计口径和获取规范的统计指标，有较高数据质量和权威性。如"十四五"规划提出的经济社会发展主要指标、城镇调查失业率、每千人口拥有执业（助理）医师数、森林覆盖率等。

2. 部门日常工作。

（1）统计指标。此类指标在部门日常工作中约定俗成、经常使用，并且有统计数据支撑，可以作为绩效指标。

（2）部门管理（考核）指标。中央部门对下属单位、地方各类考核中明确的考核指标，可以作为绩效指标。如国家教育主管部门组织的对高校、学科、教师的考核评比等。

（3）部门工作计划和项目实施方案。中央部门对实施项目的考虑和工作安排，经规范程序履行审批手续后，可以作为绩效指标。如开展调研次数、培训人次等。

3. 社会机构评比、新闻媒体报道等。具有社会公信力的非政府组织、公益机构、新闻媒体等对公共服务质量和舆论情况等长期或不定期跟踪调查，形成的具有一定权威性和公认度的指标。

4. 其他参考指标。甄别使用开展重点绩效评价采用的指标、已纳入绩效指标库管理和应用的指标。

如按照上述来源难以获取适宜指标，部门应当根据工作需要科学合理创设指标。如可以立足我国管理实际，借鉴国外政府绩效管理、学术研究、管理实践等经验，合理创设相关指标。

（三）绩效指标值设定依据

绩效指标值通常用绝对值和相对值表示，主要依据或参考计划标准、行业标准、历史标准或财政部和业务主管部门认可的其他标准进行设定。

1. 计划标准。根据计划依据可再细分为国家级、中央部门级计划或要求。如党中央和国务院文件、政府工作报告、各类规划、部门正式文件、有关会议纪要提及的计划或考核要求等。

2. 行业标准。包括行业国际标准、行业国家标准、行业省级标准等。如涉及工艺、技术等指标时可采用。

3. 历史标准。可参考近三年绩效指标平均值、上年值、历史极值等。

4. 预算支出标准。主要用于成本指标的取值，不得超出规定的预算支出标准设置目标值。

5. 其他标准。其他参考数值、类似项目的情况等。

（四）绩效指标完成值取值方式

根据绩效指标具体数值（情况）的特点、来源等明确取值方式。部门应在设置绩效指标时一并明确有关取值要求和方法。常用的方式有：

1. 直接证明法。指可以根据外部权威部门出具的数据、鉴证、报告证明的方法，通常适用于常见的官方统计数据等。

2. 情况统计法。指按规定口径对有关数据和情况进行清点、核实、计算、对比、汇总等整理的方法。多数产出指标适用于本方法。

3. 情况说明法。对于定性指标等难以通过量化指标衡量的情况，由部门根据设置绩效目标时明确的绩效指标来源和指标值设定依据，对指标完成的程度、进度、质量等情况进行说明并证明，并依据说明对完成等次进行判断。

4. 问卷调查法。指运用统一设计的问卷向被选取的调查对象了解情况或征询意见的调查方法。一般适用于满意度调查等。部门可以根据必要性、成本和实施可行性，明确由实施单位在项目实施过程中开展。

5. 趋势判断法。指运用大数据思维，结合项目实施期总体目标，对指标历史数据进行整理、修正、分析，预判项目在全生命周期不同阶段的数据趋势。

（五）绩效指标完成值数据来源

1. 统计部门统计数据。如 GDP、工业增加值、常住人口等。

2. 权威机构调查（统计）。如基本科学指标数据库（ESI）高校学科排名、科学引文索引（SCI）收录论文数等。

3. 部门统计年鉴。如在校学生数、基本医疗保险参保率等。

4. 部门业务统计。如培训人数、网站访问量、完成课题数、满意度等。

5. 部门业务记录。如能够反映重大文化活动、演出展览现场的音像、视频资料等。

6. 部门业务评判。如项目成效、工作效果等定性指标。

7. 问卷调查报告。如满意度等。

8. 媒体舆论。如满意度等。

9. 其他数据来源。

（六）指标分值权重

绩效指标分值权重根据项目实际情况确定。原则上一级指标权重统一按以下方式设置：

1. 对于设置成本指标的项目，成本指标 20%、产出指标 40%、效益指标 20%、满意度指标 10%（其余 10% 的分值权重为预算执行率指标，编制预算时暂不设置，部门或单位开展自评时使用，下同）。

2. 对于未设置成本指标的项目，产出指标 50%、效益指标 30%、满意度指标 10%。

3. 对于不需设置满意度指标的项目，其效益指标分值权重相应可调增 10%。

各指标分值权重依据指标的重要程度合理设置，在预算批复中予以明确，设立后原则上不得调整。

（七）绩效指标赋分规则

1. 直接赋分。主要适用于进行"是"或"否"判断的单一评判指标。符合要求的得满分，不符合要求的不得分或者扣相应的分数。

2. 按照完成比例赋分，同时设置及格门槛。主要适用于量化的统计类等定量指标。具体可根据指标目标值的精细程度、数据变化区间进行设定。

预算执行率按区间赋分，并设置及格门槛。如：项目完成，且执行数控制在年度预算规模之内的，得 10 分；项目尚未完成，预算执行率小于 100% 且大于等于 80% 的得 7 分，预算执行率小于 80% 且大于等于 60% 的得 5 分，预算执行率小于 60% 的不得分。

其他定量指标按比例赋分，并设置及格门槛。如：完成率小于 60% 为不及格，不得分；大于等于 60% 的，按超过的比重赋分，计算公式为：得分 =（实际完成率 −60%）/（1−60%）×指标分值。

3. 按评判等级赋分。主要适用于情况说明类的定性指标。分为基本达成目标、部分实现目标、实现目标程度较低三个档次，并分别按照该指标对应分值区间 [80%，100%)、[60%，80%)、(0，60%) 合理确定分值。

4. 满意度赋分。适用于对服务对象、受益群体的满意程度询问调查，一般按照区间进行赋分。如：满意度大于等于 90% 的得 10 分，满意度小于 90% 且大于等于 80% 的得 8 分，满意度小于 80% 且大于等于 60% 的得 5 分，满意度小于 60% 的不得分。

（八）绩效指标佐证资料要求

按照数据来源提供对应的佐证材料。主要包括以下类型：

1. 正式资料。统计年鉴、文件、证书、专业机构意见（标准文书）等。

2. 工作资料。部门总结、统计报表、部门内部签报、专家论证意见、满意度调查报告、相关业务资料等。对于过程性资料，部门和单位应当在项目实施过程中及时保存整理。

3. 原始凭证。预决算报表、财务账、资产账、合同、签到表、验收凭证、网站截屏等。

4. 说明材料。针对确无直接佐证材料或者综合性的内容，由相关单位、人员出具正式的说明。

第三节　项目支出绩效目标设置

一、项目绩效目标申报表填报要求

（一）项目绩效目标申报表样表

部门预算项目绩效目标表如表 4 - 1 所示。

表 4 - 1　　　　　　　　　　　部门预算项目绩效目标表

（××年度）

项目名称				
部门名称				
单位名称				
项目资金 （万元）	年度资金总额			
	其中：政府预算资金			
	财政专户管理资金			
	单位资金			
年度目标				
一级指标	二级指标	三级指标	指标值	指标值说明
成本指标	经济成本指标			
	社会成本指标			
	生态环境成本指标			
产出指标	数量指标			
	质量指标			
	时效指标			
效益指标	经济效益指标			
	社会效益指标			
	生态效益指标			
满意度指标	服务对象满意度指标			

（二）项目目标和指标设置要求

1. 年度目标按照预算部门（单位）职责、事业发展要求设置。

2. 绩效目标的一级指标中必选项包括产出指标、效益指标。工程基建类项目、大型修缮、购置项目等应设置成本指标。直接面向社会主体及公众提供公共服务，以及其他事关群众切身利益的项目支出，应设置满意度指标。

3. 绩效目标的二级指标中产出指标的数量指标、质量指标为必选项。效益指标中的经济效益指标、社会效益指标和生态效益指标必选其一。

（说明：如果某项目无产出数量、质量，无任何效益，支出无效果，则不安排预算）

二、案例编制

（一）案例基本内容

2020 年，根据《河南省第三期学前教育行动计划（2017—2020 年）》，某市财政局批复市教育局学前教育三年行动计划"以奖代补"资金 3 000 万元，用于新建、改扩建 12 所公办幼儿园，认定、扶持 10 所普惠性民办幼儿园，逐年提高普惠性幼儿园数量和提供普惠性学位数量所占比例；使得本市幼儿学位数相较于2019 年增加 500 个，以缓解"入公办园难、入优质民办园贵"现象；同时，对家庭困难幼儿开展资助，资助人数不少于 1 000 人。

通过专项资金的投入，确保 2020 年底某市学前三年毛入园率达到 90%，普惠性资源覆盖率稳定在 80% 以上，"广覆盖、保基本、有质量"的学前教育公共服务体系基本建成；学前教育管理体制和办园体制逐步理顺，各级政府发展学前教育的责任进一步落实；幼儿园保教质量评估监管体系基本形成，办园行为普遍规范。

请根据上述内容编制绩效目标申报表。

（二）绩效目标申报表编制

基于上述项目任务信息，梳理编制项目绩效目标申报表如表 4-2 所示。

表 4-2　　　学前教育三年行动计划"以奖代补"项目绩效目标申报表

项目名称		学前教育三年行动计划"以奖代补"资金
部门名称		××市教育局
单位名称		
项目资金（万元）	年度资金总额	3 000.00
	其中：财政性资金	3 000.00
	其他资金	0.00
年度目标		目标1：进一步扩大学前教育资源，全市新建改扩建幼儿园12所，新增学位数500个，全市学前三年毛入园率达到90%。 目标2：着力扩大普惠性资源覆盖率，通过实施普惠性民办幼儿园认定与奖补，认定、扶持普惠性民办幼儿园10所，普惠性资源覆盖率达到80%。 目标3：保教质量不断提升，建档立卡及家庭经济困难幼儿资助保障能力不断提升，资助困难幼儿1 000人以上

分解目标				
一级指标	二级指标	三级指标	指标值	指标值说明
成本指标	经济成本指标	成本控制额	≤3 000万元	
产出指标	数量指标	新建改扩建幼儿园数量	≥12 所	
		普惠性民办幼儿园认定、扶持数量	≥10 所	
		增加幼儿学位数	≥500 个	
		资助家庭经济困难幼儿入园数	≥1 000 人次	
	质量指标	土建项目竣工验收合格率	100%	
		设备采购合格率	100%	
		保教质量	不断提升	
		幼儿资助条件达标率	100%	
	时效指标	新建改扩建幼儿园按时完工率	100%	
		困难幼儿资助资金发放周期	≤30 个工作日	
效益指标	社会效益	学前三年毛入园率	≥90%	
		普惠性资源覆盖率	≥80%	
		"入园难、入园贵"缓解程度	有效缓解	
		学前教育普惠保障水平	有效提高	
满意度指标	服务对象满意度指标	教职工满意度	≥90%	
		幼儿及家长满意度	≥90%	

三、中央部门绩效目标案例

笔者通过中央预决算公开平台，对 2018～2022 年 102 个中央部门项目绩效目标表数据进行了统计、梳理、分析，具体指标公开数量如图 4－1、图 4－2 所示。

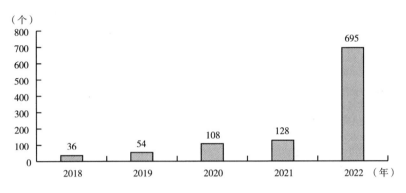

图 4－1 中央部门绩效目标公开数量

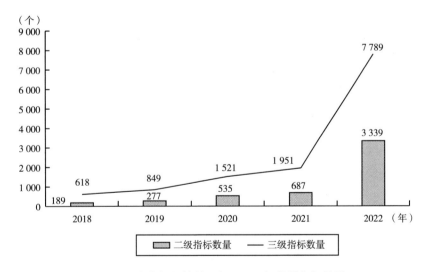

图 4－2 中央部门绩效目标二、三级绩效指标数量

2023 年度中央部门公开的项目绩效目标申报表部分内容如表 4－3～表 4－11 所示。

表 4 - 3　　　　　　　　　　项目绩效目标表

(2023 年度)

项目名称	监管行政设施支出		
主管部门及代码	［178］中国证监会	实施单位	中国证监会
项目资金 （万元）	年度资金总额：	11 050.30	执行率 分值 （10）
	其中：财政拨款	10 287.01	
	上年结转	36.31	
	其他资金	726.98	

年度 总体 目标	1. 按照实际需求和租赁合同约定租用办公用房，及时协调房屋产权方确保租赁的延续性，满足办公需要。租金成本控制在预算范围内，按照合同约定支付租金。租用办公用房质量符合要求，及时响应使用人员对房屋租赁事宜提出的意见建议，保障单位工作正常运转。 2. 做好房屋的装修维护，保障房屋使用稳定性，按照房屋装修维护方案开展房屋装修维护工作，确保各使用部门正常办公。房屋装修维护项目竣工验收合格率达到设定水平，严格控制房屋装修维护成本。 3. 根据监管需要，完成通用及专用设备的配备，符合政府采购程序，提高设备采购效率，采购设备验收合格率达到设定水平，做到经济适用。 4. 严格按照公务用车管理办法购置公务用车，购置数量符合核定的要求，控制购置成本，及时完成公务用车采购。做好公务用车规范管理，使用年限应符合公务用车管理办法年限要求，持续提高公务用车安全性，控制运行维护费用

	一级指标	二级指标	三级指标	指标值	指标权重 （90）
绩效 指标	成本指标	经济成本 指标	房屋装修维护、租金、设备及车辆购置成本合计	≤11 050.3 万元	20
	产出指标	数量指标	设备采购计划完成率	≥94.35%	4
			租用房屋数量	≥45 处	4
			房屋装修维护数量	≥14 处	4
			公务用车购置数量	≤11 辆	4
		质量指标	房屋装修维护项目竣工验收合格率	≥97%	3
			采购设备验收合格率	≥96.24%	3
			租用房屋质量达标率	≥96.5%	3
			购置公务用车因质量问题返修次数	≤1 次	3
		时效指标	交通工具购置预算下达后到启动采购的时间	≤50 天	4
			设备购置预算资金额度下达到启动采购的时间	≤50 天	4
			租用房屋租金支付及时率	≥94.25%	4

续表

	一级指标	二级指标	三级指标	指标值	指标权重（90）
绩效指标	效益指标	社会效益指标	租房需求满足率	≥95.95%	5
			房屋装修维护需求满足率	≥93.75%	5
			购置公务用车持续服务年限	≥8 年	5
			设备持续使用年限	≥6 年	5
	满意度指标	服务对象满意度指标	使用设备的办公人员对设备满意程度	≥94.62%	2
			使用人员对租赁房屋满意度	≥93.33%	2
			使用车辆的办公人员对购置车辆满意度	≥94.78%	2
			使用人员对维修部分提出意见建议的次数	≤2 次	2
			使用人员对租赁房屋提出意见建议的次数	≤3 次	2

表 4－4　　　　　　　　　　项目绩效目标表

（2023 年度）

项目名称	中央高校改善基本办学条件专项资金			
主管部门及代码	［167］海关总署	实施单位	上海海关学院	
项目资金（万元）	年度资金总额：	3 921.87		执行率分值（10）
	其中：财政拨款	2 484.16		
	上年结转	1 437.71		
	其他资金	—		
年度总体目标	通过改善基本办学条件专项，做好学校校舍维修改造、基础设施改造、基本建设项目的辅助设施和配套工程，提升学校的基本办学条件，更好地为海关事业服务			

	一级指标	二级指标	三级指标	指标值	指标权重（90）
绩效指标	成本指标	经济成本指标	平均每次评审专家劳务费	≤1 000 元	20
	产出指标	数量指标	房屋修缮面积	≥5 000 平方米	7
			受众面人数	≥2 000 人	7
		质量指标	购置设备合格率	≥95%	6
			房屋修缮验收通过率	≥95%	6

	一级指标	二级指标	三级指标	指标值	指标权重(90)
绩效指标	产出指标	时效指标	设备验收及时率	≥95%	6
			系统建设工程及时完工率	≥95%	8
	效益指标	社会效益指标	改善广大师生员工的生活设施	明显改善	7
			学校基本办学条件和服务社会的能力	明显提升	7
			修缮类项目持续发挥作用期限	≥5 年	6
	满意度指标	服务对象满意度指标	培训学员满意度	≥90%	5
			师生满意度	≥90%	5

表 4 – 5　　　　　　　　　　　**项目绩效目标表**

（2023 年度）

项目名称		信息化建设费			
主管部门及代码		［225］国家消防救援局	实施单位	国家消防救援局本级及所属单位	
项目资金（万元）	年度资金总额：	14 726.07		执行率分值(10)	
	其中：财政拨款	2 450.00			
	上年结转	4 479.43			
	其他资金	7 796.64			
年度总体目标	1. 构建与新时代应急救援体系相匹配的新型综合办公支撑平台，提供通用服务组件，实现信息资源互通共享。 2. 持续推进消防监督、防火灭火等领域核心业务系统建设和优化完善，拓展综合定位、智能监管、仿真训练等信息化功能。 3. 持续推进应急通信能力建设，更新优化卫星网等基础通信网络，提升应急通信保障能力。 4. 组织完成超短波手持台采购任务和通信车建设，强化通信保障，为队伍遂行任务提供信息化支撑				

	一级指标	二级指标	三级指标	指标值	指标权重(90)
绩效指标	成本指标	经济成本指标	政府采购率	≥60%	10
			信息化建设成本控制	14 720 万元	10
	产出指标	数量指标	软件研发数量	≥5 套	4
			通信装备采购数量	≥30 台	4
			便携式通信设备采购数量	≥300 件（套）	4
			卫星设备升级替换数量	≥5 台	4
			系统培训数量	≥2 次/项目	4

续表

一级指标	二级指标	三级指标	指标值	指标权重（90）
绩效指标	产出指标	质量指标	硬件设备使用率	≥80%	4
			装备验收合格率	100%	4
			软、硬件系统验收合格率	100%	4
			软件系统部署完成率	≥95%	4
		时效指标	硬件配发到位率	≥90%	4
	效益指标	社会效益指标	培养一直稳定优秀的信息化人才队伍，提升遂行任务队伍通信保障率	显著	7
			提升防火监督和消防监管工作效率，增强国家消防救援队伍社会影响	显著	7
		生态效益指标	有效提升遂行综合性应急救援任务效率，减少国家资源损失	显著	6
	满意度指标	服务对象满意度指标	使用部门满意度	≥90%	5
			通信保障人员满意度	≥90%	5

表4-6　　　　　　　　　　**项目绩效目标表**

（2023 年度）

项目名称	资产运行维护		
主管部门及代码	［125］农业农村部	实施单位	农业农村部
项目资金（万元）	年度资金总额：	15 329.34	执行率分值（10）
	其中：财政拨款	14 346.84	
	上年结转	81.50	
	其他资金	901.00	
年度总体目标	1. 支持部属单位开展相关建筑物、构筑物正常维护，仪器设备检定校准、检修保养等工作，保障重大专用设施处于正常状态，发挥功能效益。 2. 支持部属单位房屋修缮、专业仪器以及办公家具设备购置和更新，改善项目单位基础设施条件，为履职保障提供基础支撑		

	一级指标	二级指标	三级指标	指标值	指标权重（90）
绩效指标	成本指标	经济成本指标	单个设施设备修缮购置项目成本	≤300 万元	20

一级指标	二级指标	二级指标	三级指标	指标值	指标权重（90）
绩效指标	产出指标	数量指标	维修、维护渔政船和基地次数	≥5 次	7
			维护博物馆展厅数量	7 个	7
			基础设施改造、房屋修缮面积	≥19 272 平方米	7
		质量指标	设施设备正常运行率	≥90%	7
			渔政船运行和停泊期间安全事故	不发生较大安全事故	6
		时效指标	发生故障的设施设备及时修复率	≥95%	6
	效益指标	社会效益指标	保障国家级媒体平台栏目安全运行	有效保障	10
		生态效益指标	为渔业资源可持续利用、生态文明建设提供科技支撑	有效支撑	10
	满意度指标	服务对象满意度指标	设施设备使用人员满意度	≥90%	10

表 4 – 7　　　　　　　　　　　**项目绩效目标表**

（2023 年度）

项目名称	乡村发展国际交流与合作		
主管部门及代码	［285］国家乡村振兴局	实施单位	国家乡村振兴局
项目资金（万元）	年度资金总额：	3 028.30	执行率分值（10）
	其中：财政拨款	1 097.53	
	上年结转	69.01	
	其他资金	1 861.76	

年度总体目标	1. 在国内和国外举办减贫和乡村振兴交流活动、完善培训体系、开展对外减贫合作及外资项目，与相关发展中国家及国际机构分享交流减贫和乡村振兴发展知识和经验，推动对外合作。 2. 通过开展国际减贫和乡村振兴研究，为巩固拓展脱贫攻坚成果、全面推进乡村振兴提供决策参考，为讲好中国减贫故事提供成果积累。开展巩固拓展脱贫攻坚成果的国内外经验以及发达国家乡村振兴经验研究。编印《信息摘要》、年鉴等资料，提供决策参考，促进国内外减贫和乡村振兴研究及交流。 3. 根据国际减贫交流合作和乡村振兴发展需要，持续加强信息化和数据化建设，拓展国际交流网络和伙伴关系，构建全球减贫及乡村振兴交流合作多元化网络体系，加强国际分享和交流

一级指标	二级指标	三级指标	指标值	指标权重 (90)
成本指标	经济成本指标	培训成本	≤550 元/人/天	10
		高级职称专家聘用成本	≤1 500 元/人/天	10
绩效指标	产出指标	接待团组数	≥5 组	3
		资料成果共享数量	≥4 448 册	3
		巡检维护系统次数	≥12 次	3
		出境团组数量	≥4 组	3
		参与各类会议活动人次	≥480 人	3
		举办及参加国际交流论坛、研讨会、对话会、实地考察等活动	≥9 次	3
		各类交流活动参与率	≥90%	4
		媒体报道数量	≥6 次	4
		研究项目评审合格率	≥90%	4
		会议成果发布时间（含主题报告、研究成果等的发布或出版）	≤2 个月	5
		委托/研究项目按时结题率	≥90%	5
效益指标	社会效益指标	经验做法传播人数	≥450 人	6
		新媒体账号访问量	≥700 万人次	6
		提升中国减贫理念和实践国际认可度，进一步加深对发达国家乡村振兴的了解程度	好	8
满意度指标	服务对象满意度指标	参加活动人员对有关工作的投诉次数	0 次	10

表 4－8　　　　　　　　　**项目绩效目标表**

（2023 年度）

项目名称	国资国企改革发展专项经费		
主管部门及代码	［295］国务院国有资产监督管理委员会	实施单位	国务院国有资产监督管理委员会
项目资金（万元）	年度资金总额：	1 476.33	执行率分值 (10)
	其中：财政拨款	769.91	
	上年结转	580.42	
	其他资金	126.00	

年度总体目标	1. 贯彻习近平总书记重要指示和党中央决策部署，按照国资委内部分工方案，指导推动中央企业和地方国有企业落实中央文件明确的总体思路、工作目标和各项措施要求，加快推动建设世界一流企业，取得重要阶段性进展。 2. 加强国资预算支出重点和方向研究，加强国资预算执行监督和绩效管理，做好中央企业国资预算建议草案编制、批复、预算执行监督和绩效评价工作；加强对中央企业金融业务和投资基金的管理与服务；研究国有资本运作制度，组织指导国有资本运营公司开展国有资本运营。 3. 开展国企改革三年行动后续工作，加大典型宣传推广力度，强化考核评估，对发展国有企业改革重要领域和关键环节取得的决定性成果进行巩固提升。 4. 按期完成国资国企改革发展重大问题研究，提出国资委和中央企业应对宏观形势和重大政策变化的总体思路、具体措施和意见建议。 5. 进一步完善中央企业考核分配对标体系，开展部分领域考核分配机制研究，强化激励约束，增强人才市场竞争力，加快落实创新驱动发展战略

一级指标	二级指标	三级指标	指标值	指标权重（90）
成本指标	经济成本指标	人均培训成本	≤550 元/人/天	20
绩效指标	产出指标	数量指标	举办培训班次	≥5 个	3
			参与培训人数	≥1 300 人	3
			调研中央企业数量	≥20 个	3
			组织实施完成各类课题成果、分析报告篇数	≥18 篇	5
			完成央企资产评估核准备案项目评审数量	≥12 项	5
			开展国资委监管企业职工薪酬调查次数	≥1 次	4
		质量指标	足额上交国有资本收益中央企业比率	100%	5
			央企控股上市公司业绩说明会覆盖率	≥90%	5
		时效指标	公开披露中央企业负责人薪酬信息时间	≤12 个月	3
			按时上交国有资本收益中央企业比率	≥90%	4
	效益指标	经济效益指标	央企控股上市公司利用股票市场融资金额	≥1 000 亿元	7
		社会效益指标	国有企业三年行动成果推广数量	≥3 项	6
			国资预算划转公共预算支持保障和改善民生支出比例	≥30%	7
	满意度指标	服务对象满意度指标	培训对象满意度	≥90%	10

表 4 – 9 　　　　　　　　　　　**项目绩效目标表**

（2023 年度）

项目名称	红十字组织建设与人道文化传播		
主管部门及代码	［265］中国红十字会总会	实施单位	中国红十字会总会本级等单位
项目资金（万元）	年度资金总额：	212.18	执行率分值（10）
	其中：财政拨款	175.07	
	上年结转	37.11	
	其他资金	—	

年度总体目标	目标 1：通过在青少年中开展人道法传播等人道主义教育活动，培养红十字青少年骨干，进一步推动学校红十字会组织建设和红十字青少年工作的规范化、科学化、可持续发展。 目标 2：组织开展红十字志愿服务先进典型评选活动，发挥先进典型引领示范作用，建立健全志愿服务激励机制。 目标 3：围绕中国红十字会重要工作、重大活动，开展新闻宣传和正面引导工作，提升红十字会的社会认同度和参与度，营造利于中国红十字会开展工作的良好舆论氛围

	一级指标	二级指标	三级指标	指标值	指标权重（90）
绩效指标	成本指标	经济成本指标	人均培训成本	≤550 元/人/天	20
	产出指标	数量指标	年鉴数量	1 册	3
			年鉴字数	≥75 万字	3
			支持志愿服务项目数	≥30 个	3
			新媒体内容生产与发布	≥150 次	3
			重大主题宣传、重要专题宣传、先进典型次数	≥2 次	3
			印刷册数	≥1 000 册	3
			培养红十字组织建设干部数	≥60 人	3
			舆情监测报告	≥200 份	3
			培育探索人道法项目师资数	≥80 人	3
		质量指标	项目验收通过率	≥90%	5
			培训合格率	≥85%	3
		时效指标	获资助项目完成时间	12 月	5
	效益指标	社会效益指标	志愿服务时数	≥0.5 万小时	10
			志愿服务受益人次	≥2 000 人次	5
			新媒体平台粉丝增长量	≥10 万/人次	5
	满意度指标	服务对象满意度指标	培训满意度	≥85%	10

表 4 – 10 项目绩效目标表

(2023 年度)

项目名称	科研机构改善科研条件专项		
主管部门及代码	[152] 中国地震局	实施单位	中国地震局
项目资金 （万元）	年度资金总额：	5 932.11	执行率 分值 （10）
	其中：财政拨款	4 297.08	
	上年结转	961.26	
	其他资金	673.77	
年度总 体目标	改善研究所的科研基础设施和仪器设备配置，支撑国家重点实验室发展，不断提升地震科技条件，服务地震科技创新和防震减灾服务工作		

绩效指标	一级指标	二级指标	三级指标	指标值	指标权重 （90）
	成本指标	经济成本 指标	设备购置成本完成率	≥95%	20
	产出指标	数量指标	主要科研仪器设备购置数量	≥13 台（套）	10
			安装容量 1 600kVA 的变压器的数量	2 台	10
		质量指标	科研仪器设备购置验收合格率	100%	5
			仪器设备运行故障率	≤2%	5
			科研房屋修缮验收达标率	100%	5
		时效指标	设备购置完成时间	12 月底	5
	效益指标	社会效益 指标	完善科技基础条件平台建设，提升地震科技条件，服务地震科技创新和防震减灾服务工作	有所提升	10
			对地震科学研究的提升作用	有提高	10
	满意度 指标	服务对象满 意度指标	科研人员对仪器设备使用满意度	≥85%	10

表 4 – 11 项目绩效目标表

(2023 年度)

项目名称	科研机构研究生培养经费		
主管部门及代码	[133] 应急管理部	实施单位	应急管理部
项目资金 （万元）	年度资金总额：	209.90	执行率 分值 （10）
	其中：财政拨款	209.90	
	上年结转	—	
	其他资金	—	

续表

年度总体目标	1. 扩大研究生招生规模，组织研究生教育有关活动，进一步提升国家自然灾害防治研究院教学质量。 2. 通过国家奖学金、学业奖学金评选及发放，树立明确的人才激励导向，选取研究生优秀典型，激发研究生科研动力，明确学习目标，不断提高国家自然灾害防治研究院教学质量。 3. 通过国家助学金发放，满足研究生日常生活需求、提升研究生生活质量，使研究生在学期间全心投入学习和科研工作

	一级指标	二级指标	三级指标	指标值	指标权重（90）
绩效指标	成本指标	经济成本指标	学科建设发展的专家咨询费及评审费支出	≤6.3万元	7
			研一学生在中国科学院大学基础课学习的委托业务费支出	≤99万元	7
			购置教学办公设备支出	≤7万元	6
	产出指标	数量指标	研究生招生数量	≥44人	5
			举办各类学术讲座学术报告等学术活动次数	≥10次	5
			国家奖学金、助学金、学业奖学金发放人次	≥83次	5
		质量指标	学生学位授予率	≥98%	5
			学位论文抽检良好率	≥80%	4
			评审程序公平公正并及时公示	符合	4
		时效指标	完成当年毕业生就业派遣和档案转出时间	≤2023年9月	4
			国家奖学金、学业奖学金发放时间	≤2023年10月	4
			国家助学金按月发放及时率	100%	4
	效益指标	社会效益指标	毕业生就业率	≥95%	6
			突出国家奖学金的选拔与激励作用	作用显著	7
			对研究院教学质量的提升作用	提升	7
	满意度指标	服务对象满意度指标	研究生满意度	≥90%	10

四、地方政府部门绩效目标案例

笔者整理了河南省财政厅网站公开的 2022 年度重点绩效评价项目绩效目标申报表，部分内容如表 4 - 12 ～ 表 4 - 15 所示。

表 4 – 12　　　　　　城镇老旧小区改造资金项目绩效目标表

（2022 年度）

	项目名称	城镇老旧小区改造资金
	部门名称	河南省住房和城乡建设厅
	单位名称	河南省住房和城乡建设厅机关
项目资金 （万元）	年度资金总额	70 000.00
	其中：政府预算资金	70 000.00
	财政专户管理资金	
	单位资金	
年度目标	河南省2022年计划改造城镇老旧小区改造项目3 787 个，涉及群众37.86万户，建筑面积3 716.66 万平方米，楼栋数13 343栋。进行老旧小区改造提升，进一步改善群众居住条件和生活品质，完成2022年老旧小区改造计划	

分解目标

一级指标	二级指标	三级指标	指标值	指标值说明
产出指标	数量指标	改造户数（户）	≥378 591	反映老旧小区改造涉及户数
		改造小区个数（个）	≥3 787	反映老旧小区改造个数
		改造楼栋数（栋）	≥13 343	反映老旧小区改造涉及楼栋数
		改造建筑面积（万平方米）	≥3 716.66	反映老旧小区改造涉及建筑面积
	质量指标	工程质量达标率	100%	反映老旧小区改造工程质量达标情况
	时效指标	截至12月底改造楼栋计划完成率	100%	反映当年年底前，老旧小区改造涉及楼栋数目标计划完成情况
		截至12月底改造面积计划完成率	100%	反映当年年底前，老旧小区改造涉及建筑面积目标计划完成情况
		截至12月底改造户数计划完成率	100%	反映当年年底前，老旧小区改造涉及户数目标计划完成情况
		截至12月底改造小区计划完成率	100%	反映当年年底前，老旧小区改造小区个数目标计划完成情况

续表

分解目标

一级指标	二级指标	三级指标	指标值	指标值说明
效益指标	社会效益	老旧小区群众居住条件	改善	反映老旧小区改造对群众居住条件改善情况
		老旧小区内水电路气等配套基础设施条件	改善	反映老旧小区改造对水电路气等配套基础设施改善情况
		老旧小区内公共服务设施条件	改善	反映老旧小区改造对公共服务设施改善情况
满意度指标	服务对象满意度指标	老旧小区居民满意度	≥80%	反映项目实施过程中尊重群众意愿情况及群众对改造效果的满意程度

表 4-13   **市场监管服务专项绩效目标表**

（2022 年度）

	项目名称	市场监管服务专项
	部门名称	河南省市场监督管理局
	单位名称	河南省市场监督管理局机关
项目资金（万元）	年度资金总额	9 726.90
	其中：政府预算资金	9726.90
	财政专户管理资金	
	单位资金	
年度目标	*	1. 指导开展市场监管综合行政执法，规范市场秩序。 2. 组织开展产品质量监督抽查，了解产品质量状况，为提升产品质量提供决策依据。 3. 实施标准化管理，促进河南省经济社会高质量发展，提升综合竞争实力。 4. 实施特种设备行政许可鉴定评审，确保特种设备安全。 5. 按照国家和河南省关于综合行政执法部门统一着装要求，为行政执法人员配发制服，规范执法行为，提升部门形象

分解目标

一级指标	二级指标	三级指标	指标值	指标值说明
成本指标	经济成本指标	产品质量监督抽检费用平均支出	≤0.33 万元/批次	反映产品质量抽检平均成本情况
		制服换装成本	≤0.45 万元/套	反映制服换装成本控制情况

分解目标				
一级指标	二级指标	三级指标	指标值	指标值说明
产出指标	数量指标	市场监管执法办案数量	≥50 000 件	反映全省市场监管部门执法办案数量情况
		市场监管执法办案案值	≥30 000 元	反映全省市场监管部门执法办案案值情况
		产品质量安全风险监测批次数	≥500 批次	反映完成产品质量安全风险监测批次情况
		产品质量监督抽查批次数	≥8 400 批次	反映完成产品质量监督抽查批次情况
		产品质量监督抽查通告发布次数	≥4 次	反映产品质量监督抽查结果产品信息发布情况
		特种设备行政许可鉴定评审数量	≥800 项	反映特种设备行政许可鉴定评审完成数量情况
		建设农业标准化示范区	28 项	反映农业标准化示范区项目建设数量情况
		地方标准立项审查数量（计划）	≥300 项	反映地方标准立项审查数量（计划）情况
		地方标准发布数量	≥150 项	反映地方标准发布数量情况
		制服换装数量	≥378 套	反映换发制服数量情况
	质量指标	行政复议案件纠错率	≤5%	反映行政复议案件纠错率情况
		产品质量监督抽查数据差错率	≤3%	反映产品质量监督抽检结果及报表数据
		不符合标准产品发现率	≥5%	反映产品质量监督抽检问题产品发现率情况
		特种设备行政许可鉴定评审完成率	≥95%	反映特种设备行政许可鉴定评审完成率情况
		农业标准化示范区验收合格率	100%	反映农业标准化示范区验收合格率情况
		满5年以上标准复审率	100%	反映满5年以上标准复审率情况
		制服质量合格率	100%	反映制服交付验收合格率情况

分解目标				
一级指标	二级指标	三级指标	指标值	指标值说明
产出指标	时效指标	执法办案及时率	100%	反映执法办案及时性情况
		产品质量监督抽查抽样检验工作完成时间	2022 年 12 月 31 日前	反映产品质量监督抽查抽样检验工作完成时间情况
		特种设备行政许可鉴定评审工作完成及时率	100%	反映特种设备行政许可鉴定评审工作完成及时性情况
		地方标准立项审查及时率	100%	反映地方标准立项审查及时性情况
		制服采购发放时间	150 个工作日内	反映制服采购发放完成的及时性程度和效率情况
	社会效益指标	全省市场秩序	持续改善	反映市场监管部门履行执法、监督、检查等职责，全省市场秩序改善情况
		产品质量状况	持续向好	产品质量状况
		标准化促进经济社会高质量发展	作用明显	反映标准化工作在促进经济社会高质量发展中发挥作用情况
		统一着装对规范执法行为、提升部门形象影响程度	明显	反映项目实施对规范执法行为、提升部门形象影响程度
满意度指标	服务对象满意度指标	社会公众满意度	≥80%	反映社会公众对市场监管工作满意程度

表 4 – 14   **普通高中助学金项目绩效目标表**

(2022 年度)

	项目名称	普通高中助学金		
	部门名称	河南省教育厅		
	单位名称	河南省学生资助管理中心		
项目资金 （万元）	年度资金总额	77 853.00		
	其中：政府预算资金	77 853.00		
	财政专户管理资金			
	单位资金			
年度目标	目标1：普通高中阶段教育资助政策按规定得到落实； 目标2：教育公平显著提升，满足家庭经济困难学生基本学习生活需要			

分解目标

一级指标	二级指标	三级指标	指标值	指标值说明
成本指标	经济成本指标	普通高中国家助学金人均资助标准	2 000 元/生/年	
产出指标	数量指标	普通高中国家助学金应受助学生受助比例	100%	
		普通高中国家助学金受助学生人数	>35 万人/年	
	质量指标	受资助学生资质符合率	100%	
	时效指标	助学金按规定及时发放率	100%	每学期结束前完成发放
效益指标	社会效益	在普通高中国家助学金名额分配时，适当向农村地区、贫困地区倾斜	能够倾斜	
		保障困难学生学习期间基本生活	有效保障	
		完善资助政策体系，解决困难学生就学问题	有效解决	
		普通高中家庭经济困难学生失学率	持续下降	
满意度指标	服务对象满意度指标	学生抽样调查满意度	≥85%	
		家长抽样调查满意度	≥85%	

表 4 – 15　　　　　**省级森林生态效益补偿资金项目绩效目标表**

（2022 年度）

	项目名称	省级森林生态效益补偿资金	
	部门名称	河南省林业局	
	单位名称	河南省退耕还林和天然林保护工程管理中心	
项目资金 （万元）	年度资金总额	9 200.00	
	其中：政府预算资金	9 200.00	
	财政专户管理资金		
	单位资金		
年度 目标	列入省财政补偿范围的649.89万亩国家级公益林的补偿面积落实到山头地块，管护责任明确到人；公益林资源管护到位、补偿资金足额兑付		

分解目标

一级指标	二级指标	三级指标	指标值	指标值说明
成本指标	经济成本指标	国有补偿标准	10 元/每亩	
		非天保区集体和个人补偿标准	16 元/每亩	
		天保区集体和个人补偿标准	13 元/每亩	
产出指标	数量指标	总补偿面积	649.89 万亩	
		其中：国有面积	69.06 万亩	
		集体和个人所有面积	580.83 万亩	
		其中：天保区集体和个人所有面积	261.33 万亩	
	质量指标	林地管护责任落实率	≥95%	
	时效指标	完成时间	2022 年 12 月 31 日前	
效益指标	社会效益	提供管护岗位带动就业	≥2 300 人	
		选用原建档立卡贫困护林员	≥400 人	
	生态效益	涵养水源	显著	
		减少水土流失	显著	
满意度指标	服务对象满意度指标	护林员满意度	≥80%	
		林农满意度	≥80%	

第四节　部门整体支出绩效目标设置

(一) 部门整体绩效目标要素及设置程序

笔者以河南省为例，整理了部门整体支出绩效目标要素及设置程序：

1. 目标要素。部门整体绩效目标的指标是对绩效目标的细化量化，绩效指标分为三个级次。一级指标固定分为投入管理、产出、效益 3 类。其中投入管理指标固定分为工作目标管理、预算和财务管理、绩效管理 3 个二级指标，产出指标固定分为重点工作任务完成、履职目标实现等二级指标，效益指标固定分为履职效益、满意度 2 个二级指标。投入管理指标的二级指标下固定设置 19 个三级指标，部门只需对照给定的指标说明填报指标值；产出和效益指标下的三级指标由各部门根据工作任务安排情况在相应二级指标下自行设置。

2. 设置程序。(1) 对照本级政府部门批准的"三定"规定对部门的职能进行梳理，确定部门的各项具体工作职责。(2) 依据本级政府与本部门职责相关的决策部署，结合部门中长期规划和年度工作计划，明确年度主要工作任务，预计部门在本年度内履职所要达到的总体产出和效果，将其确定为部门总体目标，并以定量和定性相结合的方式进行表述。(3) 依据部门总体目标，结合部门的各项具体工作职责和工作任务，确定每项工作任务预计要达到的产出和效果，提炼出最能反映工作任务预期实现程度的关键性指标，并将其确定为相应的绩效指标。(4) 通过收集相关基准数据，确定绩效标准，并结合年度预算安排等情况，确定绩效指标的具体数值。

(二) 预算部门 (单位) 整体绩效目标共性指标框架

表 4–16　　　　　　　预算部门 (单位) 整体绩效目标共性指标框架

一级指标	二级指标	三级指标	指标说明
投入管理指标	工作目标管理	年度履职目标相关性	1. 年度履职目标是否符合国家、省委省政府战略部署和发展规划，与国家、省宏观政策、行业政策一致；2. 年度履职目标是否与部门职责、工作规划和重点工作相关；3. 确定的预算项目是否合理，是否与工作目标密切相关；4. 工作任务和项目预算安排是否合理

一级指标	二级指标	三级指标	指标说明
投入管理指标	工作目标管理	工作任务科学性	1. 工作任务是否有明确的绩效目标，绩效目标是否与部门年度履职目标一致，是否能体现工作任务的产出和效果； 2. 工作任务对应的预算项目是否有明确的绩效目标，绩效目标是否与部门职责目标、工作任务目标一致，是否能体现预算项目的产出和效果
		绩效指标合理性	1. 工作任务、预算项目绩效指标设置是否准确反映部门绩效完成情况；2. 工作任务、预算项目绩效指标是否清晰、细化、可评价、可衡量；3. 工作任务、预算项目绩效指标的评价标准是否清晰、可衡量；4. 是否与部门年度的任务数或计划数相对应
	预算和财务管理	预算编制完整性	1. 部门所有收入是否全部纳入部门预算；2. 部门支出预算是否统筹各类资金来源，全部纳入部门预算管理
		专项资金细化率	专项资金细化率 =（已细化到具体市县和承担单位的资金数/部门参与分配资金总数）×100%
		预算执行率	预算执行率 =（预算完成数/预算数）×100%。预算完成数指部门实际执行的预算数；预算数指财政部门批复的本年度部门的（调整）预算数
		预算调整率	预算调整率 =（预算调整数 - 年初预算数)/年初预算数 ×100%。预算调整数：部门在本年度内涉及预算的追加、追减或结构调整的资金总和（因落实国家政策、发生不可抗力、上级部门或本级党委政府临时交办而产生的调整除外）
		结转结余率	结转结余率 = 结转结余总额/预算数 ×100%。结转结余总额是指部门本年度的结转结余资金之和。预算数是指财政部门批复的本年度部门的（调整）预算数
		"三公经费"控制率	"三公经费"控制率 = 本年度"三公经费"实际支出数/"三公经费"预算数 ×100%
		政府采购执行率	政府采购执行率 =（实际政府采购金额/政府采购预算数）×100%。政府采购预算：采购机关根据事业发展计划和行政任务编制的、并经过规定程序批准的年度政府采购计划
		决算真实性	反映本部门决算工作情况。决算编制数据是否账表一致，即决算报表数据与会计账簿数据是否一致

一级指标	二级指标	三级指标	指标说明
投入管理指标	预算和财务管理	资金使用合规性	部门（单位）是否按照相关法律法规以及资金管理办法规定的用途使用预算资金，用以反映和考核部门（单位）预算资金的规范运行情况。1. 是否符合国家财经法规和财务管理制度规定以及有关专项资金管理办法的规定；2. 资金的拨付是否有完整的审批程序和手续；3. 项目的重大开支是否经过评估论证；4. 是否符合部门预算批复的用途；5. 是否存在截留支出情况；6. 是否存在挤占支出情况；7. 是否存在挪用支出情况；8. 是否存在虚列支出情况
		管理制度健全性	部门（单位）为加强预算管理，规范财务行为而制定的管理制度是否健全完整，用以反映和考核部门（单位）预算管理制度为完成主要职责或促成事业发展的保障情况。1. 是否已制定或具有预算资金管理办法、内部管理制度、会计核算制度、会计岗位制度等管理制度；2. 相关管理制度是否得到有效执行
		预决算信息公开性	部门（单位）是否按照政府信息公开有关规定公开部门预算、执行、决算、监督、绩效等相关预决算信息，用以反映和考核部门（单位）预决算管理的公开透明情况。1. 是否按规定内容公开预决算信息；2. 是否按规定时限公开预决算信息
		资产管理规范性	部门（单位）的资产配置、使用是否合规，处置是否规范，收入是否及时足额上缴，用以反映和考核部门（单位）资产管理的规范程度。1. 资产是否及时规范入账，资产报表数据与会计账簿数据是否相符，资产实物与财务账、资产账是否相符；2. 新增资产是否符合规定程序和规定标准，新增资产是否考虑闲置存量资产；3. 资产对外有偿使用（出租出借等）、对外投资、担保、资产处置等事项是否按规定报批；4. 资产收益是否及时足额上缴财政
	绩效管理	绩效监控完成率	部门（单位）按要求实施绩效监控的项目数量占应实施绩效监控项目总数的比重。部门绩效监控完成率 = 已完成绩效监控项目数量/部门项目总数 × 100%
		绩效自评完成率	部门（单位）按要求实施绩效自评的项目数量占应实施绩效自评项目总数的比重。部门绩效自评完成率 = 已完成评价项目数量/部门项目总数 × 100%
		部门绩效评价完成率	部门重点绩效评价项目评价完成情况。部门绩效评价完成率 = 已完成评价项目数量/部门重点绩效评价项目数 × 100%

续表

一级指标	二级指标	三级指标	指标说明
投入管理指标	绩效管理	评价结果应用率	绩效监控、单位自评、部门绩效评价、财政重点绩效评价结果应用情况。评价结果应用率＝评价提出的意见建议采纳数/提出的意见建议总数×100%
产出指标	重点工作任务完成	重点工作1计划完成率	反映本部门负责的重点工作任务进展情况。分项具体列示本部门重点工作任务推进情况，相关情况应予以细化、量化表述
		重点工作2计划完成率	
		……	
	履职目标实现	年度工作目标1实现率	反映本部门制定的年度工作目标达成情况。分项具体列示本部门年度工作目标达成情况，相关情况应予以细化、量化表述
		年度工作目标2实现率	
		……	
效益指标	履职效益	经济效益	反映部门履职对经济社会发展等所带来的直接或间接影响。可根据部门实际情况有选择地进行设置，并将三级指标细化为相应的个性化指标
		社会效益	
		……	
	满意度	社会公众满意度	反映社会公众或服务对象在部门履职效果、解决民众关心的热点问题等方面的满意程度。可根据部门实际情况有选择地进行设置，并将三级指标细化为相应的个性化指标
		服务对象满意度	
		……	

（三）部门整体绩效目标设置注意事项

1. "投入管理指标"下的三级指标已设计完成，填制时只用确定指标值类型和指标值即可，注意定量指标设计时的指标值类型符号方向，如"结转结余率"为"≤×%"，"预算执行率"为"≥×%"，且预算执行率与结转结余率相加为100%。

2. 产出指标与效益指标在末级指标设计时，注意个性化指标的设计。建议可从部门的重点任务和工作内容中提取关键性指标进行衡量，在绩效指标填制时，填写关键性指标即可。如某林业部门年度重点工作任务为"大力发展绿色产业和绿色经济"，具体工作内容为"积极探索绿色发展产业化路径，加大产业转型升级力度，逐步实现由逐步利用资源向间接利用资源转变；积极发展林下经济产业，大力扶持发展林业合作组织"。基于上述的信息，可提炼"林业科技进步贡献率""林业科技成果转化率""林业经济产值"等关键性指标作为产出或效益中的末级指标进行设计,避免指标设计过于笼统模糊,无法体现部门履职情况。

第五节 绩效目标审核、批复、调整及应用

一、绩效目标的申报与审核

（一）绩效目标申报程序

1. 部门预算支出绩效目标。项目绩效目标由预算主管部门、资金使用单位设置,随同部门预算审批流程一并申报。部门整体支出预算绩效目标由预算主管部门设置,在年度预算编制阶段随同部门预算一并申报。

2. 转移支付绩效目标。转移支付整体绩效目标由上级预算主管部门设置,并按预算管理程序报送同级财政部门。

实行因素法管理的转移支付应当设置区域绩效目标。区域绩效目标由市县主管部门和财政部门共同设置,并按预算管理程序报送省级主管部门和省财政厅。

实行项目法管理的转移支付资金应当设置明细项目绩效目标。明细项目绩效目标由转移支付的具体资金使用单位设置,按程序由相应主管部门和财政部门审核后,报送省级主管部门和省财政厅。

（二）绩效目标审核

绩效目标审核是指财政部门和预算主管部门对资金使用单位报送的绩效目标进行审查核实,并将审核意见反馈资金使用单位,指导其修改完善绩效目标的过程。

按照"谁审核预算,谁审核目标"的原则,绩效目标由财政部门或预算主管部门按照预算管理级次进行审核。根据工作需要,绩效目标可委托第三方机构或行业专家协助进行审核,最终结果应以财政部门或预算主管部门的审核认定意见为准。

绩效目标审核通过的,可以进入下一步预算安排流程;审核不通过的,审核单位提出理由及修改建议,由相关部门或单位对其绩效目标进行修改完善,按程

序重新报送审核。

（三）绩效目标审核的主要内容

1. 完整性审核。绩效目标的各项要素填报是否完整规范、内容是否清晰明确。

2. 相关性审核。绩效目标与支出内容、政策依据是否关联；与部门职能及事业发展规划是否相关。

3. 全面性审核。绩效指标是否涵盖与业务相关的个性化、行业性产出指标和效益指标。

4. 可行性审核。绩效目标与预算资金规模是否匹配，绩效指标的指标值设置是否合理，能否如期实现。

5. 可衡量性审核。绩效指标是否细化、量化，指标值是否可比较或可评定。

▶▶▶ 专栏4-1　优化绩效目标管理的建议

（一）强化绩效目标与战略目标的融合

绩效目标是整个预算绩效管理的起点，也是难点。"预算编制有目标"，如何做好绩效目标管理，使得设定的绩效目标对预算单位起到促进作用，以实现部门、项目、政策等效益的最大化，是绩效目标设计的关键。因此，从宏观层面而言，绩效目标的设计要结合政府和部门中长期战略规划目标、年度规划目标，确定各项部门职责的年度绩效目标，在绩效目标中体现预算部门的战略规划及事业发展规划；从中观层面而言，绩效目标的设计要与预算单位工作任务、项目资金需求等进行有效结合，合理测算绩效目标与预算资金的达成度，以保证绩效目标的顺利实现；从微观层面而言，预算单位需将战略目标一步步细化、量化，实现定量目标、定性目标、近期目标、远期目标、经济目标、社会目标和生态目标等有机统一。

（二）增强绩效目标设置的明确度

1967年，美国学者洛克（Edwin Locke）年提出的"目标设置理论"，他认为：明确且有一定挑战性的目标比模糊或笼统的目标能产生更高的绩效，明确且清晰是工作目标设计的一个关键属性，在工作内容、工作方向、完成时间、目标达成度等方面都清晰地设定一个合理的标准，可以有效激励人们去完成。洛克指出，明确具体的目标相对于"尽最大努力去做"的目标能够产生更高更好的绩效，因为明确的目标给人一个正确的导向，使其有动力去追求最好的绩效。因此，预算绩效目标的设置应该具体，且以定量指标为主，定性指标为辅，从范围、标准、时间等方面强化绩效目标的可衡量性，避免"大幅提升""明显改善"等模糊指标的出现，增强指标描述的清晰度。鉴于此，首先，各预算单位要对部门职能、项目实施等进行梳理，合理确定各项工作职责；其次，结合国家政策和财政支出方向，合理确定预算单位中长期规划和年度工作计划，尽可能地用定量指标衡量预计的产出和结果，将其确定为绩效目标；最后，将绩效目标细化为工作任务，落实到岗位和个人，提升绩效目标的明确度。通过绩效目标的细化、量化编制，强调绩效目标的可考核性，充分发挥结果导向作用，做到预算执行有据可依，为下一步绩效运行跟踪监控和绩效评价实施管理提供依据。

（三）合理把握绩效目标设置的难度

绩效目标的科学性、合理性及全面性对全面实施预算绩效管理至关重要，绩效目标不仅仅是一个概念、一个标准，更是管理部门实施预算绩效管理的重要抓手。因此，目标的设置必须与客观实际相符，遵循"跳一跳、够得着"的原则，能够在规定期限内完成，在实现绩效最大化的同时提升预算部门的满足感、成就感。鉴于此，一方面要科学测算绩效目标，各预算部门要经过充分调研和论证，对历史标准、行业标准等进行充分研判，围绕投入、产出和效果等，科学设计和测算绩效目标值。同时，目标值的设定要有一定难度，并综合考虑目标与预算部门外部环境、资源及能力的匹配度，具有一定的挑战性和可接受性，避免目标设置脱离实际。另一方面，在把握目标难度的同时也要注意提高预算部门的满足感，使其能够积极主动地完成设定的绩效目标，这是提高财政绩效的重要手段。但鉴于目标难度、满足感、绩效三者之间的关系，可在绩效目标的设置过程中确定中等难度目标，这样在获取满足感的同时，又能获取比较高的绩效，实现绩效目标管理的共赢。

（四）完善绩效目标评审机制

实施全过程预算绩效管理，源头在于绩效目标管理，绩效目标管理是最基础的前置条件，因此，将绩效目标管理与各预算单位预算编制的各个环节进行融合，构建科学的绩效目标评审机制，切实做到绩效目标与预算编制同步申报、同步审核、同步批复的"三个同步"，充分发挥绩效目标的先导性作用。而在"三个同步"的过程中，关键在于一个"评"字。在"评"的过程中，可分两个步骤进行，一是部门之间交叉互评。各预算部门申报绩效目标后，财政部门可组织各预算部门负责人，按绩效目标设置的一般要求，对绩效目标各要素完整性、相关性、适当性、可行性等方面进行交叉互评，及时修改、完善绩效目标编制，使各预算部门能够在互评过程中查漏补缺、取长补短，提升各预算部门绩效管理意识和重视程度。二是引入专家评审机制。财政部门在预算单位互评的基础上，引入专家评审机制，邀请项目研究领域、行业研究领域、绩效评价领域等各方面的专家组成绩效目标评审小组，对各预算部门申报的绩效目标进行科学性、合理性论证，提高绩效目标的编制质量，为后续绩效管理质量的提升奠定基础。

资料来源：江书军，梁丽娟．全面实施绩效目标管理的若干思考［J］．财政监督，2019（5）．

二、绩效目标的批复、调整及应用

按照"谁批复预算，谁批复目标"的原则，财政部门在批复年初部门预算或调整预算时，按要求一并批复绩效目标。

绩效目标批复或下达后，一般不予调整。预算执行中因项目变动、预算调剂或调整等原因确需调整的，应按照绩效目标申报程序报批。

预算主管部门要按照绩效目标组织预算执行，开展绩效监控和绩效评价等工作，具体工作根据本级政府预算绩效管理相关制度办法执行。

按照"谁申报、谁公开"的原则，预算主管部门应按照预算信息公开要求，将绩效目标随部门预算予以公开，接受社会监督。

第五章

预算绩效运行监控

《意见》提出"各级政府和各部门各单位对绩效目标实现程度和预算执行进度实行'双监控',发现问题要及时纠正,确保绩效目标如期保质保量实现。各级财政部门建立重大政策、项目绩效跟踪机制,对存在严重问题的政策、项目要暂缓或停止预算拨款,督促及时整改落实。各级财政部门要按照预算绩效管理要求,加强国库现金管理,降低资金运行成本。"我国绩效运行监控模式由绩效目标执行监控转变为绩效目标实现程度和预算执行进度"双监控",文件明确将此项工作作为"全方位、全过程、全覆盖"三个维度要求之一"全过程"的有力抓手。2019 年 7 月,财政部出台了《中央部门预算绩效运行监控管理暂行办法》,再次强调了绩效运行监控是"双监控"的内涵。该办法对预算绩效运行监控整体工作作出规范性和系统性规定,不仅进一步明确了监控定义和监控内容,更细化了监控方式和监控流程,尤其是在监控结果应用上进行了更加清晰的阐述。绩效运行监控作为预算绩效管理的事中环节,依据资金绩效运行状况,及时把控、查找资金使用和管理过程中的薄弱环节,提出纠偏措施,优化绩效目标实现路径,确保绩效目标如期实现。

第一节 预算绩效运行监控概述

一、预算绩效运行监控的含义

预算绩效运行监控(以下简称绩效运行监控)是指财政部门和预算部门(单位)依据设置的绩效目标,运用科学、合理的绩效信息汇总分析方法,对绩效目标实现程度和预算执行进度实行跟踪管理和督促检查,及时发现问题并采取有效措施予以纠正，以确保绩效目标如期保质保量实现所开展的预算管理活动。

理论界与实务界在研究绩效管理时，通常把重点放在绩效评价上，而鲜有针对预算绩效管理关键环节之一的绩效运行监控展开深入分析和研究。事实上，作为处于预算绩效管理"事中"阶段的绩效运行监控，连接着"事前"绩效目标管理与"事后"绩效评价，在全过程预算绩效管理中发挥着承上启下的重要作用，是有效提升资金使用效率的重要支撑，是衡量绩效目标能否如期保质保量实现的重要抓手。因此，提升绩效运行监控质量和效率意义重大。

二、绩效运行监控的原则

绩效运行监控应遵循以下基本原则：

一是"双监控"原则。根据《意见》提出的"双监控"，绩效运行监控应将绩效目标实现程度和预算执行进度同时作为监控内容，在过程监控中体现"花钱与问效"的统一。

二是权责统一原则。绩效运行监控作为预算执行环节的重要绩效管理活动，要按照"谁支出，谁负责"的原则开展绩效运行监控活动。预算部门（单位）是绩效运行监控的责任主体，承担具体的监控工作；财政部门发挥财政监督作用，同时会同各部门做好绩效运行监控结果的应用。

三是突出重点原则。坚持全面论和重点论的统一，预算部门（单位）将绩效运行监控覆盖部门所有财政资金，财政部门在全面覆盖的基础上对重大政策和项目建立全过程绩效跟踪机制，开展重点绩效运行监控。

四是统筹协调原则。在政策执行和项目实施过程中，党委政府监督部门、人大、审计、行业主管部门等都会对重大政策、投资和项目的实施从各自的履职角度开展监督，都发挥着一定的运行监控作用，为了避免交叉重复和力量分散，可以通过部门会商机制，形成绩效运行监控的政策和项目清单，统一方案、统一行动，形成监控合力，提升监控效果。

三、绩效运行监控职责分工

财政部门主要职责包括：（1）负责对中央部门开展绩效监控的总体组织和指导工作。（2）研究制定绩效监控管理制度办法。（3）根据工作需要开展重点绩效监控。（4）督促绩效监控结果应用。（5）应当履行的其他绩效监控职责。

预算部门主要职责：（1）牵头负责组织部门本级开展预算绩效监控工作，对所属单位的绩效监控情况进行指导和监督，明确工作要求，加强绩效监控结果应用等。按照要求向财政部报送绩效监控结果。（2）按照"谁支出，谁负责"的原则，预算执行单位（包括部门本级及所属单位，下同）负责开展预算绩效日常监控，并定期对绩效监控信息进行收集、审核、分析、汇总、填报；分析偏离绩效目标的原因，并及时采取纠偏措施。（3）应当履行的其他绩效监控职责。

四、绩效运行监控范围和内容

（一）绩效监控范围

预算部门绩效监控范围涵盖部门一般公共预算、政府性基金预算和国有资本经营预算所有项目支出。预算部门应对重点政策和重大项目，以及巡视、审计、有关监督检查、重点绩效评价和日常管理中发现问题较多、绩效水平不高、管理薄弱的项目予以重点监控，并开展部门及其所属单位整体预算绩效监控。

（二）绩效运行监控内容

1. 绩效目标完成情况。一是预计成本控制情况及趋势，包括经济成本、社会成本、生态环境成本等。二是预计产出的完成进度及趋势，包括数量、质量、时效等。三是预计效果的实现进度及趋势，包括经济效益、社会效益、生态效益等。四是跟踪服务对象满意度及趋势。

2. 预算资金执行情况，包括预算资金拨付情况、预算执行单位实际支出情况以及预计结转结余情况。

3. 重点政策和重大项目绩效延伸监控。必要时，可对重点政策和重大项目支出具体工作任务开展、发展趋势、实施计划调整等情况进行延伸监控。具体内容包括：政府采购、工程招标、监理和验收、信息公示、资产管理以及有关预算资金会计核算等。

4. 其他情况。除上述内容外其他需要实施绩效监控的内容，如部门整体支出绩效运行监控。

五、绩效运行监控的对象

绩效监控分为项目支出绩效监控和部门整体支出绩效监控。项目支出绩效监控对象为部门预算项目资金，部门整体支出绩效监控对象为部门预算全部资金。

（一）项目支出绩效监控

项目支出绩效运行监控是对预算部门年度所有批复项目，采用目标比较法，用定量分析和定性分析相结合的方式，围绕绩效目标实现程度与预算执行开展监控的过程，形成项目支出绩效运行监控表。

如表5-1所示，项目支出绩效运行监控重点围绕预算执行、成本指标、产出指标、效益指标、满意度指标进行监控。重点内容具体填报说明如下：

1. 预算执行率：该部分的"年初预算数"按照预算批复金额进行填报，若预算金额调增或调减，按照实际调整后的预算金额进行填报和计算。"全年预计执行数"结合项目进度与资金支付进度进行趋势判断，科学估算年度预算执行情况。

2. 年度总体目标：该部分内容围绕年初批复的年度绩效目标情况，根据项目实际执行中的完成情况进行简洁、如实填报，使审核人员能够从目标撰写中宏观了解项目实施情况。

3. 绩效指标：绩效指标部分结合年初批复的绩效目标申报表的三级指标和年度指标值，根据监控时间节点的实际完成情况，对"1～7月执行情况"进行如实填报，并对"全年预计完成情况"进行科学估测。如果实际进度与预期进度存在偏差，需在"偏差原因分析"中根据"经费保障""制度保障""人员保障"等进行原因勾选（打"√"）和分析说明。同时需在"完成目标可能性"中勾选对应的内容（确定能、有可能、完全不可能）。

（二）部门整体支出绩效运行监控

部门整体支出绩效运行监控是财政部门和预算部门及其所属单位对部门战略实施和预算执行绩效信息汇总分析，对部门战略实施、财政支出的预算执行和绩效目标实现程度等方面开展的监督、控制和管理活动。

部门战略实施的任务是将战略计划转变为行动，然后转变为结果。绩效运行监控系统有助于确保战略目标沿着既定轨道运行并有效实施，通过对预算过程和结果的绩效监控，可有效监测部门履职发挥与年度计划执行情况。这些监测信息有助于及时发现实施情况与预定目标之间的差距，从而为预算的控制、调整和修正提供依据。

通常情况下，部门整体支出监控表以年初批复的部门整体支出绩效目标申报表为基础开展系统性监测。如表5-2所示。填报特别事项说明如下：

表 5-1

项目支出绩效监控情况

（20××年××月）

项目名称						
主管部门及代码			实施单位			
项目资金（万元）		年初预算数	1～7月执行数	1～7月执行率	全年预计执行数	
	年度资金总额：					
	其中：财政性资金					
	其他资金					

年度总体目标							

绩效指标	一级指标	二级指标	三级指标	年度指标值	1～7月执行情况	全年预计完成情况	偏差原因分析					完成目标可能性			备注
							经费保障	制度保障	人员保障	硬件条件保障	其他	原因说明	确定能	有可能能	完全不可能	
	成本指标	经济成本指标														
		社会成本指标														
		生态环境成本指标														

续表

绩效指标			年度指标值	1~7月执行情况	全年预计完成情况	偏差原因分析						完成目标可能性			备注
一级指标	二级指标	三级指标				经费保障	制度保障	人员保障	硬件条件保障	其他	原因说明	确定能	有可能	完全不可能	
产出指标	数量指标														
	质量指标														
	时效指标														
	……														
效益指标	经济效益指标														
	社会效益指标														
	生态效益指标														
	……														

续表

绩效指标	一级指标	二级指标	三级指标	年度指标值	1~7月执行情况	全年预计完成情况	偏差原因分析						完成目标可能性			备注
							经费保障	制度保障	人员保障	硬件条件保障	其他	原因说明	确定能	有可能	完全不可能	
	满意度指标	服务对象满意度指标														
		......														

注：1. 偏差原因分析：针对与预期目标产生偏差的指标值，分别从经费保障、制度保障、人员保障、硬件条件保障等方面进行判断和分析，并说明原因。

2. 完成目标可能性：分为确定能、有可能、完全不可能三级判断完成绩效目标的可能性。

3. 备注：说明预计到到年底不能完成目标的原因及拟采取的措施。

表5-2

部门整体支出绩效监控情况

部门（单位）名称		年初预算数	1~7月执行数	1~7月执行率	全年预计执行数
项目情况	年度部门预算总额（万元）				
	1. 资金来源：(1) 财政性资金				
	(2) 其他资金				
	2. 资金结构：(1) 基本支出				
	(2) 项目支出				

年度履职目标	主要内容

年度主要任务	任务名称	主要内容
	任务1	
	任务2	
	……	

绩效指标						偏差原因分析						完成目标可能性			备注
一级指标	二级指标	三级指标	年度指标值	1~7月执行情况	全年预计完成情况	经费保障	制度保障	人员保障	硬件条件保障	其他	原因说明	确定能	有可能	完全不可能	
投入管理指标	工作目标管理	年度履职目标相关性													
		工作任务科学性													
		绩效指标合理性													

续表

一级指标	二级指标	三级指标	年度指标值	1~7月执行情况	全年预计完成情况	偏差原因分析						完成目标可能性			备注
						经费保障	制度保障	人员保障	硬件条件保障	其他条件保障	原因说明	确定能	有可能	完全不可能	
绩效指标															
投入管理指标	预算和财务管理	预算编制完整性													
		专项资金细化率													
		预算执行率													
		预算调整率													
		结转结余率													
		"三公经费"控制率													
		政府采购执行率													
		决算真实性													
		资金使用合规性													
		管理制度健全性													
		预决算信息公开性													
		资产管理规范性													
	绩效管理	绩效监控完成率													
		绩效自评完成率													
		部门绩效评价完成率													
		评价结果应用率													

续表

绩效指标	一级指标	二级指标	三级指标	年度指标值	1~7月执行情况	全年预计完成情况	偏差原因分析					完成目标可能性			备注
							经费保障	制度保障	人员保障	硬件条件保障	其他	原因说明	确定能	有可能	完全不可能	
	产出指标	重点工作任务完成	重点工作1计划完成率													
			重点工作2计划完成率													
			……													
		履职目标实现	年度工作目标1实现率													
			年度工作目标2实现率													
			……													
	效益指标	履职效益	经济效益													
			社会效益													
			……													
		满意度	社会公众满意度													
			服务对象满意度													
			……													

注：1. 偏差原因分析：针对与预期目标产生偏差的指标值，分别从经费保障、制度保障、人员保障、硬件条件保障等方面进行判断和分析，并说明原因。

2. 完成目标可能性：分确定能、有可能、完全不能三级判断完成绩效目标的可能性。

3. 备注：说明预计到年底不能完成目标的原因及拟采取的措施。

1. "年度履职目标"以年初批复目标为准进行填报。

2. "年度主要任务"中"主要内容"按照监控时间节点截止日已实际完成的任务情况进行填写。

3. "投入管理指标"中的三级指标"预算执行率"填报要与表头"预算情况"中的预算执行率保持一致。

4. 其他内容填报思路与项目支出绩效运行监控保持一致。

第二节　预算绩效运行监控方式与实施流程

一、绩效运行监控方式

绩效监控采用目标比较法，用定量分析和定性分析相结合的方式，将绩效实现情况与预期绩效目标进行比较，对目标完成、预算执行、组织实施、资金管理等情况进行分析评判。

绩效监控包括及时性、合规性和有效性监控。（1）及时性监控。重点关注上年结转资金较大、当年新增预算且前期准备不充分，以及预算执行环境发生重大变化等情况。（2）合规性监控。重点关注相关预算管理制度落实情况、项目预算资金使用过程中的无预算开支、超预算开支、挤占挪用预算资金、超标准配置资产等情况。（3）有效性监控。重点关注项目执行是否与绩效目标一致、执行效果能否达到预期等。

绩效监控工作是全流程的持续性管理，具体采取预算部门日常监控和财政部门定期监控相结合的方式开展。对科研类项目可暂不开展年度中的绩效监控，但应在实施期内结合项目检查等方式强化绩效监控，更加注重项目绩效目标实现程度和可持续性。条件具备时，财政部门对预算部门预算绩效运行情况开展在线监控。

二、绩效运行监控实施流程

1. 收集绩效监控信息。预算单位对照批复的绩效目标，以绩效目标执行情况为重点收集绩效监控信息。

2. 分析绩效监控信息。预算单位在收集上述绩效信息的基础上，对偏离绩效目标的原因进行分析，对全年绩效目标完成情况进行预计，并对预计年底不能完成目标的原因及拟采取的改进措施作出说明。

3. 填报绩效监控情况表。预算单位在分析绩效监控信息的基础上填写《项目支出绩效监控情况表》和《部门整体支出绩效监控情况表》（见表 5 - 1、表 5 - 2），并作为年度预算执行完成后绩效评价的依据。

4. 报送绩效监控报告。预算部门（单位）年度集中绩效监控工作完成后，在汇总分析绩效监控结果的基础上，形成本部门绩效监控报告。预算部门（单位）绩效监控报告（报告主要内容详见专栏 5 - 1）以及《项目支出绩效监控情况表》和《部门整体支出绩效监控情况表》于 8 月 15 日前报送本级财政部门。

▶▶▶ 专栏 5 - 1　绩效监控报告主要内容

1. 绩效监控工作组织实施情况；

2. 预算执行进度情况及趋势分析；

3. 绩效目标实现程度及趋势分析；

4. 存在的主要问题及原因分析；

5. 下一步改进工作的意见建议；

6. 其他需要说明的问题。

三、绩效监控结果应用

绩效监控结果作为以后年度预算安排和政策制定的参考，绩效监控工作情况作为预算部门预算绩效管理工作考核的内容。

预算部门通过绩效监控信息深入分析预算执行进度慢、绩效水平不高的具体原因，对绩效监控中发现的绩效目标执行偏差和管理漏洞，应及时采取分类处置措施予以纠正：

1. 对于因政策变化、突发事件等客观因素导致预算执行进度缓慢或预计无法实现绩效目标的，要本着实事求是的原则，及时按程序调减预算，并同步调整绩效目标。

2. 对于绩效监控中发现严重问题的，如预算执行与绩效目标偏离较大、已经或预计造成重大损失浪费或风险等情况，应暂停项目实施，相应按照有关程序调减预算并停止拨付资金，及时纠偏止损。已开始执行的政府采购项目应当按照相关程序办理。

财政部门要加强绩效监控结果应用。对预算部门绩效监控结果进行审核分析，对发现的问题和风险进行研判，督促相关部门改进管理，确保预算资金安全有效，保障党中央、国务院重大战略部署和政策目标如期实现。对绩效监控过程中发现的财政违法行为，依照《中华人民共和国预算法》《财政违法行为处罚处分条例》等有关规定追究责任，报送同级政府和有关部门作为行政问责参考依据；发现重大违纪违法问题线索，及时移送纪检监察机关。

▶▶▶ **专栏5-2 Z市绩效监控业务操作流程（财政部门重大政策和项目程序）**

（1）准备阶段。

①立项。市财政局排定重点绩效运行监控工作计划，确定重点绩效运行监控项目，明确重点绩效运行监控工作任务。

②方案。绩效科牵头成立重点绩效运行监控工作组，制定监控工作方案，组织辅导和培训。工作组由绩效科、相关业务科室、监督科、评审中心人员组成。工作方案包括：项目名称；目标任务；工作组构成；时间进度安排；工作要求等。辅导和培训内容包括政策项目基本情况、重点监控内容、政策依据、工作程序方法等。

③通知。下达重点绩效运行监控通知书，后附绩效监控工作方案、工作流程图、相关资料清单，明确组织实施形式，确定目的、内容、任务、依据、时间及要求等方面的情况。

（2）实施阶段。

④跟踪监测。重点绩效运行监控通知下达后，进入跟踪监测阶段。绩效科与评审中心协同相关业务科室，从上级领导机构交办、巡查检查审计资料、工作进度台账等范围内进行选取项目，对明显低于序时进度和目标实现程度要求的政策项目资金，重点进行跟踪和监测。实行旬监控、月提醒、季预警绩效目标监控制度，即每旬对项目进度情况进行实时分析监控，每月对未达到预期进度的项目发提醒关注函，每季度对未完成季度任务目标的项目进行分析，对连续三个月未完成监控目标的发《绩效运行监控预警函》，必要时进行延伸监控，实地核查，将比对情况和核查结果定期上报和通报。

在对政策项目资金跟踪监测中，充分利用财政项目资金动态监控系统，由专人负责绩效目标和资金执行情况在线监测，每周督导进展落实情况，确保目标填报审核、绩效自评等多项工作内容按照时间进度100%完成。

⑤定期报告。8月15日前，相关预算部门（单位）根据市财政局确定的重点跟踪监测范围，填报1～7月份的绩效目标实现程度和预算执行进度情况。

项目实施单位或资金使用单位根据绩效目标实现程度和预算执行进度情况，填报《项目支出绩效目标完成情况表》；财务部门负责汇总和审核，逐级上报预算部门（一级）审核。

预算部门（一级）对项目实施单位或资金使用单位报送的《项目支出绩效目标完成情况表》组织审核，项目实施单位或资金使用单位按审核意见进行修订完善。

预算部门（一级）将审核通过的《项目支出绩效目标完成情况表》（电子版），收集汇总（不需合并）后，形成《部门预算绩效目标完成情况表》（电子版），报送绩效科。

对于政策项目资金能够在财政资金动态监控系统上能够实现线上填报审核功能的，按线上运行方式监控管理。

⑥核查审查。绩效科与评审中心协同相关业务科室分工协作进行审核。

绩效科对相关预算部门《部门预算绩效目标完成情况表》《项目支出绩效目标完成情况表》的及时性、符合性进行定性定量评分，进行统计排名，形成《项目支出绩效目标完成情况核审（评分排名）表》（加章），转相关业务科室办理审查。

相关业务科室对《部门预算绩效目标完成情况表》《项目支出绩效目标完成情况表》的合规性、有效性进行定性定量评分，补充出具《项目支出绩效目标完成情况核审（评分排名）表》（加章），转绩效科进行汇总，加权评分。

绩效科将相关业务科室评分意见汇总形成最终《项目支出绩效目标完成情况核审（评分排名）表》（加章），进行上报和通报。

（3）反馈和应用。

⑦反馈整改。绩效科根据《项目支出绩效目标完成情况核审（评分排名）表》情况，与监督科、评审中心及相关业务科室提出共同意见，向相关预算部门下达《部门预算绩效监控综合意见反馈表》《项目落实整改意见书》。相关预算部门收到《绩效监控预警函》《部门预算绩效监控综合意见反馈表》《项目落实整改意见书》后，在10个工作日内整改到位。

⑧结果应用。绩效科根据重点绩效运行监控情况，对于工作认真、质量较高、评分排名较好的，给予通报表扬；对于工作不重视、质量较差、评分排名较低的，给予通报批评；对于问题严重的，建议国库科（执行局）暂缓或停止预算拨款，建议预算科依法调整项目或相应调减项目预算。

第三节　预算绩效运行监控案例

一、基本情况

（一）项目内容

为统筹好疫情防控和经济社会发展，帮助市场主体有效应对疫情冲击，推动经营困难行业加快恢复，促进全市经济稳定增长，2022 年 5 月 L 市人民政府印发了《L 市人民政府关于印发 L 市进一步纾困解难促进经济稳定增长若干措施的通知》，决定开展纾困解难消费券发放活动。根据实施方案部门职责分工，由 L 市商务局与中国银联股份有限公司 H 分公司和银联商务股份有限公司 H 分公司签订合作协议，联合开展纾困解难消费券发放活动，共同确认参与活动的商户、用户范围等内容。

1. 活动时间。2022 年 5 月 28 日～12 月 31 日，分三期开展，第一期活动时间为 2022 年 5 月 28 日～6 月 30 日；第二期活动时间为 2022 年 9 月 5 日～10 月 15 日；第三期活动时间为 2022 年 11 月 20 日～12 月 31 日。

2. 消费券种类和使用领域。（1）立减抵扣类：用于零售领域。消费者购买百货、电器、家装建材或进行餐饮、住宿、加油消费时，符合满减标准的，立减抵扣，分 6 种面额：10 元、20 元、50 元、100 元、200 元和 500 元。满减标准为：满 100 元（含）减 10 元、满 200 元（含）减 20 元、满 500 元（含）减 50 元、满 1 000 元（含）减 100 元、满 2 000 元（含）减 200 元、满 5 000 元（含）减 500 元。单笔消费只可享一种满减。零售领域消费券总金额为 2 700 万元，共分三期发放，每期 900 万元。每期零售领域 10 元券 30 万份，20 元券 12 万份，50 元券 3 万份，100 元券 1 万份，200 元券 3 000 份，500 元券 1 000 份，共计 46.4 万份。（2）电子红包类：交易完成后发放，用于汽车和住房消费。购车发票价格为 5 万元以下（不含 5 万元）的每辆车补贴金额为 1 000 元，每期限前 600 名；购车发票价格为 5 万～15 万元（含 5 万元，不含 15 万元）的每辆车补贴金额为 3 000 元，每期限前 300 名；购车发票价格为 15 万元（含）以上的每辆车补贴金额为 5 000 元，每期限前 100 名。单笔消费只可享受一种红包。每期总预算 200 万元，用完即止。

（二）项目绩效

1. 总体绩效目标。根据 L 市商务局提供的本级部门预算项目目标申报表，消费券发放项目年度总体绩效目标：为进一步活跃消费市场，提振消费需求，惠及人民群众，促进全市经济稳定增长，根据《L 市人民政府关于印发 L 市进一步纾困解难促进经济稳定增长若干措施的通知》要求，开展纾困解难消费券发放活动。

2. 具体绩效目标。依据《L 市消费券发放使用实施方案》和项目绩效目标申报表，本次监控对申报表中的产出与效益指标进行了梳理，具体产出和效益分解指标如表 5－3 所示。

表 5－3　　　　　　L 市纾困解难消费券发放补贴资金绩效目标

一级指标	二级指标	三级指标	指标值
成本指标	经济成本指标	消费券发放金额	≤3 000 万元
产出指标	数量指标	消费券发放量	≥100 万份
		参与商家数量	≥1 000 家
		消费券核销量	≥50 万份
	质量指标	消费券核销率	≥50%
		消费券发放合规率	100%
		宣传途径	≥5 种
	时效指标	消费券核销及时性	及时
		消费券发放时限	2022 年 12 月 31 日
效益指标	经济效益指标	带动消费金额	≥1.5 亿元
		带动零售领域增长	增长
	社会效益指标	提振消费需求	提升
		促进全市经济稳定增长	促进
满意度指标	服务对象满意度指标	参与企业满意度	≥80%
		社会公众满意度	≥80%

二、预算执行进度分析

根据《L市商务局关于拨付纾困解难消费券资金的请示》，申请纾困解难消费券资金3 000万元，分三批于每期活动开始之前拨付1 000万元。截至2022年8月31日，市财政已下达项目第一期资金1 000万元，由市商务局支付给银联公司，用于消费券发放，资金到位率100%。但由于第一期消费券未全部领用，实际发放748.2万元，活动剩余资金251.8万元，消费券实际发放率74.82%。

资金支出明细如表5-4所示。

表5-4　　　　　　　　　　项目资金支出明细　　　　　　　　　　单位：万元

日期	资金用途	收款单位	支出金额	实际支出
2022年5月27日	L市纾困解难汽车消费券第一期发放	中国银联股份有限公司	200	150.2
2022年5月27日	L市纾困解难消费券（零售领域）第一期发放	中国银联股份有限公司	800	598
合计		1 000		748.2

三、绩效目标实现程度

（一）项目产出分析

截至监控时点2022年8月31日，消费券第一期发放完成，本次监控对申报表中的重点产出与效益指标进行了梳理，完善后的监控绩效目标如表5-5所示。

表5-5　　消费券（一期）发放补贴资金项目重点产出情况（截至8月31日）

一级指标	二级指标	三级指标	指标值	实际完成值
成本指标	经济成本指标	消费券发放金额	≤1 000万元	1 000万元
产出指标	数量指标	消费券发放量	46.5万份	46.5万份
		参与商家数量	≥1 000家	1 001家
		消费券核销量	≥20万份	24.2万份
	质量指标	消费券核销率	≥50%	74.75%

一级指标	二级指标	三级指标	指标值	实际完成值
效益指标	经济效益指标	带动消费金额	≥5 000 万元	1.38 亿元
		带动零售领域增长	增长	增长
	社会效益指标	提振消费需求	提升	提升
		促进全市经济稳定增长	促进	促进
满意度指标	服务对象满意度指标	参与企业满意度	≥80%	95.55%
		社会公众满意度	≥80%	82.3%

根据表 5-5 分析，数量指标中，完成"消费券发放量"46.5 万份、"参与商家数量"为 1 001 家；"消费券核销量"24.2 万份；质量指标中"消费券核销率（零售领域）"为 74.75%；经济效益指标中，"带动消费金额"1.38 亿元。产出指标与效益指标完成情况较好。

（二）项目效果分析

截至监控时点第一期（5 月 28 日～6 月 30 日）活动已结束，根据单位提供资料，本期报名通过的商户门店 2003 家，实际参与商户门店 1 001 家，达成交易 24.2 万笔，交易人数超过 24 万人次。

零售和汽车领域实际核销发放 822.95 万元，带动消费 1.38 亿元。其中，零售领域实际核销 672.75 万元，带动直接消费 8 378.09 万元，带动消费比 12.45；汽车领域电子红包发放 502 份 150.2 万元，带动直接消费 5 457.63 万元，带动消费比 36.34。在一系列政策带动下，今年 5 月和 6 月全市社会消费品零售总额分别为 59.24 亿元和 69.04 亿元，环比增长率 16.5%。

消费券具体使用情况如表 5-6、表 5-7 所示。

表 5-6　　　　　L 市纾困解难消费券活动第一期零售领域使用情况

消费券类型	预算金额（万元）	已使用（万元）	剩余金额（万元）	消费金额（万元）	交易笔数	执行率（%）	带动比（杠杆率）
500 元	50.00	50.00	0.00	532.62	1 000	100.00	10.65
200 元	60.00	60.00	0.00	694.67	3 000	100.00	11.58
100 元	100.00	99.99	0.00	1 227.62	10 000	99.99	12.28
50 元	150.00	150.00	0.00	1 725.19	30 000	100.00	11.5

消费券类型	预算金额（万元）	已使用（万元）	剩余金额（万元）	消费金额（万元）	交易笔数	执行率（%）	带动比（杠杆率）
20 元	240.00	233.43	6.57	3 144.88	116 715	97.26	13.47
10 元	300.00	79.33	220.67	1 053.11	79 330	26.44	13.28
合计	900.00	672.75	227.25	8 378.09	240 045	74.75	12.45

备注：数据仅供参考，以整个活动结束后最终数据为准，数据取整。

表 5 - 7　　　　　L 市纾困解难消费券活动第一期汽车领域使用情况

电子红包面额（元）	设计份数	预算金额（万元）	已使用（万元）	剩余金额（万元）	消费金额（万元）	交易笔数	执行率（%）	带动比（杠杆率）
1 000	600	60	10.2	49.8	441.63	102	17.00	43.30
3 000	300	90	90	0	2 843.7	300	100.00	31.60
5 000	100	50	50	0	2 172.3	100	100.00	43.45
合计	1 000	200	150.2	49.8	5 457.63	502	75.10	36.34

备注：数据仅供参考，以整个活动结束后最终数据为准，数据取整。

（三）满意度分析

参与企业满意度：该指标考察参与商户对促销费活动的推广宣传、消费券种类、数量、面额的发行设置等方面的满意度。主要采取社会调查问卷的方式进行。经监控组调查：通过 L 市商务局邀请参与商户通过线上推送调查问卷，根据调查问卷的统计结果进行分析，通过问卷第 14 题"贵店对此次消费券发放活动的整体满意度？"统计分析结果来看，认为"非常满意"占比 72.22%，"比较满意"占比 23.33%，"一般"占比 4.44%，"不太满意"占比 0%，"不满意"占比 0%，综合计算满意度为 95.55%，已完成年初设置的"参与企业满意度"指标。

社会公众满意度：该指标考查社会公众对促销费活动的推广宣传、消费券种类、数量、面额的发行设置及消费信心等方面的满意度。主要采取社会调查问卷的方式进行。经监控组调查：通过 L 市商务局邀请社会公众通过线上推送调查问卷，根据调查问卷的统计结果进行分析，通过问卷第 14 题"您对消费券的领取和使用过程满意度？"统计分析结果来看，参与活动市民认为"非常满意"占比 55.75%，"比较满意"占比 26.55%，"一般"占比 9.73%，"比较不满意"占比1.77%，"非常不满意"占比4.42%，综合计算满意度为82.3%，已完成年初设置的"社会公众满意度"指标。

监控结论：第一期消费券发放活动基本完成了既定的绩效目标，项目取得一定效益，有效激发了L市消费热潮，进一步挖掘了消费潜力、促进了全市经济平稳回升。但在项目管理上存在部分问题，如活动前期调研论证不足、绩效目标设置质量不高、监管机制不完善、宣传力度较弱、覆盖面有待扩大等方面问题，项目存在优化空间。

四、存在的问题

（一）缺少事前绩效评估相关资料

根据《L市市级预算项目政策事前绩效评估管理暂行办法》文件要求，对100万元以上的新增专项资金应按照本办法规定程序开展事前绩效评估，项目单位未提供事前绩效评估相关资料。

（二）项目实施缺乏有效的管理监督机制

根据实施办法，商务局负责消费券发放的统筹协调工作；按照有关规定确定有支付牌照的平台发放消费券，并做好消费券发放、使用的监督管理。监控过程中市商务局未提供项目相关的监督管理制度，制度建设有待加强。

（三）未及时进行满意度调查分析

第一期消费券发放活动已于2022年6月30日结束，项目单位未及时开展公众满意度调查与商家满意度调查，及时追踪公众与商家对活动的反馈。

（四）部分消费券核销率较低

市纾困解难消费券活动第一期消费券零售领域剩余资金227.25万元，其中10元消费券执行率仅为26.44%；汽车领域剩余资金49.8万元，其中1 000元面额电子红包执行率仅为17.00%。

（五）部分绩效目标设置质量不高

通过查阅资料，发现项目虽然围绕实施方案制定了相应的绩效目标和绩效指标，但绩效目标设置质量不高，主要表现在：一是质量指标"消费券核销率"

设置为≥50%，指标值设置偏低，当消费券核销率低时，会造成财政资金的闲置、沉淀，影响财政资金效益的发挥。二是经济效益指标设置不完整，不能充分体现项目对经济效益的带动情况。

（六）消费券发放渠道、方式较单一

消费券发放方式只采用银联"云闪付"App 一家运营平台发行，多元化程度仍有优化空间。此外，每期消费券投放集中，参与活动商户代表在座谈中表示，活动过程中出现了集中抢券、排队消费现象，给商家造成经营上的困扰，不利于活动顺利开展。

（七）宣传推广力度较弱

根据 L 市商务局与中国银联股份有限公司 H 分公司签订的《L 市纾困解难消费券营销合作协议》约定：活动商户范围是 L 地区符合条件的百货、餐饮、住宿、加油、电器、家装建材等类型商户（以下简称目标商户）。用户范围是 L 地区于目标商户处进行商品或服务消费的云闪付 App 用户，包括本地居民以及途经当地的旅行者等。但是经调研了解，实际参与商家只有 1 001 家，参与商户占比较少，交易人数只有 24 万人次，参与活动人数较少。以上数字反映出宣传推广覆盖面及公众参与度达不到预期效果。

五、有关建议

针对以上提出问题给出如下建议：

（一）加强项目前期调研论证，优化资金分配，提高预算编制科学性

根据国务院办公厅《关于进一步释放消费潜力促进消费持续恢复的意见》及全国各地消费券活动实施情况来看，消费券未来可能作为区域刺激消费的重要手段之一。同时，L 市 2022 年度促消费活动仍在持续开展。鉴于上述情况及2022 年度消费券资金分配问题，建议：一方面，做好消费市场预调研。基于2022 年度消费券第一期未全部核销等现象，市商务局在消费券活动开展前要经过充分的市场调查、论证，将消费扶持政策与市场消费需求精准对接。另一方面，科学确定消费券类型及内容。基于消费需求市场的精准调查，根据消费需求情况科学合理地确定汽车类、家具家电类等消费券比例、结构、数量，提高消费券使用率，避免出现财政资金闲置现象。

（二）建立健全项目管理制度，做好项目运行全过程监控与管理

加强组织领导，建立健全项目"日监测、周报告、期分析"制度，加强项目实施过程中的监管、巡查，充分利用数据分析结果及时调整消费券的发行频率、方式。另外，充分关注"核销率"关键指标。根据核销率动态决定下一批次消费券的投放，提升消费券发放和使用效率；还可以利用数字技术来实时追踪发放效果，不断改善投放方式。

（三）强化绩效管理意识，提升绩效目标质量

绩效目标作为预算绩效管理的基础，在全过程预算绩效管理中发挥着重要作用，高质量的绩效目标编制将为后续的绩效运行监控和绩效评价提供重要支撑。建议：一是绩效目标应涵盖政策目标、支出方向主体内容。针对本次消费券发放活动应选取能体现项目主要产出和核心效果的指标，突出重点，提高"消费券核销率"指标值，让财政资金发挥更大效益。二是突出量化易评原则。绩效目标应细化、量化，具有明确的评价标准，比如设置"带动社会消费品零售增长额""参与企业与上年同期销售额对比"等指标，充分体现消费券发放活动带动经济效益增长。

（四）拓展发放渠道，优化发行方式

2022年度《L市纾困解难消费券发放活动实施方案》设计的消费券以电子形式发放，只通过中国银联"云闪付"平台发放，平台较为单一，可探索引入"支付宝""微信""美团"等不同类型的平台公司，通过分批次多平台发放，对上期消费券核销情况总结分析，及时调整下一期各平台投放结构等措施，提升消费券发放和使用效率，根据消费需求情况科学合理地确定汽车类、家具家电类、零售类等消费券比例、结构、数量，提高消费券使用率，避免出现财政资金闲置、核销率偏低现象。

（五）加强各级联动，加大宣传力度

由商务部门统筹协调，各参与L市纾困解难消费券发放活动的成员单位应各司其职、采取相应宣传措施、通力协作，确保活动顺利实施。一是充分调动主体银行的积极性；二是充分调动商户参与度，由参与商户主动向消费者广泛宣传，做到到店即知晓，扩大覆盖面。

| 第六章 |

预算绩效评价

《意见》提出"通过自评和外部评价相结合的方式，对预算执行情况开展绩效评价。各部门各单位对预算执行情况以及政策、项目实施效果开展绩效自评，评价结果报送本级财政部门。各级财政部门建立重大政策、项目预算绩效评价机制，逐步开展部门整体绩效评价，对下级政府财政运行情况实施综合绩效评价，必要时可以引入第三方机构参与绩效评价"。

第一节　预算绩效评价概述

（一）绩效评价概念

《中华人民共和国预算法实施条例》第二十条将"绩效评价"概念界定为"绩效评价，是指根据设定的绩效目标，依据规范的程序，对预算资金的投入、使用过程、产出与效果进行系统和客观的评价"。

绩效评价按照实施方式，可分为绩效自评价和外部评价，其中外部评价包含项目绩效评价、部门绩效评价等。

绩效自评价是指预算部门本级和所属单位（资金使用单位）对预算批复的绩效目标完成情况进行自我评价，包含项目自评价与部门整体支出自评价。

项目支出绩效评价是指财政部门、预算部门（单位），依据设定的绩效目标，对项目支出的经济性、效率性、效益性和公平性进行客观、公正的测量、分析和评判。

部门整体绩效评价是指财政部门和预算部门（单位）根据设定的绩效目标，

运用科学、合理的绩效评价指标、评价标准和评价方法，对预算部门（单位）的运行成本、管理效率、履职效能、社会效应、可持续发展能力和服务对象满意度等方面进行客观、公正的评价。

（二）绩效评价主体

绩效自评价由预算部门（单位）按照要求具体负责开展绩效自评工作，并对自评价结果的真实性和准确性负责，各预算部门应当按照要求随同部门决算向本级财政部门报送绩效自评结果。部门和单位应切实加强自评结果的整理、分析，将自评结果作为本部门、本单位完善政策和改进管理的重要依据。对预算执行率偏低、自评结果较差的项目，要单独说明原因，提出整改措施。

外部评价是指财政部门和预算部门本级针对部门（单位）项目或部门整体开展的绩效评价工作，具体评价过程中可由财政部门或预算部门牵头成立评价小组开展绩效评价工作，也可以根据需要委托第三方机构或相关领域专家（以下简称第三方，主要是指与资金使用单位没有直接利益关系的单位和个人）参与，并加强对第三方的指导，对第三方工作质量进行监督管理，推动提高评价的客观性和公正性。

（三）绩效评价对象和内容

1. 自评价。预算部门（单位）自评的对象包括纳入政府预算管理的所有基本支出和项目支出。基本支出，是指各部门、各单位为保障其机构正常运转、完成日常工作任务所发生的支出，包括人员经费和公用经费，基本支出绩效评价纳入部门整体支出开展；项目支出，是指各部门、各单位为完成其特定的工作任务和事业发展目标所发生的支出。

自评的内容主要包括部门整体或项目总体绩效目标、各项绩效指标完成情况以及预算执行情况。对未完成绩效目标或偏离绩效目标较大的项目要分析并说明原因，研究提出改进措施。

2. 部门预算绩效评价包括项目资金绩效评价和部门整体绩效评价。部门整体绩效评价，是对包括部门基本支出和项目支出在内的整体预算资金的绩效评价。

部门预算绩效评价以项目资金为重点，重点评价一定金额以上、与本部门职能密切相关、具有明显社会影响和经济影响的项目。

3. 财政评价对象应根据工作需要，优先选择贯彻落实党中央、国务院重大方针政策和决策部署的项目，覆盖面广、影响力大、社会关注度高、实施期长的项目。对重点项目应周期性组织开展绩效评价，同时可选择部分预算部门开展部门整体支出绩效评价。

4. 财政和部门评价的内容主要包括：（1）决策情况；（2）资金管理和使用情况；（3）相关管理制度办法的健全性及执行情况；（4）实现的产出情况；（5）取得的效益情况；（6）其他相关内容。

第二节　预算绩效评价原则、方法与流程

（一）绩效评价的原则

绩效评价应当遵循以下基本原则：

1. 科学规范原则。绩效评价应当严格执行规定的程序，按照科学可行的要求，采用定量与定性分析相结合的方法，对绩效进行客观、公正的反映。

2. 统筹兼顾。单位自评、部门评价和财政评价应职责明确，各有侧重，相互衔接。单位自评应由单位自主实施，即"谁支出、谁自评"。部门评价和财政评价应在单位自评的基础上开展，必要时可委托第三方机构实施。

3. 分级分类原则。绩效评价由财政部门、预算部门（单位）根据评价对象的特点分类组织实施。

4. 绩效相关原则。绩效评价应当针对具体支出及其产出绩效进行，评价结果应当清晰反映支出和产出绩效之间的紧密对应关系。

5. 激励约束。绩效评价结果应与预算安排、政策调整、改进管理实质性挂钩，体现奖优罚劣和激励相容导向，有效要安排、低效要压减、无效要问责。

6. 公开透明。绩效评价结果应依法依规公开，并自觉接受社会监督。

（二）绩效评价的主要依据

1. 国家相关法律、法规和规章制度；

2. 党中央、国务院重大决策部署，经济社会发展目标，地方各级党委和政府重点任务要求；

3. 预算管理制度、资金及财务管理办法和相关财务会计资料；

4. 预算部门（单位）职能职责、中长期发展规划和年度工作计划；

5. 相关行业政策、行业标准及专业技术规范；

6. 预算部门（单位）预算申报的绩效目标及其他相关材料、依法批复的部门预算；部门预算年度预算执行情况，年度决算报告；

7. 人大审查结果报告、审计报告及决定、专项监督检查报告；

8. 其他相关材料。

（三）绩效评价的方法

财政和部门评价的方法主要包括成本效益分析法、比较法、因素分析法、最低成本法、公众评判法、标杆管理法等。根据评价对象的具体情况，可采用一种或多种方法。

1. 成本效益分析法。是指将投入与产出、效益进行关联性分析的方法。

2. 比较法。是指将实施情况与绩效目标、历史情况、不同部门和地区同类支出情况进行比较的方法。

3. 因素分析法。是指综合分析影响绩效目标实现、实施效果的内外部因素的方法。

4. 最低成本法。是指在绩效目标确定的前提下，成本最小者为优的方法。

5. 公众评判法。是指通过专家评估、公众问卷及抽样调查等方式进行评判的方法。

6. 标杆管理法。是指以国内外同行业中较高的绩效水平为标杆进行评判的方法。

7. 其他评价方法。

（四）绩效评价的工作程序

绩效评价一般以预算年度为周期，对跨年度的重大（重点）项目可根据项目或支出完成情况实施阶段性评价。

绩效评价工作程序是指财政部门或预算部门所组织的绩效评价工作流程，一般分为准备、实施和撰写报告三个阶段。

1. 绩效评价准备阶段。

（1）确定评价对象。评价对象由财政部门和预算部门根据预算管理的要求确定。

（2）成立评价工作组。财政部门和预算部门根据工作需要单独或联合成立绩效评价工作组，具体负责实施绩效评价，必要时可以引入有资质的第三方机构参与绩效评价。评价工作组需要完成拟定绩效评价工作方案，实施具体绩效评价，撰写并向评价组织者提交绩效评价报告等工作。

（3）制定绩效评价工作方案。制定绩效评价工作方案内容包括：评价工作的计划安排；拟采用的绩效评价指标和评价标准；拟采用的评价方法；评价依据。绩效评价工作方案报评价组织者审定。

（4）下达绩效评价通知。实施评价前，评价组织者应向被评价的部门或单位下达评价通知。通知内容主要包括评价目的、内容、任务、依据、评价实施机构、评价时间和要求等。

（5）明确评价具体内容。评价工作组与被评价部门或单位就绩效评价流程、绩效评价目标、绩效评价指标、评价标准和评价方法等具体内容进行充分沟通，取得一致意见。

2. 绩效评价实施阶段。

（1）收集、审核资料。评价工作组要在全面收集资料的基础上，根据评价工作方案，对已收集的资料进行分类整理、审查和分析。

（2）现场勘查。根据评价对象的特点和项目承担单位提供的数据资料，评价工作组可采取现场勘察、询问检查的方式进行实地考察验证。

（3）综合评价。评价工作组根据评价工作方案确定的评价指标、评价标准和评价方法，对评价对象的绩效情况进行全面的定量定性分析和综合评价，形成评价结论。

（4）交换意见。评价工作组在撤点前就绩效评价工作开展情况及评价结论与被评价部门或单位交换意见。

3. 撰写和提交评价报告阶段。

（1）撰写报告。按照规定的文本格式和要求撰写绩效评价报告。

（2）提交报告。在规定的时间内向评价组织者提交绩效评价报告（草案），经评审后修改完善并提交正式绩效评价报告。

（3）及时总结。评价实施方应及时对绩效评价工作总结，将工作背景、时间地点、基本情况、遇到的问题及工作建议等形成书面材料，随同绩效评价报告一并提交评价组织者。

（4）建立档案。评价工作结束后，评价工作组应妥善保管工作底稿和评价报告等有关资料，建立绩效评价档案。

▶▶▶ **专栏6-1　绩效评价工作方案**

绩效评价工作方案
（参考提纲）

一、项目概况

（一）项目立项的背景和目的

（二）项目立项依据

（三）项目计划实施内容

（四）项目预算及资金安排情况

1. 项目预算及资金来源情况

2. 资金安排情况

（五）项目的组织及管理

1. 相关方职责

2. 项目管理情况

（六）利益相关方

（七）项目绩效目标

二、评价目的、对象和方法

（一）评价目的

（二）评价对象、资金范围及时间段

（三）评价依据

（四）评价方法

三、绩效评价指标体系

（一）评价指标设计的总体思路

（二）评价指标

四、社会调查方案

（一）调研工作内容及各方职责

（二）调研安排

（三）资料提交

五、评价程序及时间安排

六、评价相关方工作人员

（五）绩效评价报告

绩效评价报告是对财政预算绩效进行评价后形成的总结性结论文件。根据实施主体，绩效评价报告可分为资金使用单位绩效自评报告、部门绩效评价报告、财政重点绩效评价报告和第三方绩效评价报告。

绩效评价报告应依据充分、真实完整、数据准确、分析透彻、逻辑清晰、客观公正，主要内容应包括：

1. 基本概况，包括与绩效对象相关的发展规划、政策要求，评价对象绩效目标，财政预算资金安排及资金支出情况；

2. 绩效评价的组织实施情况；

3. 评价对象绩效目标、绩效指标、评价标准和评价方法；

4. 项目绩效目标的实现情况、差异性及其原因分析；

5. 存在的问题、采取的纠偏措施及完善预算管理和改进绩效管理建议；

6. 其他需要说明的问题。

▶▶▶ 专栏6-2　项目支出绩效评价报告

项目支出绩效评价报告

（参考提纲）

一、基本情况

（一）项目概况

包括项目背景、主要内容及实施情况、资金投入和使用情况等。

（二）项目绩效目标

包括总体目标和阶段性目标。

二、绩效评价工作开展情况

（一）绩效评价目的、对象和范围

（二）绩效评价原则、评价指标体系（附表说明）、评价方法、评价标准等

（三）绩效评价工作过程

三、综合评价情况及评价结论（附相关评分表）

四、绩效评价指标分析

（一）项目决策情况

（二）项目过程情况

（三）项目产出情况

（四）项目效益情况

五、主要经验及做法、存在的问题及原因分析

六、有关建议

七、其他需要说明的问题

▶▶▶ 专栏6-3 部门整体绩效评价报告

部门整体绩效评价报告
（参考提纲）

一、部门基本情况

（一）部门概况

（二）部门预算收支、决算情况

（三）部门年度重点工作任务

（四）部门绩效目标

二、部门绩效管理情况

（一）部门整体自评

（二）部门项目支出自评

三、部门整体绩效评价工作开展情况

（一）绩效评价目的、对象和范围

（二）绩效评价原则、方法及过程

（三）评价指标体系与评分标准

四、综合评价情况及评价结论

（一）总体评价得分

（二）综合评价结论

五、绩效目标实现情况及指标分析

（一）投入类指标分析

（二）过程类指标分析

（三）产出类指标分析

（四）效益类指标分析

六、主要经验及做法、存在的问题及原因分析

七、有关建议

第三节　预算部门绩效自评价案例

一、绩效自评价管理

（一）绩效自评价指标与权重分配

绩效自评价指标是指预算批复时确定的绩效指标，包括项目的成本，产出数量、质量、时效，以及经济效益、社会效益、生态效益、服务对象满意度等。

根据《项目支出绩效评价管理办法》规定：单位自评指标的权重由各单位根据项目实际情况确定。原则上预算执行率和一级指标权重统一设置为：预算执行率10%、产出指标50%、效益指标30%、服务对象满意度指标10%。如有特殊情况，一级指标权重可做适当调整。二级、三级指标应当根据指标重要程度、项目实施阶段等因素综合确定，准确反映项目的产出和效益。

2021年，财政部印发《中央部门项目支出核心绩效目标和指标设置及取值指引（试行）》规定：绩效指标分值权重根据项目实际情况确定。原则上一级指标权重统一按以下方式设置：对于设置成本指标的项目，成本指标20%、产出指标40%、效益指标20%、满意度指标10%（其余10%的分值权重为预算执行率指标，编制预算时暂不设置，部门或单位开展自评时使用，下同）；对于未设置成本指标的项目，产出指标50%、效益指标30%、满意度指标10%；对于不需设置满意度指标的项目，其效益指标分值权重相应可调增10%。各指标分值

权重依据指标的重要程度合理设置，在预算批复中予以明确，设立后原则上不得调整。

从现有的预算管理一体化操作系统实施来看，成本指标已作为一级指标纳入绩效目标申报表中，但各部门可根据项目实际情况进行选择性填报。因此，自评价绩效指标分值可依据《中央部门项目支出核心绩效目标和指标设置及取值指引（试行）》中明确的各个类型进行权重分配。

（二）绩效自评价方法与流程

绩效自评采用定量与定性评价相结合的比较法，总分由各项指标得分汇总形成。

定量指标得分按照以下方法评定：与年初指标值相比，完成指标值的，记该指标所赋全部分值；对完成值高于指标值较多的，要分析原因，如果是由于年初指标值设定明显偏低造成的，要按照偏离度适度调减分值；未完成指标值的，按照完成值与指标值的比例记分。

定性指标得分按照以下方法评定：根据指标完成情况分为达成年度指标、部分达成年度指标并具有一定效果、未达成年度指标且效果较差三档，分别按照该指标对应分值区间［80％，100％）、［60％，80％）、（0，60％）合理确定分值。

（三）绩效自评价结果

单位自评结果主要通过项目支出绩效自评表（见表6-1）的形式反映，做到内容完整、权重合理、数据真实、结果客观。部门和单位应切实加强自评结果的整理、分析，将自评结果作为本部门、本单位完善政策和改进管理的重要依据。对预算执行率偏低、自评结果较差的项目，需要单独说明原因，并提出整改措施。各部门应当按照要求随同部门决算向本级财政部门报送绩效自评结果，将绩效自评结果编入本部门决算，并依法予以公开；各单位应逐步将绩效自评结果编入本单位决算，并依法予以公开。

表 6-1   **项目支出绩效自评表**

（××年度）

项目名称							
主管部门				实施单位			
项目资金 （万元）		年初预算数	全年预算数	全年执行数	分值	执行率	得分
	年度资金总额				10		
	其中：政府预算资金				—		—
	财政专户管理资金				—		—
	单位资金				—		—

年度总体目标	预期目标			全年实际完成情况			

绩效指标	一级指标	二级指标	三级指标	年度指标值	实际完成值	分值	得分	偏差原因分析及改进措施
	成本指标	经济成本指标	指标1：					
			指标2：					
			……					
		社会成本指标	指标1：					
			指标2：					
			……					
		生态环境成本指标	指标1：					
			指标2：					
			……					
	产出指标	数量指标	指标1：					
			指标2：					
			……					
		质量指标	指标1：					
			指标2：					
			……					
		时效指标	指标1：					
			指标2：					
			……					

续表

一级 指标	二级指标	三级指标	年度指标值	实际完成值	分值	得分	偏差原因分析 及改进措施
绩效指标	效益指标 经济效益指标	指标1：					
		指标2：					
		……					
	社会效益指标	指标1：					
		指标2：					
		……					
	生态效益指标	指标1：					
		指标2：					
		……					
	满意度指标 服务对象满意度指标	指标1：					
		指标2：					
		……					
总分					100		

注：1. 绩效自评采取打分评价的形式，满分为100分，对于设置成本指标的项目，成本指标20%、产出指标40%、效益指标20%、满意度指标10%（其余10%的分值权重为预算执行率指标，编制预算时暂不设置，部门或单位开展自评时使用，下同）；对于未设置成本指标的项目，产出指标50%、效益指标30%、满意度指标10%；对于不需设置满意度指标的项目，其效益指标分值权重相应可调增10%。各指标分值权重依据指标的重要程度合理设置。
2. 偏差原因分析及改进措施：说明偏离目标、不能完成目标的原因及改进措施。
3. 定性指标完成情况分为好、较好、一般、较差四档，在相应档次分别按照［90%，100%）、［80%，90%）、［60%，80%）、（0，60%）合理确定分值。定量指标完成指标值的，记该指标所赋全部分值；未完成的，按照完成值与指标值的比例计分。

二、中央部门绩效自评价公开结果实践

近年来，中央部门积极响应《意见》"推进预算绩效信息公开透明"的要求，在公开的部门决算报告中，将"预算绩效情况"作为"年度部门决算情况说明"的内容模块之一，并在财政部门户网站和中国政府网向社会公开。公开的绩效信息包括项目绩效自评结果、部门重点评价结果及相关绩效评价结果信息。笔者通过中国政府网"中央部门决算"专栏对2017～2022年公开的部门年度决算报告中绩效自评价信息进行了梳理、分析，剔除未在决算报告中公

开自评表和自评分值项目及网站无法获取数据的部门项目。各年度自评结果分布如图 6 - 1 所示，通过自评数据梳理分析，发现中央部门绩效自评工作呈现出以下特征。

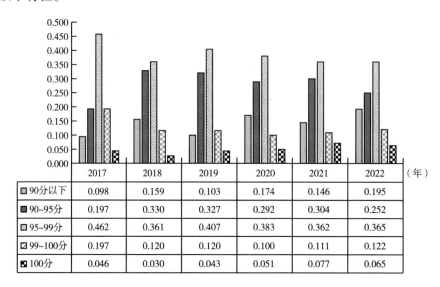

	2017	2018	2019	2020	2021	2022 |（年）
90分以下	0.098	0.159	0.103	0.174	0.146	0.195
90~95分	0.197	0.330	0.327	0.292	0.304	0.252
95~99分	0.462	0.361	0.407	0.383	0.362	0.365
99~100分	0.197	0.120	0.120	0.100	0.111	0.122
100分	0.046	0.030	0.043	0.051	0.077	0.065

图 6 - 1　中央部门 2017～2022 年绩效自评项目各分数段统计

1. 预算部门公开范围不断扩大。历年度决算报告公开数据显示，绩效自评价范围由一般公共预算逐步拓展到政府性基金预算、国有资本经营预算。如 2020 年度，除中华全国供销合作总社、国资委等个别中央部门绩效自评覆盖范围未达到一般公共预算支出总额 100% 外，其余部门绩效自评价均实现一级项目与二级项目全覆盖。生态环境部、中国红十字会、工业和信息化部、国家卫健委、教育部、水利部、司法部、国家体育总局等 18 个部门针对政府性基金项目绩效自评价实现了全覆盖，国家能源局、交通运输部、中国民用航空局实现了对国有资本经营项目自评价全覆盖，国家档案局、水利部、民政部等 19 个中央部门公开了部门（单位）整体支出绩效评价结果，从中央部门绩效信息公开的内容和范围来看，绩效管理工作已逐步受到预算部门的重视，项目自评公开信息规范性、完整性逐步提升，基本能够按照《项目支出绩效评价管理办法》规定的自评价要求进行。

2. 自评项目公开数量不断增加。从 2017～2022 年连续四年决算报告公开的绩效评价内容来看，绩效自评项目公开数量由 2017 年度的 173 个增至 2022 年度的 630 个，尤其是随着 2018 年《意见》的出台，各部门更加重视绩效信息的公开与自评价项目覆盖范围，2019 年度决算报告绩效自评项目信息公开相较于 2018 年增长了 49.7%；且通过梳理年度决算报告发现部门重点项目绩效评价报告、部门（单位）整体支出绩效评价报告公开数量也在不断增加。

3. 自评价结果质量稳步提升。近年来，中央部门在绩效指标体系设计、评价方法优化、评价主体引入等方面围绕绩效评价进行了积极探索，绩效自评价质量不断提高。首先，从规范性角度来看，除个别部门缺少满意度指标外，大部分中央部门能够按照预算执行、产出、效益、满意度规定的权重开展自评价；其次，产出和效益的个性化指标设计水平不断提升，能够充分反映项目特定的功能属性和任务内容；最后，从自评分值分布情况来看，分值级差由 2017 年的 20 分扩大到 2022 年的 35 分，90 分以下自评分值比例逐步增多，分值分布区间趋于合理，自评价结果更加趋于客观、真实。

4. 自评价结果分析更加深入。部分中央部门在重点项目的自评中，通过引入外部专家、第三方机构参与数据的汇总、规范性审核等技术性事务，并围绕自评结果进行深入分析。据统计，2022 年度 79% 以上的自评表中对项目绩效目标值与实际完成值的偏差原因进行了分析、列示并提出了改进措施，项目产出、效益的分析更加严谨、客观、合理，实现了从"目标管理"到"结果应用"的闭环管理，为下一步预算部门绩效目标的科学化设置及项目任务的高质量完成奠定了基础。

三、地方政府绩效自评价实践案例

笔者以河南省为例，围绕项目与部门自评展开阐述。

（一）项目绩效自评价

1. 组织实施。项目自评由预算部门组织开展。各资金使用单位根据批复的项目绩效目标，收集项目绩效目标实现程度、预算执行情况等资料，在预算管理一体化系统绩效管理模块填报《项目支出绩效自评表》（见表 6-2），各单位根据自评情况撰写《项目自评总结报告》。各预算部门审核后报送至本级财政部门相关业务支出科室审核。

表 6 - 2　　　　　　　　　　**项目支出绩效自评表**

(××年度)

项目名称								
主管部门					实施单位			
项目资金（万元）		年初预算数	全年预算数（A）	全年执行数（B）	分值	执行率（B/A×100%）	得分	
	年度资金总额				10			
	其中：政府预算资金				—		—	
	财政专户管理资金				—		—	
	单位资金				—		—	

资金管理情况		情况说明	分值（20）	得分	存在问题和改进措施
	安排科学性		5		
	拨付合规性		5		
	使用规范性		5		
	预算绩效管理情况		5		

年度总体目标	预期目标			全年实际完成情况				

绩效指标	一级指标	二级指标	三级指标	年度指标值	实际完成值	分值	得分	偏差原因分析及改进措施
	成本指标	经济成本指标	指标1：					
			指标2：					
			……					
		社会成本指标	指标1：					
			指标2：					
			……					
		生态环境成本指标	指标1：					
			指标2：					
			……					

续表

一级指标	二级指标	三级指标	年度指标值	实际完成值	分值	得分	偏差原因分析及改进措施
绩效指标	产出指标 — 数量指标	指标1：					
		指标2：					
		……					
	产出指标 — 质量指标	指标1：					
		指标2：					
		……					
	产出指标 — 时效指标	指标1：					
		指标2：					
		……					
	效益指标 — 经济效益指标	指标1：					
		指标2：					
		……					
	效益指标 — 社会效益指标	指标1：					
		指标2：					
		……					
	效益指标 — 生态效益指标	指标1：					
		指标2：					
		……					
	满意度指标 — 服务对象满意度指标	指标1：					
		指标2：					
		……					
总分					100		

注：1. 资金管理情况的考核，对违反预算管理规定行为的，原则上每发现1例扣1分，扣完为止。

2. 绩效自评采取打分评价的形式，满分为100分，项目单位自评原则上统一按以下方式设置：预算执行率10分、资金管理情况20分、成本指标10分、产出指标30分、效益指标25分、满意度指标5分；对于不需设置成本指标的项目，其产出指标增增10分；对于不需设置满意度指标的项目，其效益指标调增5分。二、三级指标的分值权重由各单位根据项目实际情况和指标重要程度合理设置。

3. 偏差原因分析及改进措施：说明偏离目标、不能完成目标的原因及改进措施。

4. 定性指标完成情况分为好、较好、一般、较差四档，在相应档次分别按照［90%，100%）、［80%，90%）、［60%，80%）、（0，60%）合理确定分值。定量指标完成指标值的，记该指标所赋全部分值；未完成的，按照完成值与指标值的比例计分。

2. 自评价内容与方法。

（1）预算执行率。根据全年预算数（A）和全年执行数（B），计算预算执行率（B/A）。

（2）资金管理情况。①安排科学性。按照部门预算编制和资金管理办法的要求，进行项目论证、评审、立项等必要程序。②拨付合规性。严格按照国库集中支付制度有关规定支付资金，未出现违规将资金从国库转入财政专户或支付到预算单位实有资金账户等问题。③使用规范性。严格按照下达预算的科目和项目执行，未出现截留、挤占、挪用和擅自调整等问题。④预算绩效管理情况。将资金纳入绩效管理，设置绩效目标，开展绩效监控和绩效评价。

（3）年度总体目标完成情况。对照年初设定的年度总体绩效目标，填报全年实际完成情况。

（4）各项绩效指标完成情况。对照各项三级绩效指标的年度指标值，逐项填写全年实际完成值。其中：定性指标完成情况分为好、较好、一般、较差四档，在相应档次分别按照［90%，100%）、［80%，90%）、［60%，80%）、（0，60%）合理确定分值。

定量指标与年度指标值相比，完成指标值的，计指标所赋全部分值；对完成值高于指标值较多（30% 及以上）的，要分析原因，如果是由于年初指标值设定明显偏低造成的，要按照偏离度适度调减分值；未完成指标值的，按照完成值与指标值的比例计分。如需分类汇总，以资金额度为权重，对分值进行加权平均计算。未完成绩效目标或超过绩效指标值较多（30% 及以上）的原因逐条进行分析，并提出改进措施。

（5）绩效自评采取打分评价的形式，满分为 100 分，项目自评统一按以下方式设置：预算执行率 10 分、资金管理情况 20 分、成本指标 10 分、产出指标 30 分、效益指标 25 分、满意度指标 5 分；对于不需设置成本指标的项目，其产出指标调增 10 分；对于不需设置满意度指标的项目，其效益指标调增 5 分。二级、三级指标的分值权重由各单位根据项目实际情况和指标重要程度合理设置。

上述自评价内容体系的设计，进一步扩大了项目自评价的范围，从原有的衡量产出、效益拓展到决策、过程环节，实现了对项目实施的全过程的评价。

（二）部门整体支出绩效自评价

部门整体支出绩效自评主要包括以下内容：

一是预算执行情况。根据全年执行数/全年预算数计算部门整体预算执行率，同时在资金来源中细化不同类型资金。

二是部门履职目标与年度主要任务。根据年初批复的部门履职目标、年度主要任务，填报履职目标实际完成情况、年度主要任务实际完成情况，该部分内容填报中要求清晰、简洁，高度概括目标与任务的实际完成内容。

三是指标权重与内容填报。指标权重分配部门整体绩效自评一级指标分值统一设置为：预算执行率10分、投入管理指标30分、产出指标25分、效益指标35分。二级、三级指标的分值权重由各部门根据项目实际情况和指标重要程度综合确定，填入"分值"栏；同时结合实际完成值与年度指标值的比较，计算"得分"，针对偏差原因进行分析并填写改进措施。

部门整体自评表（样表）如表6-3所示。

表6-3　　　　　　　　　　部门整体自评表（样表）

（××年度）

部门名称								
预算执行情况			年初预算数	全年预算数	全年执行数	分值	执行率	得分
	部门预算总额					10		
	资金来源	政府预算资金						
		财政专户管理资金						
		单位资金						
年度履职目标	预期目标				实际完成情况			
	目标名称	主要内容			目标完成情况			
	目标1：							
	目标2：							
	…							
年度主要任务	任务名称	主要内容			任务完成情况			
	任务1：							
	任务2：							
	…							

续表

一级指标	分值	二级指标	三级指标	年度指标值	指标值说明	实际完成值	分值	得分	偏差原因分析及改进措施
投入管理指标	30	工作目标管理	年度履职目标相关性						
			工作任务科学性						
			绩效指标合理性						
		预算和财务管理	预算编制完整性						
			专项资金细化率						
			预算调整率						
			结转结余率						
			"三公经费"控制率						
			政府采购执行率						
			决算真实性						
			资金使用合规性						
			管理制度健全性						
			预决算信息公开性						
			资产管理规范性						
		绩效管理	绩效监控完成率						
			绩效自评完成率						
			部门绩效评价完成率						
			评价结果应用率						
产出指标	25	重点工作任务完成	重点工作1计划完成率						
			重点工作2计划完成率						
			……						
		履职目标实现	年度工作目标1实现率						
			年度工作目标2实现率						
			……						

续表

一级指标	分值	二级指标	三级指标	年度指标值	指标值说明	实际完成值	分值	得分	偏差原因分析及改进措施
效益指标	35	履职效益	经济效益						
			社会效益						
			……						
		满意度	社会公众满意度						
			服务对象满意度						
			……						

注：1. 自评采取打分评价的形式，满分为100分，各部门（单位）可根据指标的重要程度自主确定各项三级指标的权重分值，各项指标得分加总得出该项目绩效自评的总分。原则上一级指标分值统一设置为：投入管理指标30分、产出指标25分、效益指标35分、预算执行率10分。

2. 偏差原因分析及改进措施：说明偏离目标、不能完成目标的原因及改进措施。

3. 定性指标完成情况分为好、较好、一般、较差四档，在相应档次分别按照 [90%，100%）、[80%，90%）、[60%，80%）、（0，60%）合理确定分值。定量指标完成指标值的，记该指标所赋全部分值；未完成的，按照完成值与指标值的比例计分。

▶▶▶ 专栏6-4 部门整体自评案例

H 省地方金融管理局
2020 年度部门整体支出绩效自评报告

一、基本情况

（一）部门职能情况

H 省地方金融管理局贯彻落实党中央关于金融工作的方针、政策和决策部署，在履行职责过程中坚持和加强党对金融工作的集中统一领导。主要职责是：

1. 贯彻执行党和国家金融工作方针、政策及相关法律法规，拟订有关金融监管的地方性法规、规章草案；研究分析国内外金融形势和全省金融业发展重大问题，牵头拟订全省金融业发展中长期规划；拟订有关金融业发展的指导意见和政策建议。

2. 负责协调联络中央金融监管部门、金融机构及其驻豫分支机构；引进省外和外资金融机构入驻 H 省，推动省内金融机构"走出去"；组织开展政府与金融机构合作、金融机构和企业对接，引导、协调和鼓励金融机构加大对全省经济社会发展的支持力度。

……

（二）年度部门总目标及主要任务

年度履职目标：强化细化实化金融服务措施，确保 2020 年融资规模不低于2019 年。

年度主要任务包括：进一步扩大直接融资规模、加大非法集资打击和处置力度、强化地方金融监管，制定地方金融监管权责清单等共计 5 项主要任务。

（三）年度部门整体预算绩效目标、绩效指标设定情况

H 省地方金融管理局 2020 年度部门整体预算绩效目标和绩效指标设定情况如表 6 - 4 所示。

表 6 - 4　　　　　　　　部门（单位）整体绩效目标

一级指标	二级指标	三级指标	指标值
投入管理指标	工作目标管理	年度履职目标相关性	密切相关
		工作任务科学性	科学
		绩效指标合理性	合理
	预算和财务管理	预算编制完整性	100%
		专项资金细化率	100%
		预算执行率	≥90%
		预算调整率	≤10%
		结转结余率	≤10%
		"三公"经费控制率	≥95%
		政府采购执行率	≥90%
		决算真实性	真实
		资金使用合规性	合规
		管理制度健全性	基本健全
		预决算信息公开性	按规定公开
		资产管理规范性	基本规范
	绩效管理	绩效监控完成率	≥95%
		绩效自评完成率	≥95%
		部门绩效评价完成率	≥95%
		评价结果应用率	≥95%

一级指标	二级指标	三级指标	指标值
产出指标	重点工作任务完成	大力发展直接融资	80%
		加大非法集资打击和处置力度	80%
		强化地方金融监管	80%
		推动信贷投放持续增长	80%
		严密防控金融风险	80%
	履职目标实现	强化细化实化金融服务措施，确保2020年融资规模不低于2019年	100%
效益指标	履职效益	地方金融组织依法合规经营意识增强	有所增强
		服务实体经济效率提升	有所提升
		维护金融秩序稳定	稳定发展
	满意度	金融监管单位满意度	≥90%
		全省融资担保、小额贷款、典当行等满意度	≥90%
		员工满意度	≥90%

（四）年度部门支出预算、决算情况

2020年度H省地方金融管理局部门支出调整后预算安排2 522.63万元，其中基本支出1 966.63万元、项目支出556万元。年度决算为2 484.60万元，其中基本支出1 952.80万元、项目支出493.77万元，年末结转和结余38.03万元。

（五）"三公"经费预算安排及支出情况

2020年度H省地方金融管理局"三公"经费年初预算安排67.50万元，调整后预算安排为25万元。

二、绩效自评工作开展情况

本次部门整体预算绩效自评范围为2020年度省级财政批复部门整体绩效目标的全部预算支出。自评主要通过查阅资料、现场访谈、问卷调查等程序掌握具体情况，对采集的数据做详细的分析和统计。具体实施过程共包括前期准备、访谈及问卷调查、综合评价、报告撰写四个阶段，各阶段工作内容安排如下：

（一）前期准备阶段

H省地方金融管理局按照H省财政厅的通知要求，遵循"谁支出、谁自评"的原则，成立由省地方金融管理局、第三方专家组成的评价工作组，负责绩效自评工作的组织实施。评价工作组依据《H省财政厅关于开展2020年度省级预算绩效自评工作的通知》等相关政策文件，研究制定了部门整体预算绩效自评指标体系，并设计了调查问卷。

（二）访谈及问卷调查阶段

在前期准备阶段收集数据、汇总资料的基础上，做好以下两方面工作：一是对相关处室进行访谈，访谈主要针对绩效评价关键指标、影响因素及存在问题等；二是制作调查问卷，通过问卷星推送至省地方金融管理局机关处室，省辖市金融工作局、省直管县（市）金融工作部门，部分融资担保公司、小额贷款公司、典当行等金融机构。通过问卷调查关注我省金融业服务实体经济效率、金融监督管理局职能发挥对维护金融安全稳定的作用、金融监管部门在整顿金融秩序、防范化解金融风险方面的工作等方面，为客观地进行绩效自评提供更全面的支撑材料。

（三）综合评价阶段

根据部门整体预算绩效自评指标体系确定的指标、评分依据、支撑材料，结合访谈、问卷调查结果，采取评分和评级相结合的方式，对部门整体绩效情况进行全面的定量、定性分析和综合评价，计算得出综合得分。

（四）报告撰写阶段

对绩效评价情况进行整理、分析，真实反映 H 省地方金融管理局职责活动及资金到位情况、资金执行情况、资金管理情况等整体完成情况，综合评价省地方金融管理局履行职责及年度各项绩效目标实现情况，并按照《H 省财政厅关于开展 2020 年度省级预算绩效自评工作的通知》要求撰写绩效评价报告，形成 2020 年度部门整体预算绩效自评报告。

三、综合评价结论

（一）指标体系设定情况

绩效评价工作组按照《中共 H 省委 H 省人民政府关于全面实施预算绩效管理的实施意见》和《H 省财政厅关于开展 2020 年度省级预算绩效自评工作的通知》要求，研究制定了部门整体预算绩效自评指标体系。该体系以年度履职目标、年度主要任务、预算情况为主要内容，设计制定了投入管理指标（含预算执行率）、产出指标、效益指标 3 个一级指标；一级指标下设工作目标管理、预算和账务管理、绩效管理、重点工作任务完成、履职目标实现、履职效益、可持续影响、满意度 8 个二级指标；二级指标下设 32 个三级指标。指标总分值 100 分。

（二）综合评价结果

2020 年度省地方金融管理局部门整体预算绩效自评得分为 96.28 分，等级为

"优"。其中预算执行率分值10分，部门整体预算执行率98.49%，得10分；投入管理指标（不含预算执行率）分值30分，由于绩效指标合理性、管理制度健全性、绩效监控完成率等指标不符合指标值，扣2.5分，得26.5分；产出指标分值25分，得25分；效益指标分值35分，得34.78分。具体如表6-5所示。

表6-5　　　　H省地方金融管理局2020年度整体预算绩效自评评分

一级指标	二级指标	三级指标	分值	得分
投入管理指标	工作目标管理	年度履职目标相关性	1	1
		工作任务科学性	1	1
		绩效指标合理性	1	0.5
	预算和财务管理	预算编制完整性	1	1
		专项资金细化率	2	2
		预算执行率	10	10
		预算调整率	2	2
		结转结余率	2	2
		"三公"经费控制率	2	1
		政府采购执行率	1	1
		决算真实性	2	2
		资金使用合规性	2	2
		管理制度健全性	1	0.5
		预决算信息公开性	2	2
		资产管理规范性	2	2
	绩效管理	绩效监控完成率	2	0.5
		绩效自评完成率	2	2
		部门绩效评价完成率	2	2
		评价结果应用率	2	2
产出指标	重点工作任务完成	大力发展直接融资	4	4
		加大非法集资打击和处置力度	4	4
		强化地方金融监管	4	4
		推动信贷投放持续增长	4	4
		严密防控金融风险	4	4
	履职目标实现	强化细化实化金融服务措施，确保2020年融资规模不低于2019年	5	5

续表

一级指标	二级指标	三级指标	分值	得分
效益指标	履职效益	地方金融组织依法合规经营意识增强	6	5.92
		服务实体经济效率提升	6	5.91
		维护金融秩序稳定	6	5.95
	可持续影响	培训计划执行率	6	6
	满意度	金融监管单位满意度	3	3
		全省融资担保、小额贷款、典当行等满意度	4	4
		员工满意度	4	4
合计			100	96.28

四、绩效目标实现情况分析

（一）部门资金情况分析（略写）

1. 资金到位情况分析。H 省地方金融管理局 2020 年部门预算到位 2 522.63 万元，资金到位率 100%。

2. 资金执行情况分析。截至 2020 年底，部门预算执行率为 98.49%，具体预算资金执行情况如下表（略）。

3. 资金管理情况分析。制定了《H 省地方金融管理局财务管理制度》，建立健全了预算、办公费、差旅费、公务用车支行维护费公务接待费、出国（境）费、会议费、培训费、固定资产、政府采购、公务卡使用、合同等管理办法，通过制度合理保证单位经济活动合法合规、资产安全和使用有效、财务信息真实完整。

（二）项目绩效指标完成情况分析（略）

五、发现的主要问题和改进措施

（一）主要问题

1. 管理制度不健全。虽然制定了《H 省地方金融管理局财务管理制度》，建立健全了预算、办公费、差旅费、公务用车支行维护费公务接待费、出国（境）费、会议费、培训费、固定资产、政府采购、公务卡使用、合同等管理办法，但是未对专项资金、档案等制定相关管理制度。

2. 个别绩效目标指标值设置不合理。

（1）按照年初制定的绩效目标，"三公"经费控制率指标值为≥95%，2020

年度"三公"经费决算数 23.87 万元、调整后预算安排 31.5 万元，"三公"经费控制率 75.75%，不符合≥95%的年度指标，且根据"三公"经费控制率的考核形式来看，指标值应设置为≤100%更合理。

（2）产出指标——重点工作任务完成指标值均设置为≥80%，明显偏低，不利于激励工作积极性，提高工作成果；此外，该强化地方金融监管、严密防控金融风险等重点工作任务完成指标不易量化衡量。

（3）结转结余率指标值设置为≤10%，较为宽松，结余资金较大，不能实现财政资金的经济效益及社会效益。

3. 绩效监控不到位。根据《H 省省级预算绩效监控管理办法》要求，绩效运行监控以省级部门（单位）自主监控为主，省财政厅重点监控为辅。预算部门需对部门所有项目支出和基本支出情况开展全部监控，并定期向省财政厅提交监控表和监控报告。但通过梳理 2020 年度项目监控资料发现，大部分项目未能及时开展绩效监控，未能向省财政厅提交监控表与监控报告。

（二）改进措施

1. 建立健全内部控制体系。H 省地方金融管理局下一步将围绕内部控制建设要求，梳理单位各类经济活动的业务流程，明确业务环节，系统分析经济活动风险，确定风险点，选择风险应对策略，建立健全内部控制体系，并组织实施，合理保证单位经济活动合法合规、资产安全和使用有效、财务信息真实完整。

2. 强化绩效目标管理。绩效目标的设置既要符合法律法规的规定，又要与项目的特定政策目标、用途、使用范围、支出内容等紧密相关；绩效目标应当进行细化，须用定量表述为主，不能以量化形式表述的，应当采用定性表述，同时具有可衡量性；绩效目标以及为实现绩效目标拟采取的措施要经过调查研究和科学论证，符合客观实际，能够在一定期限内如期实现。建议合理安排"三公"经费支出，坚持从严从简，降低公务活动成本；建议产出指标——重点工作任务完成指标值设置为≥90%，同时通过构建个性化指标考核重点工作任务完整情况；建议结转结余率指标值设置为≤5%，最大程度地发挥财政资金的职能，实现经济效益和社会效益。

3. 注重绩效监控实效。根据"谁支出、谁负责"的原则，预算部门是绩效运行监控的责任主体，承担本部门全部监控职责。预算部门应按照"双监控"的原则，对本部门预算执行情况和绩效目标实现进度实现全部监控，尤其是项目实施进度、预期绩效目标实现程度、项目资金拨付进度、财务管理、会计核算、资产管理等情况。通过自我全部监控，保证项目按照既定方案有效执行，避免出现偏离既定计划或方案的情况。

六、绩效自评结果拟应用和公开情况

针对自评过程发现的问题和建议结合部门实际情况进行有效的调整，同时将绩效自评报告同调整情况，按照相关规定或要求对外公开，保证信息公开透明。

四、绩效自评价质量提升制约因素分析

绩效自评价的关键目的在于通过自查自纠对项目或部门绩效实现情况与预算执行情况开展自我诊断，揭示项目或部门绩效管理过程中存在的问题并进一步改进、完善，实现"以评促改"。笔者通过中央部门及地方政府绩效自评价实践中一系列问题分析发现，绩效自评质量的提升依然受到法规制度、文化环境、人员素质、基础条件等方面的制约。

（一）绩效自评价相关法律约束机制乏力

预算绩效自评价作为一种绩效内部评价的一种形式，属于全过程预算绩效管理的技术性手段之一。但在自评价过程中囿于预算绩效相关法律法规的不完善及多种因素影响，自评环节普遍存在自由裁量权过大问题。究其原因：一是自评价技术规范不健全。尽管《项目支出绩效评价管理办法》中对自评价的指标内容、权重等进行了界定，但关于自评价实施过程中定量与定性指标的取数依据、方法等并未作出明确规定，进而导致各部门在自评过程中随意性较大、主观性较强。二是部门内部主体责任落实不到位。按照"谁支出、谁自评"的原则，自评价通常由部门内部业务处（科）室及项目负责人开展自评，但由于大部分预算部门内部绩效管理操作规程缺失，业务部门与财务部门在全过程预算绩效管理实施过程中职责定位不清晰，缺乏统筹协调，自评工作大部分由不懂业务的财务人员完成，无法确保"自评结果的真实性和准确性"。三是激励约束机制缺失。目前，对预算绩效管理的相关约束主要依靠中央下发的行政规范性文件，法律效力较弱，正向激励相对缺乏、负向激励不完善，无法对预算部门形成强有力的激励约束机制，预算部门对项目实施后的自评价及绩效信息公开程度往往呈现趋利避害的特点。

（二）绩效意识与文化氛围尚未全面形成

预算绩效文化是预算绩效管理行动者在预算编制、执行、监督及决算环节中引入绩效的基本知识、技术方法等逐步形成的价值取向和态度。全过程预算绩效管理的实施要求"以结果为导向"，但由于受传统分项列支预算强调投入控制的影响，部分部门预算执行中注重过程控制，对产出和结果信息关注度不够。随着全面实施预算绩效管理的推进，预算与绩效一体化虽然已是普遍共识，但由于绩效文化环境氛围尚未完全形成，预算部门及下属单位认知程度存在显著差异。一是绩效意识淡薄问题依然存在。绩效管理在各级政府实施过程中呈"外热内冷"的窘境，财政部门"热"、预算部门"冷"。各预算部门内部职能机构对待绩效工作的态度"冷热不均"，业务处（科）室对开展绩效自评价积极性不高，财务处（科）室对评价结果应用无从下手，绩效评价工作价值体现不足。二是绩效文化氛围尚未形成。各级政府部门虽已出台了一系列绩效管理制度文件，但从绩效管理质量来看，绩效管理思想、绩效文化建设相对存在一定的滞后性，无法适应预算绩效管理改革步伐，"讲绩效、重绩效、用绩效、比绩效"的良好文化氛围与预期仍存在较大差距。

（三）绩效自评价参与主体素质参差不齐

2021 年财政部印发《关于委托第三方机构参与预算绩效管理的指导意见》（以下简称《指导意见》），明确界定"坚持委托主体与绩效管理对象相分离，禁止预算部门或单位委托第三方机构对自身绩效管理工作开展评价"。因此，当前绩效自评价工作主要由预算部门自己完成，但囿于评价主体的差异性，自评价质量参差不齐。一方面部门参与人员有限。目前，大部分预算部门并未单独设置绩效管理科室或者配备专职绩效管理人员，且由于部门内部职责分工不清晰，绩效管理工作更多由财务部门负责完成，而作为"花钱主体"的业务部门参与深度与广度不够，导致自评结果质量不高。另一方面参与主体专业素养亟待增强。许多预算部门业务人员、财务人员、部门领导对全过程绩效管理的专业技术知识缺乏深度学习，参与绩效管理工作的相关主体知识储备不足，对于"怎么做、如何做、做什么"一片茫然，参与主体自身专业技术能力无法适应预算绩效管理改革的需求，严重制约了预算部门绩效自评质量与绩效管理水平的提升。

(四) 绩效自评价基础保障条件相对薄弱

从全过程绩效管理链条的设计来看，绩效目标作为衡量和判断财政资金预期效果的重要标准，在绩效监控、绩效自评与绩效评价环节发挥着基础保障作用，尤其在预算部门开展强化单位内部管理事项工作的过程中，其重要程度愈加明显。但预算部门在绩效目标设置过程中，往往从其自身利益而非项目功能属性出发，导致绩效目标的设置存在下述问题：一是绩效目标与项目的匹配度不够。绩效指标无法体现项目特定产出与效益，绩效目标值"就低不就高"，无助于绩效自评价的有效开展。二是绩效目标细化量化程度不够。从公开的绩效自评表内容来看，在绩效目标表编制与申报环节，绩效目标设置存在细化量化程度不够、指标内容不够简练等问题，如"较好实现""稳步提升"等定性表述较多，而没有从数量、进度、幅度、效率、质量等方面对工作完成情况进行表述；同时，部分项目三级指标设计直接从制度、文件中复制一段文字，指标的凝练程度不够。三是各级责任主体绩效目标审核形式化。当前，各级政府绩效目标审核受限于专业技术人才的短缺，在审核过程中更多审核的是绩效目标编制的完整性、相关性，而对其适当性、可行性等关注不够，造成绩效目标审核的实质重于形式体现不足，各级主体审核流于形式现象普遍存在。

五、预算部门绩效自评价质量提升驱动机制设计

预算部门作为绩效管理的直接行动主体和第一责任主体，其实施成效将决定着预算绩效管理改革的成败。纵观中央及地方政府预算部门绩效自评公开信息，高质量绩效结果信息的输出成为广大利益相关者的共同期许。在全过程预算绩效管理工作的推进中，高质量的绩效管理需"以点带链，以链拓面"，破除部门绩效管理的"碎片化"问题。鉴于此，部门自评价质量提升应以预算部门战略职能为导向，以项目绩效评价为着力点向前溯源、向后延伸构建高质量的全过程绩效管理链条，逐步拓展到全覆盖、全方位，并由内向外辅助以内部管理机制、技术保障机制、责任传导机制、激励约束机制的设计，全面驱动部门绩效管理质量提升。具体驱动机制如图 6-2 所示。

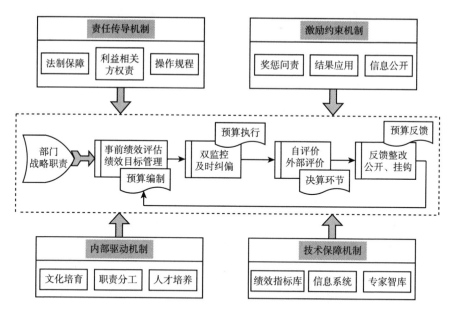

图 6-2 预算部门绩效自评价质量提升驱动机制

（一）建立责任传导机制，理顺部门预算绩效管理制度体系

1. 推进绩效立法，压实部门责任。自 2001 年绩效管理改革以来，财政部门围绕预算绩效管理出台了一系列的政策文件，政策文件的密集出台使得各级政府在"文件驱动"下对预算绩效管理改革逐步重视起来，但由于缺少国家层面绩效立法支持，预算绩效工作无法以法律形式保障其制度化、规范化、常态化。部门预算绩效管理改革只有以完善的法律为保障基石，才能最大限度地降低绩效管理相关制度的执行困境，突破改革中的瓶颈约束，真正实现预算与绩效一体化。鉴于此，一方面，在修订和完善《预算法》《会计法》《审计法》等法律相关内容的基础上，可适当借鉴美国《政府成果绩效法案》、澳大利亚《预算诚信法案》、意大利《国家公务员道德法》等发达国家颁布的绩效相关法案（李红霞和刘天琦，2019），在条件成熟的情况下以全过程预算绩效管理中绩效评价（自评和外部评价）核心环节为依托加快推进绩效立法工作，明确预算部门绩效管理各环节工作的基本原则、工作内容、保障措施等框架内容，尽快填补绩效管理上位法的空白，确保部门预算绩效管理工作有法可依。另一方面，预算部门作为预算管理和绩效管理的双重责任主体，应根据《意见》要求明确绩效管理责任约束机制；同时，在绩效立法中压实预算部门、单位、项目等各级负责人主体责任，

在赋予负责人适度自主权的基础上强化预算部门绩效自评机制，切实将"花钱必问效、无效必问责"绩效管理模式落实到位。

2. 厘清各方权责，构建共建格局。目前，我国绩效评价工作通过自评和外部评价相结合的方式开展，逐步形成党委、人大、财政部门、预算部门、审计部门及第三方机构等多方评价主体并存的局面，各方利益主体在绩效评价中存在着职责界定不清晰的现象。在现有政府治理体制与权责分工模式下，各方主体应努力构建统筹协调、相互合作的预算绩效协同治理格局，避免"缺位"与"越位"现象的发生。首先，作为预算绩效管理改革核心部门的党委政府和财政部门，各级党委政府要加强对预算绩效管理的领导，充分发挥把方向、谋大局的"保驾护航"作用；财政部门应突破单兵突进的绩效管理改革思路，在建章立制、组织协调、监督检查、组织实施绩效评价等方面履职尽责，发挥推动预算绩效管理工作的"发动机"作用。其次，作为实施预算绩效管理的重要主体的预算部门，应明确部门绩效管理的工作内容和边界，对于绩效目标设置、绩效运行监控、绩效自评价等强化部门内部管理的工作事项，应将绩效责任层层传导到内部处（科）室和资金使用终端。再次，作为预算绩效管理的外部监督主体：人大、审计、纪委等部门，要充分发挥其监督问责职责，形成立法机关、审计机关、纪检监察机关对部门实施全过程预算绩效监督的倒逼机制。最后，作为绩效评价外部参与主体的第三方机构，应在遵循《关于委托第三方机构参与预算绩效管理的指导意见》委托参与绩效管理工作的边界内，发挥独立性、专业性优势，引导带动绩效自评质量稳步提升。

3. 制定操作规程，规范评价内容。虽然《项目支出绩效评价管理办法》（以下简称《办法》）中对单位自评对象、指标、权重、内容等进行了明确，但关于绩效自评价工作如何高质量推进并未作出详细的规定，自评价实施细则及操作规程存在缺失。因此，建议预算部门在财政部门的指导下，围绕"如何评、怎么评、如何用"制定部门绩效自评价操作规程，可结合自评价原则、主体、范围、流程等方面进行细化设计。一是结合《办法》中部门本级和所属单位对"对自评结果的真实性和准确性负责"的要求，明确绩效自评的原则和范围。二是根据绩效自评价涉及的利益相关主体，对绩效自评中预算部门及内部职能部门、财政部门中的绩效管理、预算、相关业务处（科）室等主体进行界定，并明确各自职责。三是科学设计绩效自评工作流程。借鉴外部评价流程，可将绩效自评价划分为准备、实施、反馈和应用三个阶段，为职能部门项目自评与部门整体支出自评提供明确清晰的评价路径，确保预算部门绩效自评工作高质量完成。

（二）构建激励约束机制，强化绩效评价结果应用与信息公开

1. 建立奖惩机制，增强问责力度。预算部门作为自评价实施主体和财政部门再评价考察对象，属于绩效管理中最核心的主体。因此，通过建立完善的绩效奖惩机制，对预算部门形成有效的激励与约束，激发其积极有效地开展绩效评价工作的内在动力，以提升绩效自评结果的真实性、客观性与科学性，显得尤为重要。一方面，建立绩效奖惩机制。绩效奖励要建立在部门期望之上，将部门或项目预期的目标、履职、效益等达成度与奖励挂钩，增强部门主体责任意识。"奖"可通过物质奖励、精神奖励，或者赋予更多的预算管理权限等正向激励方式提升部门和个人绩效管理制度执行的主动性；"惩"可通过通报批评、约谈、扣罚奖金、取消评优评先资格等措施迫使其从"要我有绩效"向"我要有绩效"转变。另一方面，在构建奖惩机制的同时，还应根据《意见》提出的"明确绩效管理责任约束"，充分发挥人大在绩效问责中的主体作用，加强对部门和单位绩效管理负责主体的问效和问责，并逐步建立以项目负责人为主体的绩效问责机制，强化预算部门提供公共产品与公共服务的责任与约束（江书军和蔡晓冉，2020）。

2. 注重结果应用，硬化评价约束。绩效评价结果应用作为全过程绩效管理的最终落脚点，在提高资金使用效益，优化资源配置，增进部门履职尽责等方面发挥着重要作用。《项目支出绩效评价管理办法》提出预算部门"评价结果作为本部门安排预算、完善政策和改进管理的重要依据"，但仅依据评价结果就与下一年度资金分配相挂钩略显武断，其结果还需在绩效目标合理、绩效评价科学、评价结果客观的前提下方能实现评价结果与预算编制的有效结合（马海涛和孙欣，2021）。鉴于此，绩效评价结果应用可从以下四个方面逐步推进：（1）反馈、整改与提升。预算部门应坚持问题导向，针对绩效评价中反映的问题，制定整改措施并落实到位。（2）报告与公开。预算部门需将评价结果向同级人大常委会报告，并将绩效评价结果按照政府信息公开有关规定，随同年度决算向社会公开。（3）与资金分配挂钩。将高质量的绩效评价结果作为部门预算分配的重要依据，依据"优、良、中、差"四个等级建立健全资金分配与绩效评价结果挂钩机制，体现奖优罚劣的精神。（4）综合考核。将评价结果纳入预算部门绩效管理工作考核范围，提升绩效评价结果考核占比，与政府绩效考核结果挂钩。

3. 加大信息公开，接受社会监督。从中央部门及地方政府公开的信息范围、内容来看，绩效信息公开呈"上热中温下冷"的局面，中央部门绩效评价结果

信息公开的力度明显优于地方政府，许多市县级政府预算部门决算报告中的"预算绩效情况说明"无实质性内容。《预算法》《政府信息公开条例》《预算法实施条例》等都对预算部门预算、决算及报表信息公开作出明确界定，且《项目支出绩效评价管理办法》也明确要求各级预算部门将绩效评价结果信息编入部门决算并依法向社会公开，预算绩效信息公开成为预算制度"规范透明"改革的核心要求。从全过程绩效管理链条来看，绩效信息公开不仅仅是评价结果信息，而是包含全过程绩效信息，其主要涉及三个关键环节：（1）事前环节。将审核通过的绩效目标与预算批复同步公开，增强预算部门绩效管理意识，接受各方监督。（2）事中环节。围绕"双监控"要求针对绩效目标实现程度及趋势、预算执行进度及趋势、部门（项目）实施中存在的问题及整改情况等进行公开，提升部门预算执行与绩效目标实现的透明度。（3）事后环节。预算部门按照决算公开要求，实现自评价信息公开的全覆盖，或在部门门户网站公开部门自评价与部门重点评价绩效结果信息。通过全过程绩效信息的公开，提升利益相关者对部门预算绩效的知情权和监督权，督促预算部门不断提高资金运行效率和财政透明度，增强政府部门公信力。

（三）完善内部管理机制，激发预算绩效管理改革内生动力

1. 强化宣传引导，培育绩效文化。传统预算管理强调投入和过程，对产出和结果信息关注不够。《意见》提出"注重结果导向"，关注产出、效益是否有助于部门、政策、项目等战略职责的达成，以绩效评价结果不断调整和优化决策、过程，逐步形成从投入、过程导向转为结果导向的绩效管理文化模式。预算绩效管理并非只包含绩效评价的方法与工具，还包含源自文化观念的基本认知和价值取向，绩效文化作为影响部门预算绩效管理质量的关键性因素，将在部门绩效管理改革中发挥重要的文化引领作用。鉴于此，一方面，可通过媒体宣传、财政培训、专家指导、绩效管理制度学习与实务经验交流等方式普及绩效知识，将绩效理念渗透到预算管理过程中，及时纠正预算部门对绩效管理工作的认知偏差，逐步形成预算部门全体人员对绩效理念的认同感和对绩效管理规则的普遍性遵从。另一方面，预算部门需对传统的"因钱设事"行政组织文化和预算管理理念进行变革，重塑预算部门绩效导向的组织文化，培育部门人员在预算管理中的前瞻性、预见性，将绩效内化为部门的科学理财观，实现绩效管理与部门的预算编制、执行、决算等环节融为一体。

2. 健全内部机构，明确职责分工。长期以来，绩效工作在预算部门内部存

在权责分配不够清晰、跨部门协同机制尚未形成的现实问题，部门内部各业务职能机构普遍认为绩效工作是"财务部门的事情，与业务部门无关"，对开展绩效目标设置、绩效监控、绩效自评价等工作认可度低，积极性不高。基于上述情况，一方面，在预算部门编制条件允许的前提下，可单独设置预算绩效职能机构，配备专职绩效管理人员，统一负责部门绩效管理环节各项工作，各业务职能机构厘清部门业务与绩效管理改革关系，做好协调配合工作。另一方面，在编制无法满足独立设置绩效管理职能机构的前提下，将部门预算绩效管理纳入"一把手工程"，成立部门绩效管理领导小组，专人牵头组织协调，明确内部各职能机构绩效管理职责分工（曹堂哲，2019）。笔者结合在河南省多家预算部门绩效管理工作落实的调研结果，建议预算部门及时制定并出台部门预算绩效管理办法，实现绩效管理各环节工作流程化、制度化；并由部门办公室负责预算绩效管理组织、指导，并协调、配合财政部门做好相关工作，财务部门与业务职能部门配合办公室做好绩效管理工作的落实。

3. 重视技能培训，提升专业素养。高质量绩效评价报告的输出是评价结果应用的前提和基础，而高质量的绩效评价必须依托高素质的绩效人才。随着绩效管理改革向纵深发展，高素质的绩效人才供需矛盾在财政部门、预算部门日益凸显，尤其是《意见》中将目标设置、自评价等列入第三方机构参与的"负面清单"中，预算部门自身绩效管理能力面临巨大的挑战。鉴于此，预算部门要围绕绩效管理中归属于部门内部管理事项的工作，根据业务职能部门需求特征制定差异化、分层次的绩效培训计划，将绩效管理专业知识纳入部门人才培训体系，积极培育部门绩效管理专业人才，提升全员绩效专业素养，逐步形成全员"懂绩效、讲绩效、重绩效、用绩效"的良好工作氛围，为高质量绩效信息的输出奠定坚实基础。

（四）健全技术保障机制，推动部门绩效管理改革提质增效

1. 做实目标管理，构建部门指标库。从《中央部门预算绩效目标管理办法》《中央部门项目支出核心绩效目标和指标设置及取值指引（试行）》及部分省市出台的《部门预算绩效目标管理办法》等制度文件的梳理来看，绩效目标作为全过程预算绩效管理的基础，是预算部门开展绩效监控、绩效自评和绩效评价关键依据。现有的绩效自评价内容与绩效目标申报表保持了逻辑与指标的一致性，即绩效目标怎么编、绩效指标怎么设，绩效自评就怎么评。因此，预算部门提升绩效管理质量首先要完善部门绩效指标库建设工作，根据部门"三定"职能和

具体项目属性，以绩效目标为"纲"，围绕"指向明确、细化量化、合理可行、相应匹配"的要求对共性指标和个性指标进行设计，丰富部门绩效指标库，让绩效目标编制人员多做"选择题"、少做"填空题"，规范目标填报内容。其次，在绩效目标的审核环节严把质量关，对成本、产出、效益等关键指标的适当性、可行性、可操作性等方面要加大审核力度，保证后续的监控与自评价有效实施。最后，硬化绩效目标管理责任约束，明确绩效目标填报人、审核人的绩效责任，以提升绩效目标编制与审核质量。

2. 完善信息系统，助力绩效分析。全过程预算绩效管理过程中，涉及财政部门、预算部门等多个利益相关主体，在目标管理、过程监控、绩效评价等各个环节都将产生海量的绩效信息，如果缺少信息技术的支撑，将会产生"信息孤岛"，尤其是对预算规模大、级次多的预算部门而言数据处理压力更大。从笔者线上线下调研的绩效信息化建设情况来看，目前全国大部分省市如河南、海南、江苏、江西等都正在积极推进预算管理一体化系统，实现预算与绩效数据信息的深度融合。鉴于此，建议财政部门与预算部门以预算管理一体化系统开发推广应用为契机，一方面借助信息化平台，搭建智能化的绩效管理模板，引入大数据、云计算等数据分析和处理技术，对各环节原始绩效数据进行收集提取、综合分析、科学诊断、及时反馈，实现绩效管理从"人为判断"到"智能诊断"转变，打造"数字绩效"。另一方面拓展外部数据资源群，基于互联网技术手段将预算部门与财政、税务、工商、银行、统计等外部单位数据有效汇聚，丰富拓展外部数据库资源，多元化、多渠道地实现各领域数据"互联互通""互用互享"，驱动预算编制、执行及决算的科学性、严谨性，为全面实施预算绩效管理提供重要的数据信息支撑与保障。

3. 引入外部智库，提升绩效质量。在预算绩效管理改革进程中，预算部门仅依靠自身能力，短时间内无法实现提质增效，需在现有的制度规范内引入外部专家、第三方机构等专业智库提升自身绩效管理专业水平。一方面，可在财政部门绩效专家库建立的基础上，构建适用于预算部门的行业领域、绩效领域等领域专家库，为其全过程预算绩效管理工作的顺利开展、部门人员专业技能提升、绩效管理质量提升等提供智力支持。另一方面，在《意见》的框架下，积极引入第三方机构参与部门的事前评估、绩效评价、指标库建设等绩效管理工作，借助第三方机构的专业优势，提升预算部门整体绩效管理水平，促进部门公共产品和公共服务的供给质量和效率，实现部门绩效管理从"扩围升级"到"提质增效"的转变。

第四节　项目与部门整体支出绩效评价案例

一、项目支出绩效评价案例

（一）项目支出绩效评价指标体系

绩效评价指标是指衡量绩效目标实现程度的考核工具。《项目支出绩效评价管理办法》规定，财政和部门绩效评价指标的确定应当符合以下要求：与评价对象密切相关，全面反映项目决策、项目和资金管理、产出和效益；优先选取最具代表性、最能直接反映产出和效益的核心指标，精简实用；指标内涵应当明确、具体、可衡量，数据及佐证资料应当可采集、可获得；同类项目绩效评价指标和标准应具有一致性，便于评价结果相互比较。

财政和部门评价指标的权重根据各项指标在评价体系中的重要程度确定，应当突出结果导向，原则上产出、效益指标权重不低于60%。同一评价对象处于不同实施阶段时，指标权重应体现差异性，其中，实施期间的评价更加注重决策、过程和产出，实施期结束后的评价更加注重产出和效益。具体参考指标框架如表6-6所示。

表6-6　　　　　　　　　　项目支出绩效评价指标体系框架（参考）

一级指标	二级指标	三级指标	指标解释	指标说明
决策	项目立项	立项依据充分性	项目立项是否符合法律法规、相关政策、发展规划以及部门职责，用以反映和考核项目立项依据情况	评价要点： ①项目立项是否符合国家法律法规、国民经济发展规划和相关政策； ②项目立项是否符合行业发展规划和政策要求； ③项目立项是否与部门职责范围相符，属于部门履职所需； ④项目是否属于公共财政支持范围，是否符合中央、地方事权支出责任划分原则； ⑤项目是否与相关部门同类项目或部门内部相关项目重复

一级指标	二级指标	三级指标	指标解释	指标说明
决策	项目立项	立项程序规范性	项目申请、设立过程是否符合相关要求，用以反映和考核项目立项的规范情况	评价要点： ①项目是否按照规定的程序申请设立； ②审批文件、材料是否符合相关要求； ③事前是否已经过必要的可行性研究、专家论证、风险评估、绩效评估、集体决策
	绩效目标	绩效目标合理性	项目所设定的绩效目标是否依据充分，是否符合客观实际，用以反映和考核项目绩效目标与项目实施的相符情况	评价要点： （如未设定预算绩效目标，也可考核其他工作任务目标） ①项目是否有绩效目标； ②项目绩效目标与实际工作内容是否具有相关性； ③项目预期产出效益和效果是否符合正常的业绩水平； ④是否与预算确定的项目投资额或资金量相匹配
	绩效目标	绩效指标明确性	依据绩效目标设定的绩效指标是否清晰、细化、可衡量等，用以反映和考核项目绩效目标的明细化情况	评价要点： ①是否将项目绩效目标细化分解为具体的绩效指标； ②是否通过清晰、可衡量的指标值予以体现； ③是否与项目目标任务数或计划数相对应
	资金投入	预算编制科学性	项目预算编制是否经过科学论证、有明确标准，资金额度与年度目标是否相适应，用以反映和考核项目预算编制的科学性、合理性情况	评价要点： ①预算编制是否经过科学论证； ②预算内容与项目内容是否匹配； ③预算额度测算依据是否充分，是否按照标准编制； ④预算确定的项目投资额或资金量是否与工作任务相匹配
		资金分配合理性	项目预算资金分配是否有测算依据，与补助单位或地方实际是否相适应，用以反映和考核项目预算资金分配的科学性、合理性情况	评价要点： ①预算资金分配依据是否充分； ②资金分配额度是否合理，与项目单位或地方实际是否相适应

续表

一级指标	二级指标	三级指标	指标解释	指标说明
过程	资金管理	资金到位率	实际到位资金与预算资金的比率，用以反映和考核资金落实情况对项目实施的总体保障程度	资金到位率=（实际到位资金/预算资金）×100%。 实际到位资金：一定时期（本年度或项目期）内落实到具体项目的资金。 预算资金：一定时期（本年度或项目期）内预算安排到具体项目的资金
		预算执行率	项目预算资金是否按照计划执行，用以反映或考核项目预算执行情况	预算执行率=（实际支出资金/实际到位资金）×100%。 实际支出资金：一定时期（本年度或项目期）内项目实际拨付的资金
		资金使用合规性	项目资金使用是否符合相关的财务管理制度规定，用以反映和考核项目资金的规范运行情况	评价要点： ①是否符合国家财经法规和财务管理制度以及有关专项资金管理办法的规定； ②资金的拨付是否有完整的审批程序和手续； ③是否符合项目预算批复或合同规定的用途； ④是否存在截留、挤占、挪用、虚列支出等情况
	组织实施	管理制度健全性	项目实施单位的财务和业务管理制度是否健全，用以反映和考核财务和业务管理制度对项目顺利实施的保障情况	评价要点： ①是否已制定或具有相应的财务和业务管理制度； ②财务和业务管理制度是否合法、合规、完整
		制度执行有效性	项目实施是否符合相关管理规定，用以反映和考核相关管理制度的有效执行情况	评价要点： ①是否遵守相关法律法规和相关管理规定； ②项目调整及支出调整手续是否完备； ③项目合同书、验收报告、技术鉴定等资料是否齐全并及时归档； ④项目实施的人员条件、场地设备、信息支撑等是否落实到位
产出	产出数量	实际完成率	项目实施的实际产出数与计划产出数的比率，用以反映和考核项目产出数量目标的实现程度	实际完成率=（实际产出数/计划产出数）×100%。 实际产出数：一定时期（本年度或项目期）内项目实际产出的产品或提供的服务数量。 计划产出数：项目绩效目标确定的在一定时期（本年度或项目期）内计划产出的产品或提供的服务数量

一级指标	二级指标	三级指标	指标解释	指标说明
产出	产出质量	质量达标率	项目完成的质量达标产出数与实际产出数的比率，用以反映和考核项目产出质量目标的实现程度	质量达标率＝（质量达标产出数/实际产出数）×100%。质量达标产出数：一定时期（本年度或项目期）内实际达到既定质量标准的产品或服务数量。既定质量标准是指项目实施单位设立绩效目标时依据计划标准、行业标准、历史标准或其他标准而设定的绩效指标值
	产出时效	完成及时性	项目实际完成时间与计划完成时间的比较，用以反映和考核项目产出时效目标的实现程度	实际完成时间：项目实施单位完成该项目实际所耗用的时间。计划完成时间：按照项目实施计划或相关规定完成该项目所需的时间
	产出成本	成本节约率	完成项目计划工作目标的实际节约成本与计划成本的比率，用以反映和考核项目的成本节约程度	成本节约率＝[（计划成本－实际成本）/计划成本]×100%。实际成本：项目实施单位如期、保质、保量完成既定工作目标实际所耗费的支出。计划成本：项目实施单位为完成工作目标计划安排的支出，一般以项目预算为参考
效益	项目效益	实施效益	项目实施所产生的效益	项目实施所产生的社会效益、经济效益、生态效益、可持续影响等。可根据项目实际情况有选择地设置和细化
		满意度	社会公众或服务对象对项目实施效果的满意程度	社会公众或服务对象是指因该项目实施而受到影响的部门（单位）、群体或个人。一般采取社会调查的方式

上述指标中，"决策""过程"指标属于共性指标，各评价机构可以在评价体系中直接引入或此基础上进行增减。"产出""效益"指标属于个性指标，需要对项目的功能进行梳理，包括资金性质、预期投入、支出范围、实施内容、工作任务、受益对象等，明确项目的功能特性。依据该项目的功能特性，预计项目实施在一定时期内所要达到的总体产出和效果，确定项目所要实现的总体目标，并以定量和定性指标相结合的方式进行表述。将项目支出总体目标进行细化分解，从中概括、提炼出最能反映总体目标预期实现程度的关键性指标，并将其确定为相应的产出和效益绩效指标。

（二）绩效评价指标设计原则

评价指标设计原则（SMART）：

1. 具体的（specific）：指标定义清晰，不产生歧义。

2. 可测量的（measurable）：有确切的评价基准对其进行衡量和分析。

3. 可实现的（achievable）：在现实条件下可收集到相关证据。

4. 相关的（relevant）：指标与对应的目标相关。

5. 时限的（time-bound）：具有确定的时间范围。

（三）绩效评价标准

绩效评价标准通常包括计划标准、行业标准、历史标准等，用于对绩效指标完成情况进行比较。

1. 计划标准。指以预先制定的目标、计划、预算、定额等作为评价标准。

2. 行业标准。指参照国家公布的行业指标数据制定的评价标准。

3. 历史标准。指参照历史数据制定的评价标准，为体现绩效改进的原则，在可实现的条件下应当确定相对较高的评价标准。

4. 财政部门和预算部门确认认可的其他标准。

（四）绩效评价案例导入

〰〰〰〰〰〰〰〰〰〰〰〰〰〰〰〰〰〰〰〰〰〰〰〰

▶▶▶ 专栏6-5　科技项目支出绩效评价

J市科技重点支出项目绩效评价报告

一、项目概述

（一）项目概况

1. 项目计划实施内容。

J市2021年度科技重点支出项目包含科技创新奖励、研发与推广经费两个专项。

其中，科技创新奖励项目实施内容：依据《中共J市委J市人民政府关于加快建设科技产业综合体的意见》《J市科技创新奖励资金管理暂行办法》等制度，对2020年度新认定（备案）科技型企业、科技创新平台、科技服务平台、科学技术奖和科技成果转化等符合条件的奖励事项进行奖励，对科技产业综合体建设进行奖励。

研发与推广经费项目实施内容：依据《J市重大科技专项管理暂行办法》《J市科技计划项目管理办法（试行）》等制度，对立项的J市科技重大专项项目给予经费支持，对通过验收的市科技计划项目等给予后补助，组织科技规划、科技计划的编制和科技项目管理。

2. 项目预算及资金安排情况。2021年度J市科技局科技重点支出项目经费预算3 000万元，资金均来源于财政拨款，其中科技创新奖励1 500万元、研发与推广经费1 500万元。

（二）项目绩效目标

经查阅2021年度财政局、科技局网站公开的部门预算信息，科技创新奖励、研发与推广经费项目绩效目标如表6-7和表6-8所示。

表6-7　　　　　　　　　　2021项目（政策）目标

单位名称：J市科技局　　　　　　　　　　　　　　　　　　　　　　单位：万元

项目名称		科技创新奖励		
主管部门		J市科学技术局	实施单位	J市科学技术局
项目概况	项目类别	事业发展类项目支出	项目属性	常年性项目
	项目周期	1年	项目负责人	获得奖励单位负责人
	资金来源（万元）	其中：本级财政资金	1 500	上级补助		其他资金	
	本级财政资金分年项目预算（万元）	2021年	1 500	2022年	1 500	2023年	1 500
	项目基本概况	对上年度新认定（备案）科技型企业、科技创新平台、科技服务平台、科学技术奖和科技成果转化等符合条件的奖励事项进行奖励，对科技产业综合体建设进行奖励			
	政策依据	《中共J市委J市人民政府关于加快建设科技产业综合体的意见》《中共J市委J市人民政府关于引进培育创新创业领军人才（团队）的意见》《J市科技创新奖励资金管理暂行办法》			

续表

项目概况	绩效目标			引导企业提升科技创新能力，促进科技创新条件建设，搭建研发、服务、成果转化等科技创新平台，鼓励各类科技创新活动，营造创新创业社会生态环境，调动社会各界科技创新积极性	
项目支出绩效目标与指标	绩效指标	一级指标	二级指标	三级指标	指标值
		产出指标	数量指标	入库备案国家科技型中小企业数量	≥290 家
				新增各类创新平台数量	明显提升
				新增各类服务平台数量	明显提升
				新增国家高新技术企业数量	50 家
				新增省瞪羚企业	≥3 家
			质量指标	新增省、市级工程技术研究中心	5%
				新增省级及以上科技企业孵化器或众创空间	≥1 家
				科技产业综合体建成面积达到	65 万平方米
				新增省创新龙头企业培育数量	≥3 家
				新增星创天地数量	3 家
				新增国家农业科技园区示范单位数量	≥30 家
			时效指标	各项业务申报工作按时间要求完成率	≥80%
			成本指标	预算（成本）控制率	90%

一级指标	二级指标	三级指标	指标值
		高新技术产业增加值	明显提升
	经济效益指标	高新技术产业增加值占规模以上工业增加值的比重	明显提升
	社会效益指标	新获省级及以上科学技术奖	15 项
		科技创新能力和科技成果转化能力	明显提升
	生态效益指标	新增节能减排科技型企业数量	3 家
	可持续影响指标	创新主体、创新平台和科研成果对 J 市经济社会发展推动力	明显提升
	服务对象满意度指标	奖励获得单位满意度	≥80%
		奖励相关单位满意度	≥80%

注: 左侧合并单元格自上而下为: 项目支出绩效目标与指标 / 绩效指标 / 效益指标 / 满意度指标

表 6 – 8　　　　　　　　2021 项目（政策）绩效目标

单位名称: J 市科技局　　　　　　　　　　　　　　　　　　　　　单位: 万元

项目名称		研发与推广经费			
主管部门		J 市科学技术局	实施单位	J 市科学技术局	
项目概况	项目类别	事业发展类项目支出	项目属性	常年性项目	
	项目周期	1 年	项目负责人	项目承担单位负责人	
	资金来源	其中: 本级财政资金　1 500	上级补助	其他资金	
	本级财政资金分年项目预算	2021 年　1 500	2022 年　1 500	2023 年	1 500

续表

项目 概况		项目基本概况		对立项的市科技重大专项项目给予经费支持，对通过验收的市科技计划项目等给予后补助。组织科技规划、科技计划的编制和科技项目管理
		政策依据		《J市重大科技专项管理暂行办法》《J市科技计划项目管理办法（试行)》
		绩效目标		研发推广一批新技术、新产品，取得一批科研成果，带动企业研究开发投入，新技术、新产品实施实现相当规模销售收入和较好的利税，提升企业或产业科技水平、创新能力，促进企业或产业发展作用明显

项目支 出绩效 目标与 指标	绩效 指标	一级指标	二级指标	三级指标	指标值
		产出 指标	数量指标	研发项目数量	1 500 项
				研发投入金额	30 亿元
				新增科研平台数量	提高
			质量指标	科研成果转化率	≥80%
			时效指标	专项资金拨付及时率	90%
			成本指标	预算（成本）控制率	90%
		效益 指标	经济效益 指标	计划项目销售收入增长率	≥10%
				计划项目利税增长率	≥10%
			社会效益 指标	项目单位科研自主创新能力	明显提升
				项目单位科研成果转化能力	明显提升
			生态效益 指标	研发投入对J高质量发展的支持度	较强
				科研成果对J市经济社会发展推动力	非常明显
		满意度 指标	服务对象 满意度 指标	企业、高校或研发机构满意度	≥80%

二、绩效评价工作情况

（一）绩效评价目的

本次评价基于项目年初既定目标，围绕项目的决策、过程、产出、效益四个方面系统分析其支出绩效，发现存在的问题，并深入分析问题成因，在此基础上提出绩效改善的合理性对策建议。通过开展本次科技重点项目支出绩效评价，有助于推动 J 市财政科技资金的使用的制度化和规范化，完善科技资金的管理制度，进而转变科技管理模式，提高决策的质量和水平，减少决策的盲目性和随意性，减少重复、分散和浪费，集中有限的资金保证重点领域的发展，从而推动 J 市科技事业的长远发展。

（二）评价对象、范围及时间段

本次绩效评价的对象是 2021 年 J 市科技局科技重点支出项目，资金范围 3 000 万元，时间段是 2021 年 1 月 1 日至 2021 年 12 月 31 日，绩效评价范围围绕该项目的立项、绩效目标、资金投入、资金管理、组织实施、产出、效益、满意度等环节开展调研，对该项目的决策、过程、产出、效益展开评价，发现项目实施管理中存在的问题，提出改进措施和有关建议。

（三）项目绩效评价指标体系

本次评价以《项目支出绩效评价管理办法》评价指标框架为依据，从决策、过程、产出、效益四个方面设计一级指标。同时，根据"财政和部门评价指标的权重根据各项指标在评价体系中的重要程度确定，应当突出结果导向，原则上产出、效益指标权重不低于 60%"的原则，实施期结束后的评价更加注重产出和效益的要求，项目产出和项目效益的权重分值为 60 分。具体绩效评价指标体系如表 6-9 所示。

表 6-9　　　　　J 市科技局重点支出项目绩效评价指标体系

一级指标	二级指标	三级指标	权重	指标解释
A 决策 （15）	A1 项目立项 （4）	A11 立项依据 充分性	2	考察项目立项是否符合法律法规、相关政策、发展规划以及部门职责，用以反映和考核项目立项依据情况
		A12 立项程序 规范性	2	考察项目的申请、设立过程是否符合相关要求，用以反映和考核项目立项的规范情况

一级指标	二级指标	三级指标	权重	指标解释
A 决策 （15）	A2 绩效目标 （7）	A21 绩效目标 合理性	4	考察项目所设定的绩效目标是否依据充分、符合实际、切实可行，用以反映和考核项目绩效目标与项目实施的相符情况
		A22 绩效指标 明确性	3	考察绩效目标设定的绩效指标是否清晰、细化、可衡量，用以反映和考核项目绩效目标的明细化情况
	A3 资金投入 （4）	A31 预算编制 科学性	2	考察项目预算编制是否经过科学论证、有明确标准，资金额度与年度目标是否相适应，用以反映和考核项目预算编制的科学性、合理性情况
		A32 资金分配 合理性	2	考察项目预算资金分配是否有测算依据，与补助单位或地方实际是否相适应，用以反映和考核项目预算资金分配的科学性、合理性情况
B 过程 （25）	B1 资金管理 （15）	B11 资金到位率	3	考察及时到位资金与应到位资金的比率，用以反映和考核项目资金落实的及时性程度
		B12 预算执行率	6	考察项目预算资金是否按照计划执行，用以反映和考核项目预算执行情况
		B13 资金使用 合规性	6	考察项目实施单位的财务制度是否健全，用以反映和考核财务管理制度对资金规范、安全运行的保障情况
	B2 组织实施 （10）	B21 管理制度 健全性	4	考察项目是否建立完善的管理制度，主要包含财务管理制度、项目实施管理制度等
		B22 制度执行 有效性	6	考察项目实施过程是否有质量监控、进度监控的反馈机制，以及保障资金安全、规范运行的工作运行机制和措施，用以反映项目实施的过程及控制有效性

一级指标	二级指标	三级指标	权重	指标解释
C 产出 （30）	C1 产出数量 （15）	C11 创新主体培育数量达标率	3	考察项目按照计划新增的科技型企业数量情况，包括新认定国家高新技术企业、新增省节能减排科技创新示范企业、国家科技型中小企业备案
		C12 创新平台培育数量达标率	5	考察项目按照计划新增的科技创新平台数量情况，包括省级创新载体平台、市级工程技术中心等
		C13 省级以上各类科学技术奖	2	考察获得省级以上各类科学技术的奖项情况
		C14 研发项目数量	3	反映 J 市研发与推广经费项目立项与研究情况
		C15 省级以上科技项目获批数量	2	考察省级以上科技项目的获批数量
	C2 产出质量 （5）	C21 奖励资金发放足额率	5	反映科技创新奖励资金发放情况
	C3 产出时效 （6）	C31 科技创新奖励资金发放及时率	4	考察科技创新奖励资金按照计划及时发放的情况
		C32 科技创新规划编制完成及时率	2	考察项目科技创新规划编制完成的情况
	C4 产出成本 （4）	C41 成本控制率	4	考察实际支出与计划预算的比率，用以反映和考核项目的成本控制情况
D 效益 （30）	D1 经济效益 （6）	D11 规模以上高新技术企业增加值占全市规模以上工业增加值比重	6	考察规模以上高新技术产业增加值占全市规模以上工业的增加值比重
	D2 社会效益 （12）	D21 创新人才引育	4	考察项目对创新人才的引进情况，包括中原英才、新增 J 籍科技创新人才、创新人才（团队）、国外专家
		D22 综合科技创新水平	3	考察项目对综合科技创新水平的提升情况
		D23 科技创新对区域发展的支撑度	3	考察科技创新对区域发展的支撑作用
		D24 科技成果的转移转化效果	2	考察科技成果的转移转化效果

续表

一级指标	二级指标	三级指标	权重	指标解释
D 效益 (30)	D3 可持续影响 (7)	D31 创新文化 氛围提升	2	考察项目产生的创新文化氛围
		D32 科技体制 机制改革	3	考察项目对科技体制机制改革的促进 情况
		D33 带动科技 产业持续发展	2	考察项目对科技产业持续健康发展的带 动情况
	D4 服务对象 满意度（5）	D41 受益对象 满意度	5	考察受益企业相关人员对于资金奖补的 满意情况

（四）绩效评价方法

本次评价坚持定量与定性相结合的方式，始终遵循科学规范、全面系统、公正客观、合规合法、绩效相关的基本原则，综合运用文献分析法、成本效益分析法、比较法、因素分析法、调查分析法、公众评判法等方法开展评价工作。

（五）绩效评价评分标准及评价等级

绩效评价评分标准是衡量财政支出绩效目标完成程度的尺度，本次项目绩效评价的评分标准以计划标准和行业标准为主，同时依据实际情况参照其他相关标准。绩效评价采取百分制的计分方式，绩效评价结果分为优、良、中、差 4 个等级，其中 90 分及以上为优秀，80～90 分为良好（含 80 分），60～80 分为中等（含 60 分），60 分以下为差。

三、综合绩效评价情况及评价结论

（一）综合绩效评价情况

评价组依据 J 市科技局提供的数据资料、问卷调查、座谈会、相关部门调研等获取的信息，对项目资金绩效情况进行了综合评价，各项指标具体得分情况如表 6 - 10 所示。

表 6 - 10　　　　J 市科技局重点支出项目绩效评价综合得分

一级指标	二级指标	三级指标	标准分值	实际分值
A 决策 (15)	A1 项目立项 (4)	A11 立项依据充分性	2	1.5
		A12 立项程序规范性	2	0.6
	A2 绩效目标 (7)	A21 绩效目标合理性	4	3
		A22 绩效指标明确性	3	1.2

一级指标	二级指标	三级指标	标准分值	实际分值
A 决策 （15）	A3 资金投入 （4）	A31 预算编制科学性	2	1
		A32 资金分配合理性	2	0
B 过程 （25）	B1 资金管理 （15）	B11 资金到位率	3	3
		B12 预算执行率	6	5.74
		B13 资金使用合规性	6	0
	B2 组织实施 （10）	B21 管理制度健全性	4	4
		B22 制度执行有效性	6	3
C 产出 （30）	C1 产出数量 （15）	C11 创新主体培育数量达标率	3	3
		C12 创新平台培育数量达标率	5	5
		C13 省级以上各类科学技术奖	2	2
		C14 研发项目数量	3	0
		C15 省级以上科技项目获批数量	2	2
	C2 产出质量 （5）	C21 奖励资金发放足额率	5	4
	C3 产出时效 （6）	C31 科技创新奖励资金发放及时率	4	2.59
		C32 科技创新规划编制完成及时率	2	2
	C4 产出成本 （4）	C41 预算控制率	4	4
D 效益 （30）	D1 经济效益 （6）	D11 规模以上高新技术企业增加值占全市规模以上工业增加值比重	6	6
	D2 社会效益 （12）	D21 创新人才引育	4	3
		D22 综合科技创新水平	3	2.7
		D23 科技创新对区域发展的支撑度	3	2.58
		D24 科技成果的转移转化效果	2	1.62
	D3 可持续影响 （7）	D31 创新文化氛围提升	2	1.59
		D32 科技体制机制改革	3	2.57
		D33 带动科技产业持续发展	2	1.71
	D3 服务对象满意度（5）	D31 受益对象满意度	5	4.17
合计			100	73.57

（二）绩效评价结论

通过绩效评价工作组数据资料分析、现场抽样调研、问卷调查等方法的实施和应用，依据《项目支出绩效评价管理办法》《J市科技计划项目管理方法》等规定，对J市科技局2021年度科技重点支出项目进行了全面、系统、科学、客观公正的分类评价，最终绩效评价结果为：2021年J市科技重点支出项目绩效评价综合得分73.57分，评价结果为"中等"。

四、绩效评价指标分析（略）

五、存在的问题

（一）绩效目标设置不严谨

经评价组核查分析，科技重点支出项目在绩效目标设置过程中存在三个方面问题：一是绩效指标中设置与项目无关联的指标，如研发与推广经费、科技计划管理费等项目在绩效目标编制中设置了"生态效益"指标，与项目实施内容关联度不大，不符合绩效目标设置"高度关联"要求。二是绩效指标与目标值未能充分做到细化、量化，尤其是典型的量化指标"数量指标"采用定性绩效目标值，如"科技创新奖励项目"中的"数量指标""新增各类创新平台数量""新增各类服务平台数量"及经济效益指标"高新技术产业增加值""高新技术产业增加值占规模以上工业增加值的比重"等应量化指标未能做到量化处理，指标值可衡量性较差，不符合"量化易评"原则。三是绩效目标值的设置未能兼顾年度工作重点，项目绩效目标值与部门年度工作重点未能保持一致，如科技创新奖励项目、研发与推广经费项目绩效目标值与年度任务之间的衔接有待加强。

（二）预算编制与分配不合理

2021年度市科技局部门预算公开数据显示，科技重点支出项目资金3 000万元，其中科技创新奖励项目1 500万元、研发与技术推广经费1 500万元。但从资金实际支付内容来看，科技重点支出项目支出2 869.2万元，其中科技创新奖励2 695万元，研发与技术推广经费未能分配资金，项目支出实际内容与额度分配不一致，且大量的资金用于科技创新奖励项目及其他项目，对研发与技术推广经费项目产生了"挤出效应"。

（三）账务处理内容不规范

经评价组现场查阅凭证、核查分析，科技重点支出项目在实施过程中存在资金支付内容与预算批复用途不符现象，出现项目资金被挤占、挪用的情况。

（四）奖励资金发放不及时

通过现场访谈、数据分析发现，2021年度科技创新奖励资金用于弥补2019

年度首次认定高新技术企业（第三批）奖励资金104万元，且部分科技型企业反映奖励资金在县（市）区相关部门拨付过程中，存在拖延、跨年度拨付现象，影响了项目资金的奖励效度。

六、有关建议

（一）强化绩效意识，提升绩效目标质量

绩效目标作为预算绩效管理的基础，在全过程预算绩效管理中发挥着重要作用，高质量的绩效目标编制将为后续的绩效运行监控和绩效评价提供重要支撑。鉴于科技重点支出项目绩效目标方面存在的问题，建议：一是注重指标关联度。绩效目标应指向明确，与支出方向、政策依据相关联，不应设置与产出、效益和成本明显无关联的指标，尤其注意"生态效益"指标，该指标反映相关产出对自然生态环境带来的影响和效果。二是突出量化易评原则。绩效目标应细化、量化，具有明确的评价标准，尤其是数量指标和经济效益指标，应采用明确的定量数据设置绩效目标值，便于客观地监控与考核。三是加强指标衔接。强化部门年度工作要点目标的统领性，项目是年度工作要点的细化和具体化，反映年度工作要点部分任务和效果，因此应加强年度工作要点和部门项目之间绩效指标的有机衔接，确保任务相互匹配、指标逻辑对应、数据相互支撑。

（二）优化资金分配，提高预算编制科学性

科技重点支出项目属于市科技局部门经常性项目，每年围绕科技创新奖励项目、研发与推广经费项目等持续开展，项目实施内容较为明确和固定。鉴于2021年度资金使用过程中存在的问题，建议：一是科学编制科技重点支出项目预算。在编制科技创新奖励、研发与推广经费等项目时，根据年度重点工作要点中符合奖励条件的目标任务，合理评估、准确测算科技创新奖励的资金需求量，按照工作任务量合理匹配项目资金。二是优化预算资金配置。按照财政批复的部门项目预算金额和项目内容开展相应的工作，尽可能减少科技专项资金挤占，避免对其他类型科技项目产出"挤出效应"。在建强各类创新载体、平台、人才等基础上，兼顾前沿先进技术，紧扣重大战略需求，部署一批战略性技术研发项目，强化技术攻关，着力解决"卡脖子"技术难题，取得一批原创性科技成果，促进产业提质升级、转型发展。

（三）落实财务制度，规范账务处理行为

随着政府会计制度改革不断深入，政府会计相关的基本准则、具体准则、会计制度、政府收支分类科目等不断完善、细化，对行政事业单位会计核算与账务处理形成了全方位的指导。鉴于项目支出中的账务处理不规范问题，建议：一是财务部门人员应认真学习新政府会计准则、制度等相关内容，准确界定基本支出和项目支出范畴，严格执行"专款专用"原则，避免出现经费混用现象。二是市科技局在现有部门制定《财务管理制度》的基础上，细化部门基本支出、项目支出相关财务管理制度。

（四）强化日常督导，及时拨付奖励资金

鉴于科技型企业反映的部分县（市）区科技创新奖励资金拨付不及时问题，建议市科技局进一步优化科技创新奖励全过程管理。一是提前谋划，为资金拨付争取主动。市科技局提前谋划、协同联动，主动加强与市财政局会商研判，为科技创新奖励资金拨付争取更多主动。二是高效指导，为资金拨付提供保障。市科技局应会同市财政局，加强对各县（市）区科技创新奖励资金的日常督导检查工作，并对各县（市）区奖励资金拨付情况进行通报，要求各县（市）区科技主管部门主动对接财政部门，及时将奖励资金拨付给企业或个人。三是跟踪问效，为资金拨付保驾护航。市科技局积极对接市财政局，通过现场督导、微信群通报、电话函询电话等方式对各县（市）区科技创新奖励资金落实情况进行督促指导，周周询问进展、周周通报情况，对较快落实的县区点名表扬，对不能落实的县区重点督导，充分调动县区积极性。可要求各县区将资金拨付文件、企业收款票据等资料报送至市科技局、市财政局备案，保证财政资金的高效、精准拨付。

二、部门整体支出绩效评价案例

（一）部门整体支出绩效评价共性指标体系框架

2013 年，为贯彻落实《预算绩效管理工作规划（2012－2015 年）》的相关要求，逐步建立起符合我国国情的预算绩效评价指标体系，不断规范和加强预算绩效评价工作，提高绩效评价的统一性和权威性，全面推进预算绩效管理，财政部制定了《预算绩效评价共性指标体系框架》，从项目支出、部门整体支出、财政预算三个方面设计了绩效评价共性指标框架体系，其中部门整体支出从投入、过程、产出、效果四个方面对部门的目标设定、预算配置、预算执行、预算管理、资产管理、职责履行、履职效益等方面进行了共性指标设计，具体如表6－11 所示。

表6-11　部门整体支出绩效评价共性指标体系框架

一级指标	二级指标	三级指标	指标解释	指标说明
	目标设定	绩效目标合理性	部门（单位）所设立的整体绩效目标依据是否充分、是否符合客观实际，用以反映部门（单位）整体绩效目标与部门工作任务的相符性情况	评价要点： ①是否符合国家法律法规、国民经济和社会发展总体规划； ②是否符合部门"三定"方案确定的职责； ③是否符合部门制定的中长期实施规划
		绩效指标明确性	部门（单位）依据整体绩效目标所设定的绩效指标是否清晰、细化、可衡量，用以反映整体绩效目标的明细化情况	评价要点： ①是否将部门整体的绩效目标细化分解为具体的工作任务； ②是否通过清晰、可衡量的指标值予以体现。 ③是否与部门年度的任务数或计划数相对应 ④是否与本年度部门预算资金相匹配
投入	预算配置	在职人员控制率	部门（单位）本年度实际在职人员数与编制数的比率，用以反映和考核部门（单位）对控制成本的控制程度	在职人员控制率＝（在职人员数/编制数）×100%。在职人员数：实际在职人数，以财政部确定的部门决算编制口径为准。编制数：机构编制部门核定批复的部门（单位）的人员编制数
		"三公经费"变动率	部门（单位）本年度"三公经费"预算数与上年度"三公经费"预算数的变动比率，用以反映和考核部门（单位）对控制重点行政成本的努力程度	"三公经费"变动率＝［（本年度"三公经费"总额－上年度"三公经费"总额）/上年度"三公经费"总额］×100%。"三公经费"：年度预算安排的因公出国（境）费、公务车辆购置及运行费和公务招待费
		重点支出安排率	部门（单位）本年度预算安排的重点项目支出与部门项目总支出的比率，用以反映和考核部门（单位）对履行主要职责或完成重点任务的保障程度	重点支出安排率＝（重点项目支出/项目总支出）×100%。重点项目支出：部门（单位）年度预算安排的，与本部门履职和发展密切相关，具有明显社会和经济影响，党委政府和社会比较关注的项目支出。项目总支出：部门（单位）年度预算安排的项目支出总额

续表

一级指标	二级指标	三级指标	指标解释	指标说明
过程	预算执行	预算完成率	部门（单位）本年度预算完成数与预算数的比率，用以反映和考核部门（单位）预算完成程度	预算完成率＝（预算完成数／预算数）×100%。 预算完成数：部门（单位）本年度实际完成的预算数。 预算数：财政部门批复部门（单位）的本年度部门预算数
		预算调整率	部门（单位）本年度预算调整数与预算数的比率，用以反映和考核部门（单位）预算调整程度	预算调整率＝（预算调整数／预算数）×100%。 预算调整数：部门（单位）在本年度内涉及预算的追加、追减或结构调整的资金总和（因落实国家政策、发生不可抗力，上级部门或本级党委政府临时交办而产生的调整除外）
		支付进度率	部门（单位）实际支付进度与既定支付进度部门（单位）对本年度预算执行的及时性和均衡性程度	支付进度率＝（实际支付进度／既定支付进度）×100%。 实际支付进度：部门一时点的支出预算执行总数与年度支出预算数的比率。 既定支付进度：由部门（单位）在申报部门整体绩效目标时，参照前三年平均支付进度、同级部门支付进度水平等确定的，在某一时点应达到的支付进度（比率）
过程	预算执行	结转结余率	部门（单位）本年度结转结余总额与支出预算数的比率，用以反映和考核部门（单位）对本年度结转结余资金控制程度	结转结余率＝结转结余总额／支出预算数×100%。 结转结余总额：部门（单位）本年度的结转结余资金之和（以决算数为准）
		结转结余变动率	部门（单位）本年度结转结余资金总额与上年度结转结余资金总额的变动比率，用以反映和考核部门（单位）对结转结余资金的努力程度	结转结余变动率＝[（本年度累计结转结余资金总额－上年度累计结转结余资金总额）／上年度累计结转结余资金总额]×100%

续表

一级指标	二级指标	三级指标	指标解释	指标说明
过程	预算执行	公用经费控制率	部门(单位)本年度实际支出的公用经费总额与预算安排的公用经费总额的比率,用以反映和考核部门(单位)对机构运转成本的实际控制程度	公用经费控制率=(实际支出公用经费总额/预算安排公用经费总额)×100%
		"三公经费"控制率	部门(单位)本年度"三公经费"实际支出数与预算安排数的比率,用以反映和考核部门(单位)对"三公经费"的实际控制程度	"三公经费"控制率=("三公经费"实际支出数/"三公经费"预算安排数)×100%
		政府采购执行率	部门(单位)本年度实际政府采购金额与年初政府采购预算的比率,用以反映情况(单位)政府采购预算执行情况	政府采购执行率=(实际政府采购金额/政府采购预算数)×100%。政府采购预算:采购机关根据事业发展计划和行政任务编制的,并经过规定程序批准的年度政府采购计划
	预算管理	管理制度健全性	部门(单位)为加强预算管理、规范财务行为而制定的或考核部门(单位)预算管理制度是否健全完整,用以反映制度对完成主要职责或促进事业发展的保障情况	评价要点:①是否已制定或具有预算资金管理办法、内部财务管理制度、会计核算制度等制度;②相关管理制度是否合法、合规、完整;③相关管理制度是否得到有效执行
		资金使用合规性	部门(单位)使用预算资金是否符合相关的预算财务管理制度的规定,用以反映和考核部门(单位)预算资金的规范运行情况	评价要点:①是否符合国家经济法规和财务管理制度规定以及有关专项资金管理办法的规定;②资金的拨付是否有完整的审批程序和手续;③项目的重大开支是否经过评估论证;④是否符合项目预算批复的用途;⑤是否存在截留、挤占、挪用、虚列支出等情况

续表

一级指标	二级指标	三级指标	指标解释	指标说明
过程	预算管理	预决算信息公开性	部门（单位）是否按照政府信息公开有关规定公开相关预决算信息，用以反映和考核部门（单位）预决算管理的公开透明情况	评价要点： ①是否按规定内容公开决算信息； ②是否按规定时限公开决算信息。 预决算信息是指与部门预算、决算、执行、监督、绩效等管理相关的信息
		基础信息完善性	部门（单位）基础信息是否完善，用以反映和考核基础信息对预算管理工作的支撑情况	评价要点： ①基础数据信息和会计信息资料是否真实； ②基础数据信息和会计信息资料是否完整； ③基础数据信息和会计信息资料是否准确
		管理制度健全性	部门（单位）为加强资产管理、规范资产管理行为而制定的管理制度是否健全完善，用以反映和考核部门（单位）资产管理对完成主要职责或促进社会发展的保障情况	评价要点： ①是否已制定或具有资产管理制度； ②相关资金管理制度是否合法、合规、完整； ③相关资产管理制度是否得到有效执行
过程	资产管理	资产管理安全性	部门（单位）的资产是否保存完整，使用合规、配置合理、处置规范、收入及时足额上缴，用以反映和考核部门（单位）资产安全运行情况	评价要点： ①资产保存是否完整； ②资产配置是否合理； ③资产处置是否合规； ④资产账务管理是否合规，是否账实相符； ⑤资产是否有偿使用及处置收入是否足额上缴
		固定资产利用率	部门（单位）实际在用固定资产总额与所有固定资产总额的比率，用以反映和考核部门（单位）固定资产使用效率程度	固定资产利用率 =（实际在用固定资产总额/所有固定资产总额）× 100%

续表

一级指标	二级指标	三级指标	指标解释	指标说明
产出	职责履行	实际完成率	部门（单位）履行职责而实际完成工作数与计划工作数的比率，用以反映和考核部门（单位）履职工作任务的实现程度	实际完成率＝（实际完成工作数/计划工作数）×100%。实际完成工作数：一定时期（年度或规划期）内部门（单位）实际完成的工作任务的数量。计划工作数：部门（单位）内预计完成工作数（年度或规划期）内目标确定的一定时期
		完成及时率	部门（单位）在规定时限内及时完成的实际工作数与计划工作数的比率，用以反映和考核部门履职时效目标的实现程度	完成及时率＝（及时完成工作数/计划工作数）×100%。及时完成实际工作数：按照整体绩效目标确定的时限实际完成的工作数量
		质量达标率	达到质量标准（绩效标准值）的实际工作数与计划工作数的比率，用以反映和考核部门履职质量目标的实现程度	质量达标率＝（质量达标实际工作数/计划工作数）×100%。质量达标实际工作数：一定时期（年度或规划期）内部门（单位）实际完成工作数中达到部门绩效目标要求（绩效标准值）的工作任务数量
		重点工作办结率	部门（单位）年度重点工作实际完成数与交办下达数的比率，用以反映部门（单位）对重点工作的办理落实程度	重点工作办结率＝（重点工作实际完成数/交办下达数）×100%。重点工作是指党委、政府、人大、相关部门交办或下达的工作任务
效果	履职效益	经济效益	部门（单位）履行职责对经济发展所带来的直接或间接影响	此三项指标为设置部门整体支出绩效评价指标时必须考虑的共性要素，可根据部门实际并结合部门整体支出绩效目标设立情况有选择地进行设置，并将其细化为相应的个性化指标
		社会效益	部门（单位）履行职责对社会发展所带来的直接或间接影响	
		生态效益	部门（单位）履行职责对生态环境所带来的直接或间接影响	
		社会公众或服务对象满意度	社会公众或服务对象对部门（单位）的服务满意程度	社会公众或服务对象是指部门（单位）履行职责而影响到的部门、群体或个人。一般采取社会调查方式

（二）绩效评价案例导入

1. 案例部门基本情况。H 市政务服务和大数据管理局下设办公室、组织人事科、财务审计科、发展规划科、电子政务科、政务服务环境科（审批改革协调科）、数据资源科、H 市公共资源交易管理办公室和机关党委。根据"三定"方案，部门具体职能：（1）组织起草全市政务服务和政务信息化相关政策、标准规范并组织实施。（2）统筹推进全市"数字政府"建设，拟定建设规划和年度建设计划并组织实施。（3）统筹推进全市"一网通办"前提下"最多跑一次"改革工作。（4）统筹市级政务信息系统建设规划，提出项目建设具体意见。（5）统筹管理政务云平台、政务服务平台、金融服务共享平台和电子政务网络等。（6）统筹推进全市政务服务和数据管理体系建设，指导各县区、各部门政务服务和数据管理机构开展工作。（7）组织协调全市政务服务环境优化和评价工作，负责市级政务服务质量的监督评价。（8）负责全市行政审批改革、审批服务便民化相关工作、负责全市政务服务事项目录管理和标准化建设。（9）完成市委、市政府交办的其他任务。

2. 部门年度重点工作任务。根据 H 市政务服务和大数据管理局印发的《H市政务服务和大数据管理局 2021 年工作要点》，评价组根据部门职责梳理了 H市政务服务和大数据管理局 2021 年度主要工作内容，共分为党建工作、"数字政府"建设、"放管服"改革、公共资源交易监管服务、政务服务热线五个方面。

3. 部门整体支出绩效评价指标设计总体思路。在参照绩效评价的基本原理、原则和部门特点的基础上，围绕 H 市政务服务和大数据管理局的部门职责、行业发展规划，以 H 市政务服务和大数据管理局 2021 年度经批复预算资金管理为主线，统筹考虑其部门整体资产和其主要核心任务，参考财政部关于印发的《预算绩效评价共性指标体系框架》中部门绩效评价的框架体系，按照系统性、可衡量、全面性等原则，拟从投入、过程、产出、效益四个方面构建 H 市政务服务和大数据管理局部门整体支出绩效评价指标框架体系，借鉴"投入、产出"逻辑模型及 KPI 设计思想，细化设计 H 市政务服务和大数据管理局部门整体支出二级、三级指标体系，搭建既有理论支撑，同时又能满足本次绩效评价实际需求，评价层次更清晰的指标框架。

同时，依照"突出部门核心业务，探索核心业务与资金投入关系，引导部门业务能力稳步提升；突出预算管理规范、引导部门提高财政资金使用效率；突出部门事业改革发展，引导部门增强服务供给能力；突出发展后劲，引导部门持续改革发展；突出服务对象满意度，引导部门增强社会服务意识"的原则，围绕 H 市政务服务和大数据管理局"三定"方案、行业发展规划、2021 年度部门履职目标及主要任务，在指标体系的设计过程中，一方面融合《中共中央 国务院关于全面实施预算绩效管理的意见》规定的"从运行成本、管理效率、履职效能、社会效应、可持续发展能力和服务对象满意度等方面，衡量部门和单位整体及核心业务实施效果，推动提高部门和单位整体绩效水平"文件精神，将上述六个方面内容融入到投入、过程、产出、效果框架体系与二级、三级指标中；另一方面借鉴河南省最新印发实施与预算一体化系统相衔接的《部门（单位）整体绩效目标表》填报内容，将投入管理、产出、效益三个一级指标与框架体系进行融合，为预算部门后续的部门整体支出绩效目标申报提供指标的借鉴与参考；同时引入 H 市政务服务和大数据管理局部门整体支出绩效目标设置中的部分指标，最终形成包括部门投入、过程、产出和效益四部分内容构成的部门整体支出绩效评价体系，全面考察部门整体及核心业务实施效果、资产和业务活动状况、履职效益、社会效益和可持续发展能力等内容，充分体现系统性考虑部门绩效驱动因素，多维度平衡部门绩效的评价理论。

H 市政务服务和大数据管理局整体支出绩效评价指标体系如表 6 – 12 所示。

4. 综合评价结论。2021 年度 H 市政务服务和大数据管理局将常态化疫情防控、灾后重建与"放管服"改革、优化营商环境、数字政府建设等工作紧密结合，推动各项工作稳步前进，在全省营商环境评价中，政务服务指标连续 3 年全省排名第 2。从部门 2021 年度工作履职情况来看，"数字政府"建设蓝图初步绘制完成，规章、制度逐步完善，"聚数、交换、共享、赋能"等主体功能基本实现；政务服务途径不断创新，线上线下服务质量与办理深度不断提升，不见面审批占比达 96.87%，"最多跑一次"占比达 99.71%；借助系统平台建设，实现公共资源交易环境的有效改善。

综上所述，H 市政务服务和大数据管理局已基本实现了部门 2021 年的工作目标，在推动 H 市政务服务与"数字政府"建设的高质量发展方面成效显著。经评价发现，部门在绩效目标设置、账务处理规范性、预算编制等方面存在亟待完善之处。经综合评价，H 市政务服务和大数据管理局 2021 年度部门整体绩效评价总体得分为 82.66 分，评价等级为"良"。

5. 绩效目标实现情况及指标分析（略）。

表6-12　H市政务服务和大数据管理局整体支出绩效评价指标体系

一级指标	二级指标	三级指标	权重	指标解释	评价标准
A投入（15分）	A1 目标设定（8分）	A11 绩效目标合理性	3	考察部门所设立的整体绩效目标依据是否充分，是否符合客观实际，用以反映和考核部门绩效与部门履职、年度工作任务的相符性情况	评价要点（如未设置预算绩效目标，也可考核其他工作任务目标）：①部门是否有绩效目标；②是否符合国家法律法规、国民经济和社会发展总体规划；③是否符合部门"三定"方案确定的职责；④是否符合部门合部门制定的中长期实施规划。如不具备第①项要素，该指标分值为0。第①要素占50%权重；②③④要素占50%权重。
		A12 绩效指标明确性	2	考察部门依据整体绩效目标所设定的绩效指标是否清晰、细化、可衡量，用以反映和考核部门整体绩效的明细化情况	评价要点：①是否将部门整体的绩效目标细化分解为具体的工作任务；②是否通过清晰、可衡量的指标值予以体现；③是否与部门年度预算资金相匹配。如不具备第①项要素，各增加指标分值的40%；具备其他要素，增加指标分值的20%
		A13 年度履职目标相关性	2	考察部门履行职责的目标是否符合相应的政策规定，是否与本年度工作重点相关，用以反映和考核部门整体履职目标情况	评价要点：①年度履职目标是否符合国家、省委省政府战略部署和发展规划，与国家、省宏观政策、行业政策一致；②年度履职目标是否与部门职责与部门职责相关，是否与工作规划和重点工作相关；③确定的预算项目是否合理，是否与工作目标密切相关；④工作任务和项目预算安排是否合理。各要素占25%权重
		A14 工作任务科学性	1	考察部门的工作任务及其相对应的项目是否符合各自的目标，考核部门工作任务的科学性	评价要点：①工作任务目标是否有明确的绩效目标，是否能体现工作任务的产出和效果；②工作履职目标对应的预算项目是否有明确的绩效目标，绩效目标是否与部门职责一致，工作任务是否一致；③绩效目标是否能体现预算项目的产出和效果。各要素占50%权重
	A2 部门编制（3分）	A21 在职人员控制率	3	考察部门本年度实际在职人员数与编制数的比率，用以反映和考核部门对人员成本的控制程度	评价要点：在职人员控制率=（在职人员数/编制数）×100%。本次该评价部门包含局机关和两个二级单位，三个单位各占1/3权重分值，三个单位即为超编单位，控制率>1的单位即为超编单位，不得分

续表

一级指标	二级指标	三级指标	权重	指标解释	评价标准
A 投入（15分）	A3 预算配置（4分）	A31 预算编制完整性	2	考察部门本年度预算编制完整性	评价要点：①部门所有收入是否全部纳入部门预算；②部门支出预算是否统筹各类资金来源，全部纳入部门预算管理。各要素占50%权重分
		A32 重点工作保障率	2	考察部门本年度预算安排的重点项目支出与项目总支出的比率，用以反映和考核部门对履行主要职责重点任务的保障程度	评价要点：重点工作保障率＝（重点项目支出/项目总支出）×100%。重点工作保障率≥90%得满分，否则，每降低1%扣除1%分值，低于60%不得分
B 过程（25分）	B1 预算和财务管理（21分）	B11 预算执行率	2	考察部门本年度预算完成数与预算完成的比率，反映和考核部门预算的完成程度	预算执行率＝（全年执行数/全年预算数）×100%。全年执行数指部门实际执行的预算数；全年预算数指财政部门批复（含调整）的本年度预算。根据H市政务服务和大数据管理局2021年度部门整体支出绩效目标设定标准，预算执行率≥100%得满分，否则，根据权重分值扣分
		B12 预算调整率	3	考察部门本年度预算调整数与预算完成数的比率，用以反映和考核部门预算的调整程度	根据H市政务服务和大数据管理局2021年度部门整体支出绩效目标设定标准，预算调整率≤20%，得满分；调整率>20%不得分
		B13 结转结余率	1	考察部门本年度结转结余总额与考核部门本年度结转结余资金的实际控制程度	评价要点：结转结余率＝结转结余总额/支出预算数×100%。根据H市政务服务和大数据管理局2021年度部门整体支出绩效目标设定标准，结转结余率＝0得满分，否则，每超出1%扣除出1%分值，扣完为止
		B14 "三公经费"控制率	2	考察部门本年度"三公经费"实际支出数与预算安排数的比率，用以反映和考核部门对"三公经费"的实际控制程度	评价要点："三公经费"控制率＝（"三公经费"实际支出数/"三公经费"预算安排数）×100%。根据H市政务服务和大数据管理局2021年度部门整体支出绩效目标设定标准，"三公经费"控制率≤100%，得满分，否则不得分

一级指标	二级指标	三级指标	权重	指标解释	评价标准
B 过程（25分）	B1 预算和财务管理（21分）	B15 政府采购执行率	2	考察部门本年度实际政府采购金额与年初政府采购预算与考核部门政府采购预算执行情况	评价要点：政府采购执行率＝（实际政府采购金额/政府采购预算数）×100%。实际得分＝政府采购执行率×权重分值（1分）；同时考察政府采购规范性手续规范性（1分）
		B16 预算决算数据公开性	2	考察部门是否按照政府信息公开有关规定公开有关预决算信息，用以反映和考核部门预决算管理的公开透明情况	评价要点：①是否按规定公开预决算信息；②是否按规定时限公开预决算信息。各要素占50%权重分。预决算信息是指与部门预算、决算、执行、监督、绩效等管理相关的信息
		B17 资金使用合规性	5	考察部门是否按照相关法律法规以及资金管理办法规定的用途使用预算资金，用以反映和考核部门预算资金规范运行情况	评价要点：①是否符合国家财经规和管理制度规定以及有关专项资金管理办法的规定；②资金的拨付是否有完整的审批程序和手续；③是否符合部门预算批复的用途。各要素占25%权重分，④是否存在截留、挤占、挪用、虚列支出情况，若出现第④种情况，直接扣至0分
		B18 管理制度健全性	2	考察部门为加强预算管理、规范财务行为而制定的管理制度是否健全完整，用以反映和考核部门预算管理制度为完成主要职责或成促进事业发展的保障情况	评价要点：①是否已制定或具有预算资金管理制度、内部管理制度、会计核算制度、会计岗位制度、合同管理制度；②相关管理制度是否得到有效执行。各要素占50%权重分
		B19 资产管理规范性	2	考察部门的资产配置、使用是否合规、处置是否规范，收入是否及时足额上缴，用以反映和考核部门资产管理的规范程度	评价要点：①资产是否及时规范入账，资产报表数据与会计账簿数据是否相符，资产实物与财务账、资产账是否相符；②新增资产是否符合规定程序和规定标准，新增资产是否考虑闲置存量；③资产对外借贷使用（出租出借等）、对外投资、担保，资产处置等事项是否按规定报批；④资产收益是否及时足额上缴财政。各要素占25%权重分

续表

一级指标	二级指标	三级指标	权重	指标解释	评价标准
B 过程 (25分)	B2 绩效管理 (4分)	B21 绩效监控 完成率	1	考察部门按要求实施绩效监控的项目数量占应实施绩效监控项目总数量比重	评价要点：部门绩效监控完成率＝已完成绩效监控项目数量/部门项目总数×100%。若部门绩效监控完成率＝100%得满分，否则，根据权重分值扣分
		B22 绩效自评 完成率	1	考察部门按要求实施绩效自评的项目数量占应实施绩效自评项目总数量比重	评价要点：部门绩效自评完成率＝已完成评价项目数量/部门项目总数×100%。若部门绩效自评完成率＝100%得满分，否则，根据权重分值扣分
		B23 部门绩效 评价完成率	1	考察部门重点绩效评价项目评价情况	评价要点：部门绩效评价完成率＝已完成评价项目数量/部门重点绩效评价项目数×100%。若部门重点绩效评价完成率＝100%得满分，否则，根据权重分值扣分
		B24 评价结果 应用率	1	考察绩效监控、单位自评、部门绩效评价、财政重点绩效评价结果应用情况	评价要点：评价结果应用率＝评价提出的意见建议采纳数量/评价提出的意见建议数×100%。若评价结果应用率＝100%得满分，否则，根据权重分值扣分
C 产出 (25分)	C1 职责履行 (25分)	C11 数字政府 建设规划 完成率	5	考察数字政府建设规划完成情况	评价要点：数字政府建设规划完成率＝实际完成工作数/计划完成工作数×100%，若数字政府建设规划完成率为100%得满分，否则，根据数值分值扣分
		C12 线上线下 融合率	3	考察围绕推行"一网通办"，加快政务服务线上线下融合发展方面考察行政审批制度改革情况	评价要点：根据年初设置的绩效目标，线上线下融合率＝"一网通办"线上办理事项数/总办理事项数×100%，线上线下融合率≥80%得满分，否则，每降低1%扣除权重分值5%分值，扣完为止
		C13 普惠金融共 享平台建设 使用情况	3	考察普惠金融平台建设、运营情况	评价要点：根据普惠金融平台运行、银行入驻数量、贷款产品提供等综合评判

续表

一级指标	二级指标	三级指标	权重	指标解释	评价标准
C产出 (25分)	C1 职责履行 (25分)	C14 公共资源交易额	3	考察公共资源交易平台服务效能	评价要点：截至 2021 年底完成交易额≥60 亿元得满分，否则，按照实际金额/60×100%×权重分值计算得分，如果交易额超过目标值 2 倍及以上，则因目标值设置不严谨而扣除 40%权重分值
		C15 热线案件办结率	4	考察 12345 政务热线服务水平与质量	评价要点：12345 热线案件办结率 =（12345 热线转办案例数量 + 12345 热线直接办理案例数量）/12345 热线接受的各类咨询、投诉和建议案例数量×100%，若 12345 热线案件办结率≥95%得满分，否则，根据权重分值计算得分
		C16 差评按期整改率	4	考察"好差评"系统中差评的整改效果	评价要点：差评按期整改率 = 整改完成差评数量/差评总数量×100%，若差评按期整改率为 100%得满分，否则，根据权重分值扣分
		C17 电子政务基础设施建设	3	考察电子政务基础设施运营、维护情况，是否满足需求	评价要点：引入年初绩效目标设置标准：①电子政务机房的维护 833 次；②电子政务外网维护 789 次。①②要素各占 50%权重分，根据维护次数完成率计算得分
D效果 (35分)	D1 履职效益 (16分)	D11 豫事办 H 分厅月均使用率	3	考察移动政务服务能力，用以反映群众智慧化生活需求以及群众的办事效率和获得感	评价要点："豫事办" H 分厅事项月使用率 = 分厅事项实际使用次数/预计使用次数×100%。若"豫事办" H 分厅事项月使用率为 100%得满分，否则，根据权重分值扣分
		D12 政府服务承诺压缩时限	3	考察部门政务服务事项，用以反映部门履职质量目标的实现程度	评价要点：政府服务承诺压缩时限 =（原需要时长－现需要时长）/原需要时长×100%，若政府服务承诺压缩时限≥65%为 100%得满分，否则，根据权重分值扣分
		D13 不见面事项占比	3	考察部门（单位）不见面审批事项占比情况，任务反映的提升效率程度	评价要点：在全面推动政务服务领域改革下，使得不见面审批事项占比达到 90%以上。 不见面审批事项占比 = 不见面审批事项/年度审批事项总额×100%

续表

一级指标	二级指标	三级指标	权重	指标解释	评价标准
	D1 履职效益 （16分）	D14 "一件事" 集成服务 清单	2	考察一件事集成服务事项的便捷程度	评价要点：截至2021年底"一件事"集成服务不少于20项
		D15 公共资源 交易综合 监管情况	2	考察该指标考察"中介超市"系统运行情况，招投标大数据分析系统建设运行情况	评价要点：①"中介超市"系统运行情况；②限额交易平台建设运行情况；③招投标大数据分析系统运行情况。①②要素占40%权重分，③要素占30%，③要素占30%重分
		D16 信息安全 管理	3	考察信息安全管理是否符合相关要求	评价要点：①物理环境安全是否符合相关要求；②网络通信安全是否达到相关标准。①②要素各占50%权重分
D 效果 （35分）	D2 社会效益 （7分）	D21 政务服务 质量	3	考察政务服务质量标准化、规范化、智能化程度如何	评价要点：邀请部门人员和服务对象填写调查问卷，根据调查问卷的统计结果，根据标准分值评分
		D22 党政服务 便捷化程度	2	考察党政服务平台建设运行情况	评价要点：根据平台设定功能、浏览量、使用频率等综合判定
		D23 政务服务 站点覆盖率	2	考察标准化政务服务站点覆盖范围，实现市、县、乡、村全覆盖	评价要点：政务服务站点覆盖率＝标准化服务站点数量/H市、县、乡、村总数量×100%，若政务服务站点覆盖率为100%得满分，否则，根据权重分值扣分

续表

一级指标	二级指标	三级指标	权重	指标解释	评价标准
D 效果（35 分）	D3 可持续影响 （6 分）	D31 "放管服"改革机制健全性	2	考察"放管服"改革持续推进情况	评价要点：邀请部门人员和服务对象填写调查问卷，根据调查问卷的统计结果 × 标准分值评分，同时结合"放管服"改革制度举措进行综合评判
		D32 政策和标准规范建设完成度	1	考察政策和标准规范建设完成程度	评价要点：通过对 2021 年度出台的信息类、规范类、标准类相关的政策的既定目标进行评价，达到既定目标满分，标准类目标 23 件得满分，每减少 1 件扣除 10% 权重分值
		D33 政务数据共享应用情况	3	考察政务数据中台建设应用情况，是否做到全市数据"集中管理、统一调度、快速申请、便捷应用"	评价要点：根据政务数据中台对各行业、各部门数据汇聚与共享使用情况综合评判
	D4 满意度 （6 分）	D41 部门人员满意度	2	考察内部工作人员对部门人事安排、组织管理、能力培养、发展激励等方面的综合满意度	评价要点：根据 H 市市政务服务和大数据管理局 2021 年度部门整体支出绩效目标设定标准，若部门人员满意度 ≥90% 得满分，每降低 1% 扣除 5% 的权重分值
		D42 服务对象满意度	4	考察服务对象（社会公众）对部门整体履职责任履行的综合满意度	评价要点：根据 H 市市政务服务和大数据管理局 2021 年度部门整体支出绩效目标设定标准，服务对象满意度 ≥90% 得满分，每降低 1% 扣除 5% 的权重分值

6. 存在问题及原因分析（略写）。

（1）绩效管理质量有待提升。

（2）预算管理不到位。

（3）财务管理不规范。

（4）部门信息化平台推广应用有待加强。

（5）政务数据共享应用机制不健全。

7. 有关建议（略写）。

（1）夯实绩效基础，实现绩效管理提质增效。

（2）重视预算编制，提高预算管理科学性。

（3）规范财务管理，优化部门财务信息质量。

（4）聚焦"放管服"，提升部门信息化平台服务能力。

（5）深化顶层设计，健全"数字政府"建设管理机制。

第五节　绩效评价的质量控制

一、绩效评价质量的内涵与特征

（一）绩效评价质量的内涵

国际标准化组织颁布的ISO9000：2005《质量管理体系基础和术语》中对质量的定义是：一组固有特性满足要求的程度。结合财政支出绩效评价的定义，"固有特性"可理解为评价机构评价人员从经济性、效率性、效益性三个方面对财政支出进行客观、公正的评价，提供知识服务；"要求"则是指所提供的知识服务能够满足委托方的需求，综合来看，可将绩效评价质量界定为：评价受托方依据财政支出绩效评价要求所提供的知识服务满足评价委托方需求的能力和特性。

根据绩效评价工作的开展，可将绩效评价质量界定为：绩效评价过程及其结果的优劣程度。广义的绩效评价质量是指绩效评价工作的总体质量，包括组织管理工作和业务工作；狭义的绩效评价质量是指绩效评价工作全过程的质量，侧重于设计、准备、实施、报告、归档等一系列环节的工作效果。

（二）绩效评价质量的特征

绩效评价质量应具有客观性、可靠性、准确性、适用性、充分性、一致性、及时性等特征。（1）客观性。一是指评价人员要实事求是地检查与评价；二是指绩效评价的结论能反映客观实际情况。（2）可靠性。一是要求评价人员在评价过程中要搜集如实反映绩效评价结论的证据，且要有可靠的来源渠道；二是要求评价结果和事实相符。（3）准确性。一是指评价人员在绩效评价过程中一丝不苟、反复核对财政资金使用情况及产生的效益，定量定性准确，判断评价有理有据；二是指评价结果有客观、可靠、充分的证据支撑，评价结论实事求是。（4）适用性。一是指绩效评价结果能够满足委托方的需求；二是指评价结论能够对政府决策或财政支出起到应有的作用。（5）充分性。一是指评价人员在评价过程中尽可能地收集充分的绩效评价证据；二是指绩效评价的结论能充分地反映预算单位或项目单位的客观实际。（6）一致性。主要是指评价人员的绩效评价工作和评价结论，均反映了绩效评价委托人的需要。（7）及时性。主要是指评价人员的评价工作和评价结果，均能满足绩效评价委托人或授权者在时间上的要求，及时提供咨询报告，为财政决策提供服务。

在绩效评价工作过程中，对关键节点的工作时效和质量控制是把控评价方向和工作进度，保证评价质量的重要保障。时效和质量控制也是财政局相关科室和项目负责人的重要职责。现以问题为导向，结合不同阶段常见问题和风险点，介绍绩效评价工作质效控制要点，供评价人员和管理人员借鉴。

二、绩效评价质量关键影响因素分析

从中央和地方的实践来看，绩效评价从最初的项目支出到部门整体支出，再到政府财政综合支出，以及目前的财政政策绩效评价，预算绩效管理范围逐步扩大，绩效评价的资金规模呈现递增趋势，但制约绩效评价质量的绩效评价指标、评价方法等关键因素依然存在不合理的地方。

（一）绩效评价指标

绩效指标体系是绩效评价的核心，决定了评价的方向和质量，在对财政支出监测和评价过程中发挥着关键作用，是制约绩效评价质量提升的根本。虽然《项目支出绩效评价管理办法》《预算绩效评价共性指标体系框架》两个文件对绩效评价指标框架、共性指标体系框架进行了规范和引导，但从绩效评价的实践来看，由于评价对象所涉及的行业领域、评价目的等存在较大差异，在绩效评价指标的设计和选择上要求也不尽相同，共性指标过于笼统，个性指标体现不足，评价指标可衡量性不够，与项目匹配度不高，绩效评价分类指标体系尚未构建，进而制约了绩效评价质量的提升。

（二）评价指标权重

指标权重设置各指标在整个指标体系中的相对重要程度，指标越重要则权重值越高，反之则越低。权重的确定有利于评价主体在评价过程中抓住核心问题，提高绩效评价的效率和质量。指标权重事关绩效评价工作的行为导向，因此在权重设计过程中对每一个指标权重都需仔细斟酌，太高或太低都将影响评价质量。通过文献梳理研究，目前绩效评价指标权重确定的方法主要有主观经验法、AHP法、熵值法等，且《项目支出绩效评价管理办法》中给出了绩效评价指标的参考性权重分值。但在实际评价过程中，不同地区、不同评价机构在同一类项目、同一个阶段的评价指标权重设计过程中，差异较大，且存在权重分值设置较为随意，权重分值过度体现项目管理，而对项目绩效分配权重较少，评价结果不够客观，影响结果的应用。

（三）绩效评价方法

《项目支出绩效评价管理办法》对绩效评价方法进行了列举，主要包括成本效益分析法、比较法、因素分析法、最低成本法、公众评判法等。作为一个规章制度，这样的界定是需要的，但是在绩效评价操作过程中，某种方法该应用于某种情况并没有明确界定，从而导致评价主体在评价过程中不知该选用哪种方法。因此，方法众多还是无所适从，最终导致评价结果不科学、不准确。

（四）绩效评价标准

评价标准是评价主体在绩效评价过程中衡量被评价主体绩效目标完成情况的参考依据，是影响绩效评价结论的核心问题，财政部相关制度提出评价标准包括计划标准、行业标准、历史标准及其他经财政部门确认的标准。但实践过程中，在不同的评价目的下，项目类别、项目属性不同，其评价标准的选择应该有内在规定，不同指标的评价标准设计应该有相对稳定的标准支持。否则，一个评价事件，即使采用统一的评价指标，但因为标准的差异，也会导致评价结果差异很大，不具有可比性。

（五）绩效评价报告

目前，绩效评价分为自评和第三方评价两种形式，在重大项目的评价过程中，大部分地区引入具有资质的第三方机构进行绩效评价，第三方评价机构的独立性、专业性能够在一定程度上保证评价结果的客观性、真实性。但各地参与绩效评价实践的第三方机构大多数都是会计师事务所，对绩效理念和绩效评价的专业性认识不够，在绩效评价过程中侧重项目管理和财务管理的合规性、合法性审查，而对资金使用效益问题关注不够，审计痕迹太重，未能体现绩效评价以改进预算管理为目标的理念和宗旨，评价报告的规范性、适用性有待加强。

三、绩效评价质量控制要点

（一）前期准备阶段

前期准备阶段的主要工作任务是开展前期研究、与相关单位沟通对接、拟定资料清单，这一过程常见的问题和易产生的风险点主要表现在以下方面。

1. 忽视前期研究工作的重要性，或遗漏重要文件信息。对项目领域的相关政策和改革精神了解不深、不透，对项目的来龙去脉掌握不清。

2. 沟通对接的对象不全面，对委托方意图和需求理解不够准确沟通内容和信息有遗漏。

3. 资料清单表述模糊，针对性不强，资料内容过于"求多求全"，影响评价工作进展，增加后期资料分析收集工作量。忽视资料收集的时效性，对资料提交的日期和时效缺少明确要求。

4. 对资料收集工作没有指定专人管理。例如，某项目资料清单中出现"项目预算管理相关材料""能够反映项目事实绩效的相关资料"等表述，这些表述过于模糊，会让资料提供者"无从下手"。一般情况下，关于项目预算管理资料，会细化年度、预算报送、预算批复、决算、项目支出明细账等内容；绩效资料也会有针对性地列明具体需要哪方面的资料。

因此，在该阶段质量控制的核心源于两个方面：一方面是第三方评价机构的资质与能力，要求财政部门通过政府采购形式遴选符合条件的第三方机构作为绩效评价的受托方；另一方面是财政部门或预算部门在第三方机构评价过程中所提供的相关绩效评价资源保障。

（二）方案设计阶段

方案设计阶段常见的问题和易产生的风险点主要集中在明确评价重点和绩效

指标设计方面。

1. 明确评价重点常见的问题。一是评价重点过于笼统、模糊，未结合项目特点对共性的关键问题进行细化，未充分体现项目特点。二是对评价所要解决的关键问题提炼和把握不够准确，对关键问题定性不够准确。三是评价重点分析逻辑不够清晰，遗漏重要维度和内容。

2. 绩效评价指标设计常见的问题。一是指标体系与评价重点脱节，未充分反映评价所要解决的关键问题。二是指标体系对预算编制、资金配置等预算管理改革的焦点问题关注和侧重不够。三是指标数量过多、过杂、过繁，个性指标未能充分体现项目特点和差异化特征，有明显的"格式化""模板化"和照抄照搬的痕迹。四是指标分值权重设置标准、依据和方法模糊，随意性强，或存在"一刀切"平均分配现象，未充分体现评价的重点和指标的导向意义。五是评价标准的选取和确定不够科学，评分规则与分值权重不匹配，导致得分计算复杂、细碎，甚至是循环小数等问题。评分规则表述模糊，不够细化、量化、规范化，自由裁量空间大。

绩效评价设计阶段包括两个方面：一方面是评价工作方案的设计，以保证按照委托方规定的时间、任务高质量地完成评价工作，评价工作方案质量控制的关键在于评价实施方案是否完整、可行。另一方面是绩效评价体系框架的设计，具体包括评价指标、指标权重、评价方法、评价标准等关键内容。而通过上述影响绩效评价质量的关键因素分析来看，这两个方面对绩效评价质量的提升起着至关重要的作用。因此，在绩效评价指标体系设计过程中：（1）要厘清指标体系的内在逻辑性，以绩效目标为逻辑起点，在指标设计过程中要注意指标的科学性、完整性、可操作性、数据的可获取性等，将绩效评价指标与部门中长期财政规划目标以及项目库建设相结合，建立绩效评价分类指标体系，使评价结果在共性指标方面具有可比性，在个性指标方面具有差异性，为评价结果应用奠定基础。（2）合理确定指标权重，目前评价机构在权重确定过程中主要采用主观经验法，该方法简单、易操作，但随意性较大，因此在权重设计过程中尽量采用定量方法较为客观。（3）选择合适的评价方法。评价方法的选择要与指标的设计对应起来，绩效评价过程中，可能不同类型的指标所涉及的方法也不一样，如在分析效益性指标时，成本效益法、公众评价法可能更为合适，在分析经济性时，比较法、因素分析法更为合适。因此，在评价过程中，可结合评价指标特点确定主要方法，这样才能保证评价结果的质量。（4）评价标准和评分标准的制定。在评价标准制定中，首先是优先适用国家或行业标准，其次是计划标准或历史标准，另外标准的制定要紧密结合外部经济环境的变化；而评分标准的设计需要在指标业绩值测算类型的基础上设置详细的评分规则，以利于评价工作的开展。

（三）现场实施阶段

现场实施阶段的主要工作任务是谋划和开展调研、对收集的事实和数据资料进行分析、形成并审核评价结论、与相关单位沟通意见。这一过程常见的问题和易产生的风险点主要是在开展调研和评价分析方面。

1. 调研过程常见的问题。一是调研点位数量或覆盖面不足，导致调研结果不具有代表性。二是调研访谈问题比较笼统、宽泛，未触及关键和实质；问卷设计不够严谨，问卷内容比较单一；基础数据表格式、口径不统一等，导致调研结果无法满足评价分析的需要。三是调研方式方法选择不恰当，或机械套用特定的方式方法。四是对调研发现未能及时总结分析，遗漏关键信息。

2. 评价分析方面常见的问题。一是对评价发现的事实和数据分析不够深入，一味按绩效评价指标对号入座，对问题认识和定性不够准确。二是对评价发现的问题未能追根溯源，问题停留于表面，抓不住"真问题"，或抓住了真问题但缺乏深入研究和分析。三是直接套用工作总结结论、调研对象或专家意见，缺少深入的分析论证和数据溯源。

实施阶段的核心任务是调查、收集与评价项目相关的证据资料，以支撑评价结果。评价工作组可根据具体情况采用现场勘察、面访、座谈会等方式，与利益相关方进行深度交流、取证、核实有关资料信息，并进行分析、打分、初步形成评价结论。在该阶段质量控制的核心在于绩效评价证据搜集做到充分且适当，基础数据准确、真实、可靠。因此，要求评价小组按照评价原则，依据绩效管理目标和绩效评价指标两个方面，通过相关证据与数据支撑，对事实和数据资料的合理分析、打分评级，并做好评价过程记录，确保评价结论客观、真实。

（四）报告撰写阶段

绩效评价报告有以下方面常见问题，需要极力避免：（1）报告内容缺乏逻辑性，多是对各方面材料、素材、文字的堆砌，"前后句不搭、上下文不连"。（2）报告缺乏专业性，对政策特点、财政业务、行业知识把握不准、理解不深，"说外行话"。（3）绩效评价指标扣分与揭示的问题缺乏衔接，评价结论与评价分值不相匹配。（4）对发现的问题和相关数据资料缺乏系统分析和呈现，对报告支撑有限，造成报告内容空洞、缺乏"说服力"。（5）问题提出与对问题的分析不够一致。（6）对策建议针对性不强，不具有可操作性。（7）报告未按规定的格式规范写作，缺乏基本写作素养等问题。

评价报告质量是整个绩效评价质量控制的重要环节，该阶段会依据设计阶段的评价指标、评分标准等内容进行非常明确而详细的评价，并最终得出评价结论，为委托方提供管理咨询建议。报告阶段的质量需从外在和内在两个方面进行控制，外在角度需从报告形式对评价报告进行质量把关，衡量报告在体例格式、文字和数字使用方面是否合规，结构是否合理，报告的语言表达是否明确、易于理解且没有歧义，以及报告的交付与合同约定是否一致等；内在角度需从报告内容对评价报告进行考核，包括报告对预算资金来源、资金支出结构等介绍是否清楚，绩效目标实现、绩效指标分析是否到位，效益描述是否客观全面，评价结论是否客观公正，提出问题是否有针对性，提出建议是否合理可行，报告附件是否齐全等。

第七章

预算绩效信息公开与应用

公开透明是现代预算制度的重要特征，绩效信息公开是预算公开的重要组成部分。《意见》明确将公开透明作为全面实施预算绩效管理的基本原则之一，要求大力推进绩效信息公开透明，主动向人大报告、向社会公开，自觉接受人大和社会各界监督。近年来，随着预算绩效管理改革的全面深入，各级财政部门大力推进绩效信息公开，中央和地方预算绩效信息公开力度越来越大，社会各界参与预算绩效管理的广度和深度前所未有。

第一节　预算绩效信息公开

一、预算绩效信息公开概述

（一）预算绩效信息公开的内涵

预算绩效信息公开是指对预算绩效管理及其评价相关信息进行公开，包括政策法规、绩效目标、绩效跟踪、评价指标体系、绩效评价报告、评价结果及反馈情况等预算绩效评价过程中所使用或涉及的所有相关信息的公开，以提高公共资源的使用绩效并增加预算透明度。

从目前预算绩效信息相关的研究成果来看，大部分学者与实务工作者将预算绩效信息定义为"与绩效评价相关的信息"，而这样的界定与当前"建立全过程预算绩效管理链条"的要求相比，预算绩效信息的表述较为片面。鉴于此，本书从预算绩效事前、事中、事后的闭环管理系统角度出发，将全过程预算绩效信息定义为"政府相关职能部门在预算绩效管理实施的绩效评估、目标管理、运行监控、绩效评价、结果应用五个关键环节所产生、收集、处理、发布、传递、利用的，以一定形式记录、保存的全部绩效信息"。该定义不仅包括绩效评价相关的结果性信息，同时基于全过程预算绩效管理链条的构建，将整个链条中各环节的信息都纳入了预算绩效信息的范畴，扩大了预算绩效信息界定的范围，为建立全面规范透明、标准科学、约束有力的预算制度提供了信息保障。

全面实施预算绩效管理的最终目标在于通过预算与绩效管理一体化体系的构建，提高财政资源配置效率和使用效益，因此，预算信息与预算绩效信息相伴而生，预算编制、预算执行、决算环节与绩效管理五个关键环节相互呼应，事前绩效评估解决"支持与否"的问题，为预算编制守好第一道防线；绩效目标管理为预算编制提供科学依据，实现"以事定费"的管理格局；绩效运行监控为预算执行效率的提升保驾护航，通过过程监控防止预算资金低效、闲置、浪费等现象的发生；绩效评价是对决算资金的经济性、效率性、效益性、公平性一次全面的评价；结果应用则为下一年度预算的编制提供了可参考的重要依据，改变预算资金分配的固化格局。这一系列预算绩效信息的产生和应用，为各级政府预算的有效实施提供了重要的信息支撑，具体信息链条设计如图7-1所示。

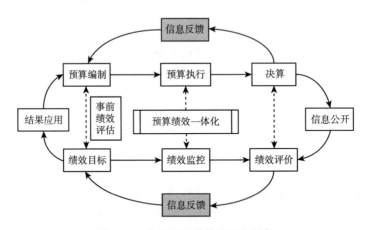

图7-1　全过程预算绩效信息链条

（二）全过程预算绩效信息特征

预算绩效管理属于政府绩效管理的一部分，其绩效信息特征除具有政府绩效信息的一般特征外，更应结合当前全过程预算绩效管理的特殊要求，符合以下几个特征。

1. 全面性。全过程预算绩效信息是基于事前、事中、事后的闭环管理系统，其绩效信息的内容应做到事前绩效评估、绩效目标管理、过程跟踪监控、事后绩效评价、评价结果应用五个环节全覆盖，且各环节绩效信息数量充分、要素内容齐备，以便于利益相关者充分了解相关职能部门预算绩效的运行状况。

2. 真实性。全过程预算绩效信息的公开涉及环节众多、各环节之间信息量大、逻辑关系较强，且许多绩效信息的内容专业性较强，利益相关者无法对信息的真实性、可靠性、合理性作出准确判断，因此，真实性要求各环节绩效信息的公开需要附有第三方权威机构的论证报告，以确保信息结果真实、可信。

3. 时效性。时效性要求各环节绩效信息的产生和公布间隔周期不要太长，及时通过传统媒体和新媒体手段反映各环节预算绩效管理动态，保证利益相关者能够及时了解所需的绩效动态信息，为下一步的管理和决策提供信息保障。

4. 明晰性。明晰性要求各环节绩效信息传递过程中，要避免陷入"内行人不愿看，外行人看不懂"的怪圈，绩效信息的传递要保证信息的利益相关者能够通过各种媒体快速获取、便于理解。

5. 多样性。根据绩效管理全覆盖、全方位的要求，预算绩效信息涵盖"四本"预算，同时涉及政府、部门和单位、政策、项目等不同层面，为满足不同信息主体的需求，可根据绩效信息内容和不同利益相关者的主体特征，将同一绩效信息按照图、表、文字描述等多种形式进行公布，提升信息的利用价值。

二、预算绩效信息公开有关要求

（一）党中央作出明确部署

《中共中央　国务院关于全面实施预算绩效管理的意见》明确要求，各级财政部门要推进绩效信息公开，重要绩效目标、绩效评价结果要与预决算草案同步报送同级人大、同步向社会主动公开，搭建社会公众参与绩效管理的途径和平台，自觉接受人大和社会各界监督。

（二）财政部明确绩效信息公开制度

《财政部关于贯彻落实〈中共中央　国务院关于全面实施预算绩效管理的意见〉的通知》提出如下要求：一是加大绩效信息公开力度。大力推动重大政策和项目绩效目标、绩效自评以及重点绩效评价结果随同预决算报送同级人大，并依法予以公开。探索建立部门和单位预算整体绩效报告制度，促使各部门各单位从"要我有绩效"向"我要有绩效"转变，提高预算绩效信息的透明度。二是推动社会力量有序参与。引导和规范第三方机构参与预算绩效管理，加强执业质量全过程跟踪和监管。搭建专家学者和社会公众参与绩效管理的途径和平台，自觉接受社会各界监督，促进形成全社会"讲绩效、用绩效、比绩效"的良好氛围。

财政部印发的《项目支出绩效评价管理办法》明确规定，各级财政部门、预算部门应当按照要求将绩效评价结果分别编入政府决算和本部门决算，报送本级人民代表大会常务委员会，并依法予以公开。

三、中央层面预算绩效信息公开形成常态化机制

（一）2016 年首次公开绩效评价报告迈出坚实的第一步

2016 年，中央部门预算绩效信息公开取得突破。2016 年 6 月财政部向全国人大常委会作 2015 年中央决算报告时，首次在参阅材料中报送《2015 年部分重点项目绩效评价报告》，并组织相关部门随部门决算向社会公开。报送人大的包括 5 个项目绩效评价报告，分别是中国科学院的干细胞与再生医学研究项目，原文化部的故宫博物院古建整体保护维修项目，教育部的师范生免费教育政策项目，海关总署的口岸电子执法系统运行维护费项目，原国家林业局的退耕还林补助项目。时任财政部部长楼继伟在报告中指出，要全面加强预算绩效管理，增强花钱的责任意识和效率意识，建立健全重点民生政策和重大专项绩效评价机制，自觉接受人大监督。同年 7 月，财政部组织 69 个中央部门在2015 年度决算中首次公开绩效工作情况，部分部门首次公开重点绩效评价报告。

（二）2017 年首次公开绩效目标和绩效自评结果

2017 年，绩效信息公开再现"三个首次"。

一是首次将 10 个部门 10 个重点项目绩效目标随同 2017 年部门预算草案提交全国人大常委会审议，审议通过后随同相关部门预算向社会公开。重点项目包括国家重点研发计划项目、高层次人才计划专项经费项目、大气水土壤污染防治

行动计划实施管理项目等，公开内容还包括项目概述、立项依据、实施主体、实施方案、实施周期、年度预算安排等。

二是首次将所有非涉密中央对地方专项转移支付整体绩效目标随同 2017 年中央预算草案提交全国人大常委会，向各省份下达转移支付预算时同步下达分区域绩效目标。其中，支持学前教育发展资金、农村义务教育薄弱学校改造补助资金、改善普通高中学校办学条件补助资金、现代职业教育质量提升计划专项资金、中央引导地方科技发展专项资金、就业补助资金、大气污染防治资金、重点生态保护修复治理专项资金等 11 项转移支付绩效目标向社会公开。

三是首次将 99 个中央部门 111 个项目绩效自评结果随同 2016 年度中央部门决算草案提交全国人大常委会审议，审议通过后组织中央部门随同部门决算向社会公开。公开的绩效自评结果包括文字综述和《项目支出绩效自评表》。文字综述主要阐述项目总体情况，绩效自评得分，核心产出和效果，发现的主要问题和下一步改进措施。《项目支出绩效自评表》是资金使用单位对年初设定的绩效目标及指标完成情况进行打分评价，形成项目执行结果的"成绩单"和"体检表"。

（三）2024 年中央部门决算绩效信息公开情况

2024 年，中央部门公开绩效目标比例较上年又有所提高，除法律规定的涉密、敏感信息外，原则上公开部门预算的中央部门应将一般公共预算一级项目、政府性基金预算项目、国有资本经营预算项目绩效目标表按照不低于项目数量 60％的比例向社会公开。

四、预算绩效信息公开现状与制约因素

（一）预算绩效信息公开现状

当前我国预算绩效信息公开应用较广的两种方式是网站专栏设置和绩效评价报告公开。绩效管理信息专栏主要是各地方政府设置在财政厅（局）官方网站的用于对外公布预算绩效相关信息的发布平台，绩效评价报告是财政部门和资金使用部门依据绩效目标和相关评价标准通过对项目绩效和资金绩效进行评价所形成的书面报告。笔者针对省级政府财政厅（局）网站专栏设置情况进行了梳理，部分省级政府绩效管理专栏设置如表 7－1 所示。

表 7 – 1　　　　　　　　　预算绩效管理专栏设置情况

序号	省级政府	预算绩效管理专栏	专栏内容设置
1	北京	北京市财政局➡政务公开➡财政数据发布	绩效评价报告
2	河北	河北省财政厅➡政府信息公开➡预算管理类	预算信息公开
3	山西	山西省财政厅➡热点专题➡预算绩效管理	政策法规、工作开展情况、评价结果
4	浙江	浙江省财政厅➡专题专栏➡绩效管理	政策发布、公开信息
5	辽宁	辽宁省财政厅➡重点专题➡预算绩效管理	预算绩效管理信息公开、预算绩效管理工作情况
6	吉林	吉林省财政厅➡专题专栏➡预算绩效管理	政策制度、市绩效管理工作动态、绩效评价结论
7	上海	上海财政厅➡专题专栏➡预算绩效管理	政策制度
8	山东	山东省财政厅➡专题专栏➡预算绩效信息公开	绩效评价报告、通知公告
9	河南	河南省财政厅➡专题专栏➡预算绩效管理	市县绩效管理工作动态、重点项目绩效评价报告
10	湖北	湖北省财政厅➡专题专栏➡重点绩效评价报告公开	绩效评价结果公开
11	广东	广东省财政厅➡专题聚焦➡绩效管理信息公开	制度法规、绩效信息公开

注：部分省份虽未设置专栏，但有相关新闻动态，如广西、海南、重庆、四川、贵州等。

统计数据显示，在全过程预算绩效管理链条中，绩效目标管理、绩效评价两个环节信息公开的省份较多，尤其是绩效评价信息的公开占比最高，充分说明各省份对绩效评价的环节较为重视。但过程监控、结果应用则是当前全过程绩效信息公开中的薄弱环节，并未受到相关部门的重视，其关键原因在于两个环节工作的尚未充分落实到位，进而导致信息无法有效传递。2020 年颁布实施的《中华人民共和国预算法实施条例》在预算管理各环节细化完善了预算绩效管理的有关要求，条例第五十一条、第五十三条分别新增了针对分期执行数据的监控力度、强调预算绩效监控与绩效评价的重要性，规定预算执行中政府财政部门组织和指导预算资金绩效监控、绩效评价；各部门、各单位实施绩效监控，定期向本级政府财政部门报送预算执行情况报告和绩效评价报告。同时强化绩效结果应用，规定对评估后的专项转移支付，设立的有关要求变更，或者实际绩效与目标差距较大、管理不够完善的，应当予以调整；绩效评价结果应当按照规定作为改进管理和编制以后年度预算的依据。由此可见，过程监控、结果应用环节在今后预算绩效管理工作中，将是重点关注内容，同时也是绩效信息产生、传递的重要源头。

（二）全过程预算绩效信息公开制约因素

通过全过程预算绩效信息的收集、整理、分析发现：一方面，预算绩效信息的公开内容参差不齐；另一方面，预算绩效信息可获得性差异较大。部分省份全过程预算绩效信息公开的现状、存在的突出问题，归纳出全过程预算绩效信息公开受到如下因素的制约。

1. 绩效信息公开法治体系不健全。法治体系建设是信息公开建设的关键，完善的预算绩效管理法治体系，在为预算绩效信息公开提供明确法律依据的同时，还可以为预算绩效信息公开提供操作方法和程序指导（王银梅，2019）。目前《预算法》《意见》等法律制度中对于"绩效信息公开"的表述较为笼统，如《意见》中提出"各级财政部门要推进预算绩效信息公开"，但如何公开、公开的范围、内容等都未做细化说明，未能形成对各级财政部门和预算部门的强制性约束。另外，《政府信息公开条例》虽然是针对政府信息公开范畴的法律规定，但预算绩效信息属于较为具体的领域，条例也只具有指导意义，没有细化的内容要求，可操作性不强。

2. 绩效信息公开意愿不积极。全过程预算绩效管理信息，可以全面反映预算编制、预算执行、决算各环节的工作质量，但部分财政部门和预算部门依然认为预算绩效信息为机密信息，不适合公开，对各环节绩效信息的公开普遍存在抵触情绪。同时，由于绩效信息的公开尚未通过法律形式正式要求，当前预算绩效管理的理念尚未普遍形成，这些因素都导致了财政部门、预算部门的公开意愿不积极。

3. 绩效信息公开内容不完善。预算绩效管理信息是涉及全过程、五个关键环节的所有绩效信息，但当前有很多部门将预算绩效信息狭隘地理解为"绩效评价信息"，针对绩效评价的相关信息公开较多，这一点从上述各省份信息收集、整理的结果可以看出。另外，从现有公开的绩效信息来看，普遍存在"报喜不报忧"的问题，尤其是过程监控、绩效评价环节公开的信息普遍存在选择性公开的现象。

4. 绩效信息公开时效性不强。绩效信息具有一定的时效性，它表示在某段时间内的资金使用状况，绩效信息公开得越及时，绩效信息产生的作用就越大。

但在对各省份数据收集、分析时，发现部分省份绩效信息公开时间严重滞后，大大降低了绩效信息的时效性，也不利于人大以及社会公众的监督。

五、全过程预算绩效信息公开机制构建

（一）全过程预算绩效信息公开框架体系设计

根据《政府信息公开条例》《预算法》《意见》等相关法规制度对预算绩效信息的公开要求，基于全过程预算绩效管理链条中各环节绩效信息特点及涉及内容，本文从五个环节的绩效信息公开内容、公开方式、公开主体、公开范围对全过程预算绩效信息公开框架体系进行了设计，具体如图7－2所示。

1. 绩效信息公开环节。基于全过程预算绩效管理的五个关键环节，以事前绩效评估为起点，以绩效评价结果应用为终点，构建一个闭环的预算绩效信息传递系统，包含全过程绩效管理中的所有关键绩效信息。

2. 绩效信息公开内容。预算绩效信息的产生依托于预算的编制、执行、决算环节，其绩效信息公开的内容相对于预算信息而言，更多的要侧重于"绩效"内容的传递。如图7－2所示的五个关键环节中，每个环节都是基于预算的一系列变化产生了相应的绩效信息：从事前绩效评估的报告中反映项目的支持情况；从绩效目标的编制与审核反映年度预算部门未来的履责责任；从绩效过程的跟踪监控反映阶段性的产出、效果等与绩效目标实现的偏离度；从多层级绩效评价报告反映预算部门资金使用的经济性、效率性、效益性、公平性；从绩效评价结果的应用反映全面实施预算绩效管理的终极使命，追求"有效供给"。

3. 绩效信息公开方式、主体、范围。预算绩效信息公开按照"谁主管、谁负责、谁公开"的原则，绩效信息需要通过一定的渠道传递给利益相关者，基于绩效信息产生的两个核心主体：预算部门和财政部门，本书将信息的公开方式设置为预算部门的门户网站、财政部门门户网站及新闻发布会、报刊等方式。结合不同环节预算绩效信息的特点，将公开范围设计为内部通报和社会公开，内部通报主要是在财政部门、预算部门及相关主管部门一定范围内通过会议、文件等形式进行公开、传递，社会公开则是将不涉密的绩效信息通过各部门门户网站及其他渠道向社会公众公开，接受社会各界监督，提升公众参与度。

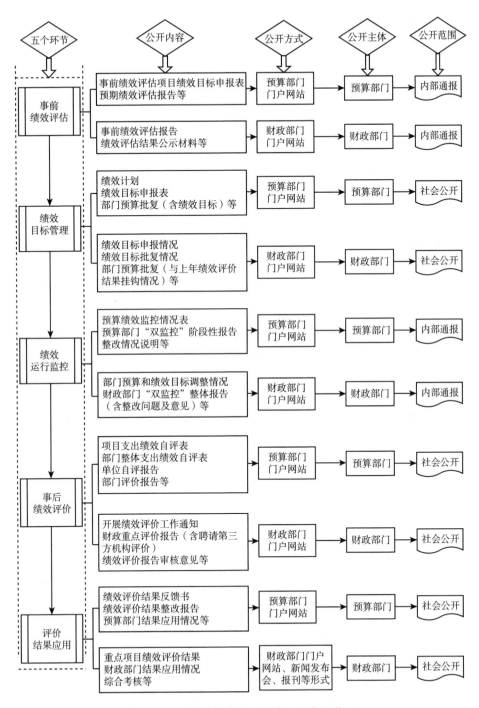

图 7 - 2 全过程预算绩效信息公开框架体系

（二）全过程预算绩效信息关键内容

1. 事前绩效评估。事前绩效评估作为全过程预算绩效管理链条的首要环节，将预算绩效管理的关口前移，提高了财政资金分配的科学性，为优化公共资源配置，促进政府决策科学化、民主化提供了重要支撑。绩效评估环节针对新出台重大政策、项目，围绕"必要性、经济性、合理性、可行性、合规性"等方面开展绩效评估，突出成本效益的价值取向，解决"支持与否"的问题。该环节，作为预算部门，需要围绕被评估的政策、项目的计划内容、绩效目标、实施方案和预期效益等进行自我评估，填写项目申报书，编制绩效目标申报表、预期绩效与管控措施申报表，撰写预期绩效评价报告，一并将上述资料提交财政部门进行评审。财政部门组织成立事前绩效评估小组和专家组对各预算部门的申报项目进行调研、取证、讨论并最终出具事前绩效评估报告，根据评估结果作出预算安排决策，并向预算部门反馈结果，同时将绩效评估结果在财政部门门户网站向社会公众依法公开，促进绩效评估结果公开公正，及时回应公众关切。

2. 绩效目标管理。绩效目标管理是全过程绩效管理的基础与灵魂，绩效目标的质量直接决定着跟踪监控、绩效评价等环节绩效信息质量。按照"谁申请资金，谁设置目标"的原则，预算部门需要结合部门年度任务及中长期发展规划合理制订绩效计划、编制绩效目标申报表（含部门整体支出和项目支出）提交财政部门进行审核。财政部门围绕"指向明确、细化量化、合理可行、相应匹配"的绩效目标设置要求，对各预算部门申报的预期产出和效益指标进行审核，并将审核结果反馈给预算部门，同时按照"谁批复预算，谁批复目标"的原则，将部门预算批复（含与上一年度绩效评价结果挂钩情况）和绩效目标批复一并下达给预算部门，并在预算部门和财政部门的门户网站进行全部公开，使社会公众能够充分了解预算部门年度重点工作任务，鼓励社会公众参与预算执行与绩效目标的实现过程，逐步形成"参与式预算"的绩效管理模式。

3. 绩效运行监控。绩效运行监控是提升全过程预算绩效管理效率的重要手段，《意见》提出各部门要对绩效目标的实现程度和预算执行进度实行"双监控"。"双监控"不仅为绩效目标如期保质保量实现提供了保障，同时保证了预算资金不出现闲置、沉淀的现象，提升资金使用绩效，坚决贯彻了"约束有力"的基本原则。在监控环节，预算部门和财政部门要以"双监控"为核心，同时关注绩效目标的实现程度和预算执行进度，对照绩效监控内容收集资料信息，科学、客观评判绩效目标完成情况及趋势，编制填报绩效监控情况表，撰写绩效监控报告。在绩效运行监控实施过程中，以预算部门自主监控为主，财政部门重点监控为辅。预算部门要结合绩效监控信息分析"双监控"存在问题的原因并及时纠偏，填报绩效监控情况表；针对因特殊原因需要调整绩效目标和预算的，需执行调整流程报批；对财政部门反馈的整改问题要采取分类处置措施予以纠正。财政部门汇总各预算部门绩效监控信息，形成绩效监控报告，并对绩效运行监控过程中预算部门存在的问题及时发布整改意见。监控环节的绩效信息要在一定范围内通过会议、文件、通知等形式及时传递给相关利益主体，确保绩效目标能够如期实现。

4. 事后绩效评价。绩效评价是全过程预算绩效管理的关键核心环节，也是当前预算绩效信息公布范围和数量最多的环节。该环节绩效信息主要来自预算单位自评价、部门评价、财政评价（含第三方机构评价）所产生的绩效事项、绩效结果等内容。绩效评价信息按照"谁主管、谁负责、谁公开"的原则，预算部门根据绩效评价工作安排，在年度工作任务结束后，结合年初批复的绩效目标，围绕产出、效益完成部门整体支出、项目支出、政策等绩效自评价工作，填写绩效自评表，撰写绩效自评报告，随同年度决算报告在预算部门门户网站公开。财政部门对预算单位提交的自评报告进行复核，提出改建意见；同时可以适当委托具有资质的第三方机构参与重点绩效评价，围绕重点民生保障、改革发展等重点领域开展重点绩效评价工作，形成重点领域支出绩效评价报告，并在财政部门门户网站及时向社会公众公布，做到重点领域绩效信息公开、透明，发挥社会公众监督作用。

5. 评价结果应用。绩效评价结果应用是全过程绩效管理的最终落脚点，预算绩效管理的终极使命是提高资金使用效益，优化资源配置，而这一使命的完成必须注重结果导向，建立绩效评价结果与预算安排、政策完善、日常管理的挂钩机制，避免评价结果被各部门束之高阁。结果应用环节的绩效信息更多表现为绩效评价结果"三上二下"的提交、反馈、整改过程。预算部门应针对财政部门围绕绩效评价审核结果及再评价提出的反馈意见进行整改，并形成整改报告在门户网站进行公布。财政部门应将重点领域绩效评价结果和预算部门实施的绩效评价结果随同年度决算向同级人大常委会报告，根据评价结果"优、良、中、差"的等级作为下一年度的预算安排的重要依据，发挥绩效管理的"参考指引"功能；与此同时，财政部门将各预算部门绩效管理工作考核结果（奖励与问责情况）在门户网站及时公布，接受社会各界监督，强化预算部门提供公共产品和服务的责任与约束。

六、全过程预算绩效信息公开促进机制设计

(一) 健全预算绩效信息公开法治体系

全过程预算绩效信息的公开必须有健全、完善的法制体系作为实施依据。从现有的与预算信息公开相关的两部法律法规来看，《预算法》要求"对预算执行和其他财政收支的审计工作报告应当向社会公开"、《政府信息公开条例》要求"财政预算、决算信息"应主动公开，但关于预算绩效信息的公开内容涉及较少。而从与预算绩效管理直接相关的两个制度《中共中央　国务院关于全面实施预算绩效管理的意见》《项目支出绩效评价管理办法》对预算绩效信息公开的要求来看，更多的是强调绩效评价结果信息的公开，而对于全过程的其他几个环节提及较少，且对于公开内容、方式、主体等都缺少明确规定，使得财政部门和预算部门在绩效信息公开过程中缺乏有效指引。

从国际经验来看，预算绩效管理水平较高的国家都对预算信息的公开制定了专门的法律，如美国国会通过的《预算与会计程序法案》，明确要求政府提供预算绩效信息并向社会公布。因此，鉴于"全面实施绩效管理"已提升到治国理政的战略高度，必须依据全过程预算绩效管理链条各环节的信息特征，可依托现有预算绩效相关的法律法规，如在《预算法实施条例》细化预算绩效信息公开要求；或制定预算绩效信息公开的专门法律制度，增强信息公开的规范性、操作性，保障绩效信息的权威性、合法性，提升全过程预算绩效信息公开的原动力。

(二) 强化绩效信息公开激励约束机制

《中共中央　国务院关于全面实施预算绩效管理的意见》规定"地方各级政府和各部门各单位是预算绩效管理的责任主体"，对各自的预算绩效负责。从现有预算绩效信息公开的情况来看，层级越高，全过程预算绩效信息公开工作做得越好、信息透明度越高。传统的官本位思想，严重制约了各环节绩效信息的传递，且由于当前的预算绩效管理具有典型的激励不相容特征（童伟，2019），激励约束机制的缺失导致部分责任主体依然存在绩效意识淡薄、责任理念不强，在部门利益与社会整体效益取舍之间往往选择前者，从而使得绩效信息公开不足、透明度低，形成各级责任主体与外部利益相关者之间的信息不对称。

　　各级责任主体作为全过程预算绩效管理工作的组织者、执行者，同时也是绩效信息的生产者、拥有者，在各环节绩效信息公开中承担主要责任，基于激励约束理论构建预算绩效信息公开机制，明确主体责任，定期对各级责任主体绩效信息公开的数量、质量进行政绩考核，规范责任主体履职行为，通过对各级责任主体的主观动机和行为选择产生影响，激发其主动公开预算绩效信息的内在动力，使责任主体在激励回报和考核要求的双重目标下，倒逼其增强绩效意识和责任理念，为社会公众提供全面、真实、权威的预算绩效信息，提升民众参与热情，避免产生因信息不对称而引发的各级责任主体在提供公共服务和公共产品过程中道德风险和逆向选择问题。

（三）完善预算绩效信息公开技术支撑

　　全过程预算绩效管理各环节信息的产生主要围绕一个"评"字展开，从项目立项评估、绩效目标编制评审、事中过程跟踪评价、事后实施绩效评价及评价结果的再评价，整个闭环管理系统通过一系列的评估、评审、评价产生了海量的绩效信息，这些信息需要依托现代信息技术手段的支撑，使其能够客观、准确、快速地传递给信息需求者。《关于全面实施预算绩效管理的意见》提出"创新评估评价方法，立足多维视角和多元数据，依托大数据分析技术，运用成本效益分析法、比较法、因素分析法、公众评判法、标杆管理法等，提高绩效评估评价结果的客观性和准确性"。大数据与预算绩效管理的整合，将为各级预算责任主体绩效信息的整合、处理、反馈、利用和公开提供关键技术支撑和保障。

　　大数据时代，大数据信息平台将成为各级政府、各部门各单位预算绩效信息公开的重要载体，将各环节绩效信息完全置于"阳光"之下，能够解决政府信息"为了公开而公开"的形式主义以及重视社会参与的利益诉求等问题（杨志安和邱国庆，2017）。因此，鉴于当前预算绩效信息公开的技术"瓶颈"，建议一方面要注重预算绩效管理软件的开发与使用，为各级责任主体落地指标库、项目库、专家库，项目评估、目标管理、过程监控、绩效评价、结果应用等多环节工作，借助信息化手段，整合信息资源，打通部门、单位管理局限，破除"信息孤岛"现象，让粗放的绩效数据变得精确，提升各环节绩效管理质量和效率；另一方面要建设以各级责任主体门户网站为核心的绩效信息公开平台，在信息公开专栏设置"预算绩效管理"模块，围绕五个关键环节细分绩效信息公开内容，提升社会公众获取信息的便捷性。

（四）规范预算绩效信息公开监督机制

从政府信息公开的角度而言，全过程预算绩效信息的公开可以为预算绩效的问责和社会监督提供强有力的证据支撑，但由于预算绩效信息公开监督机制乏力，过去许多财政项目、公共政策由于绩效结果信息未能公开最终不了了之，资金低效、无效、浪费甚至腐败的现象时有发生。因此，全过程预算绩效管理涉及环节多、链条长，只有建立完善的闭环式绩效信息公开监督机制，实现监督主体多元化，才能充分体现预算绩效管理的民主、透明，增进社会公众对各级责任主体花钱办事的认可度。

一直以来，人大、政协和审计部门承担了各级预算责任主体的监督重任。随着我国现代财政制度的逐步建立，全过程绩效管理链条中各环节绩效信息的传递与公开，变得日益丰富且专业性不断增强，通过多元化的监督主体，可以实现绩效信息公开的内容真实、有效。因此，构建由政党组织、新闻媒体、人大、政协、财政、审计、中介机构及社会公众共同组成的多元化监督体系，多元化主体基于各自专业特长在通过相互合作创新监督模式，实现绩效信息高度公开透明。在事前评估环节，因项目预期成本和效益预测专业性强，可通过外部专家评审、人大和政协参与的模式对绩效评估过程进行监督；在绩效目标设置环节，对于财政部门批复的绩效目标应及时在门户网站进行公开，接受社会公众监督，赋予社会公众更多的绩效信息的使用、参与机会；在过程监控环节，需要借助财政、人大、政协、中介机构等力量，实现预算与绩效"双监控"信息的准确传递，为政府部门的进一步决策提供参考；在绩效评价环节，应将绩效评价报告通过各种形式在相关门户网站、媒体等渠道及时公开，便于新闻媒体、社会公众等对各级预算责任主体预算执行结果进行监督；在评价结果应用环节，各层级主体对预算部门的反馈与整改、与下一年度预算安排的挂钩、与政府绩效考核结果的挂钩等信息公开的监督，进一步增强政府的公信力和执行力，推动加快建立全方位、全过程、全覆盖的预算绩效管理体系。

第二节　预算绩效信息应用

预算绩效管理信息应用，是指预算绩效管理责任主体对事前绩效评估、绩效目标管理、绩效运行监控以及绩效评价（包括对下级政府财政运行情况综合绩效评价、部门整体绩效评价、政策和项目绩效评价）工作中形成的数据、报告、结果、结论等绩效信息，采取不同的方式加以利用，以提高财政资源配置效率和使用绩效的行为。预算绩效信息的应用是全过程预算绩效管理的落脚点，应当遵循实事求是、公平公正、权责统一、绩效奖惩与问责相结合的原则。预算绩效信息应用的方式主要包括反馈与整改、完善政策、报告与公开、与预算安排挂钩、综合考核奖惩等。

一、反馈与整改

（一）结果反馈

财政部门和预算部门开展的全过程绩效管理工作，一般应采取书面方式将预算绩效管理结果及整改要求及时反馈相关单位。

（二）分类整改

预算部门（单位）自收到反馈结果后，应组织整改责任单位按照整改要求进行分类整改。

1. 对预算管理中存在的管理制度不健全、绩效目标设置不合理等问题，应健全完善管理制度，加强绩效目标管理，科学设置部门和单位整体绩效目标、政策和项目绩效目标。

2. 对资金分配中存在的分配依据不充分、标准不科学、机制不健全等问题，应进一步完善分配机制，规范分配管理，有效堵塞管理漏洞。

3. 对预算执行偏离绩效目标、执行进度滞后、管理制度落实不力等问题，应加大监控力度，强化制度落实，采取有效措施及时纠偏，并加快预算执行进度，确保绩效目标如期实现。

4. 对其他影响财政资金使用绩效的问题，应深入分析原因，有针对性地采取改进措施，提高资金使用绩效。

（三）整改报告

整改责任单位应制订整改方案，对应整改要求，逐条明确整改完善目标、措施、时限、责任单位或责任人等，采取有效措施，整改落实到位，并按要求及时向本级财政部门报送整改报告。

（四）整改监督

财政部门要加强对整改工作的督导，视情况对预算部门单位整改情况进行抽查复核。对未按要求及时报送整改落实情况的予以提醒，对无正当理由拒不整改、整改不到位或弄虚作假的，应暂停资金拨付或核减下一年度预算安排。

二、完善政策

（一）决策阶段

重大政策和项目出台前，应按要求开展事前绩效评估，对事前绩效评估结论为"建议调整完善后予以支持"的政策和项目，预算部门（单位）应按评估要求对相关内容重新梳理，调整完善后重新进行评估。

（二）执行阶段

预算部门（单位）应根据绩效运行监控结果，深入分析问题成因，对政策设计、资金分配方式等存在明显缺陷的，要及时修改完善政策，改进资金分配方式。

（三）政策到期

预算部门（单位）应根据绩效评价结果，提出政策和项目是否延续实施的意见建议，对于预定绩效目标已实现或设立依据失效、废止的到期政策和项目，应予取消。对于拟继续实施的政策和项目，应针对绩效评价发现的问题修改完善政策内容和项目实施方式。对设立的有关要求变更，或者实际绩效与目标差距较大、管理不够完善的政策和项目予以调整；对政策目标相似、资金投入方向雷同、交叉重复、碎片化的政策和项目予以整合。

三、报告与公开

（一）绩效信息报告

1. 财政部门应按要求将预算绩效管理结果向本级政府报告。

2. 财政部门应按要求将绩效目标、部门整体以及政策和项目绩效评价结果随预决算草案报送本级人大常委会。

（二）社会公开

预算部门应按照有关法律、法规关于预算信息公开要求，将绩效目标随部门预算予以公开，接受各方监督。除涉密内容外，绩效评价结果应按照政府信息公开有关规定，随同年度决算向社会公开，同时公开预算绩效目标管理、绩效监控、绩效评价工作开展情况，自觉接受社会各界监督。绩效评价报告纳入依申请公开文件目录。

四、与预算挂钩机制

（一）事前绩效评估

将事前绩效评估结果与重大政策和项目设立挂钩。事前绩效评估结果作为重大政策和项目入库的必备条件，对未提供事前评估报告或者评估结果为不予支持的，不得纳入财政项目库。

（二）绩效目标管理

将绩效目标与预算编制挂钩。各级财政部门要将绩效目标设置作为预算安排的前置条件，加强绩效目标审核，将绩效目标与预算同步批复下达。未按要求设置绩效目标或绩效目标审核未通过的，不得安排预算。预算资金安排应与设立的绩效目标相匹配。

（三）绩效运行监控

将绩效运行监控结果与预算调整和下年预算安排挂钩。对绩效运行监控发现预算执行或绩效目标预计无法完成的项目，主管部门应采取调整预算和绩效目标或停止项目实施等措施，财政部门可暂缓、停止拨款或收回资金，提高财政资金使用效率。绩效运行监控结果，作为以后年度预算安排和政策制定的重要参考。

（四）预算绩效评价

将绩效评价结果与以后年度预算安排挂钩。除刚性支出政策和其他确需安排的政策和项目外，建立重点绩效评价结果等级与年度预算挂钩机制。

绩效评价结果为优的，在下年预算中优先保障，必要时适当增加资金规模。

绩效评价结果为良的，相关支出原则上按零增长控制。绩效评价结果为中的，原则上按照被评价年度预算的10%～30%在编报下一年度预算时进行扣减，扣减资金收回财政总预算统筹安排使用。绩效评价结果为差的，按照被评价年度预算的30%以上在编报下一年度预算进行扣减，直至取消相应项目支出预算安排。

五、综合考核

各级政府要将预算绩效结果纳入政府绩效和干部政绩考核体系，作为领导干部选拔任用、公务员考核的重要依据。各级财政部门负责对本级部门和预算单位、下级财政部门预算绩效管理工作情况进行考核。建立考核结果通报制度，对工作成效明显的地方和部门按规定予以表彰，对工作推进不力的采取通报批评、约谈、公开曝光等措施，督促提升管理水平。

第八章

全面实施预算绩效管理保障体系

第一节　预算绩效标准体系

加强预算绩效指标体系建设，是适应当前财政收支形势、贯彻落实全面实施绩效管理要求、深化预算管理改革的重要举措。《意见》明确提出，各级财政部门要建立健全定量和定性相结合的共性绩效指标框架，各行业主管部门要加快构建分行业、分领域、分层次的核心绩效指标和标准体系。财政部也多次在相关文件中提出绩效指标体系建设要求，并将此项工作纳入省级预算绩效管理工作考核范围。

一、共性绩效指标框架

共性绩效指标框架用于衡量各政府部门共性支出的成本、产出和效果。目前，江苏、山西、广东、湖北等省级财政部门在财政部《分行业分领域绩效指标体系（2020 年版）》的基础上，进一步细化了绩效指标体系库。笔者梳理了河南省《共性项目预算绩效指标体系（试行）》，并按照最新绩效目标申报表的编制要求进行了调整，部分共性绩效指标框架如表 8 - 1 ~ 表 8 - 10所示。

表 8 - 1   **会议类经费项目绩效目标**

(202×年度)

项目名称	会议类经费		
部门名称			
单位名称			
项目资金（万元）	年度资金总额		
	其中：财政性资金		
	其他资金		
年度目标			

分解目标

一级指标	二级指标	三级指标	指标值	指标值说明
成本指标	经济成本指标	会议支出总额	×万元	
	社会成本指标			
	生态环境成本指标			
产出指标	数量指标	参加会议人数	×人	
		会议总天数	×天	
		举办会议数量	×次	
	质量指标	会议参与度	≥×%	
		会议合格率	≥×%	
		会议计划完成率	≥×%	
	时效指标	会议召开及时性	×月底前	
效益指标	经济效益指标			
	社会效益指标	会议成果形成情况	较好	
		会议要求贯彻情况	较好	
		会议费管理制度健全性	健全	
	生态效益指标			
满意度指标	服务对象满意度指标	参训人员满意度	≥×%	
		主管部门满意度	≥×%	

表 8 – 2 **设备材料购置类经费项目绩效目标**

（202×年度）

项目名称		设备材料购置类经费		
部门名称				
单位名称				
项目资金（万元）	年度资金总额			
	其中：财政性资金			
	其他资金			
年度目标				

分解目标

一级指标	二级指标	三级指标	指标值	指标值说明
成本指标	经济成本指标	采购总成本节约率	×%	
	社会成本指标			
	生态环境成本指标			
产出指标	数量指标	××设备采购完成率	×%	
		××采购数量	×个	
		××系统建设完成率	×%	
	质量指标	××验收合格率	×%	
	时效指标	××采购完成及时性	≥×%	
		××采购完成时间	×月底前	
		××建设完成及时性	及时	
效益指标	经济效益指标			
	社会效益指标	设备利用率	×%	
		系统重大故障发生率	×%	
		固定资产管理制度健全性	健全	
	生态效益指标			
满意度指标	服务对象满意度指标	使用人员的满意度	≥×%	

表 8 - 3　　　　　　　　　**课题、政策研究类经费项目绩效目标**

（202×年度）

项目名称		课题、政策研究类经费		
部门名称				
单位名称				
项目资金（万元）	年度资金总额			
	其中：财政性资金			
	其他资金			
年度目标				

分解目标

一级指标	二级指标	三级指标	指标值	指标值说明
成本指标	经济成本指标			
	社会成本指标			
	生态环境成本指标			
产出指标	数量指标	完成调研报告数量	×篇	
		完成专题研究报告数量	×篇	
	质量指标	完成专著数量	×篇	
		上报建议、意见数量	×篇	
		课题中期评估合格率	××%	
	时效指标	研究课题评审合格率	××%	
		相关政策、建议被采纳次数	××次	
		调研工作完成时限	×月底前	
效益指标	经济效益指标			
	社会效益指标	研究成果共享率	××%	
		研究水平、业务水平	提升	
	生态效益指标			
满意度指标	服务对象满意度指标	单位满意度	≥×%	
		上级主管部门满意度	≥×%	

表 8 – 4 **信息、网络构建类经费项目绩效目标**

（202 × 年度）

项目名称		信息、网络构建类经费		
部门名称				
单位名称				
项目资金（万元）	年度资金总额			
	其中：财政性资金			
	其他资金			
年度目标				

<table>
<tr><td colspan="5" align="center">分解目标</td></tr>
<tr><td>一级指标</td><td>二级指标</td><td>三级指标</td><td>指标值</td><td>指标值说明</td></tr>
<tr><td rowspan="5">成本指标</td><td rowspan="3">经济成本指标</td><td>设置购置成本</td><td>≤ ×万元</td><td></td></tr>
<tr><td>数据整合成本</td><td>×万元</td><td></td></tr>
<tr><td>年度维护成本增长率</td><td>≤ ×%</td><td></td></tr>
<tr><td>社会成本指标</td><td></td><td></td><td></td></tr>
<tr><td>生态环境成本指标</td><td></td><td></td><td></td></tr>
<tr><td rowspan="8">产出指标</td><td rowspan="4">数量指标</td><td>硬件采购/维护数量</td><td>× ×台/套</td><td></td></tr>
<tr><td>软件采购/维护数量</td><td>×套</td><td></td></tr>
<tr><td>对接×平台</td><td>×个</td><td></td></tr>
<tr><td>系统开发数量</td><td>×个（套）</td><td></td></tr>
<tr><td rowspan="3">质量指标</td><td>系统验收合格率</td><td>≥%</td><td></td></tr>
<tr><td>系统运行维护响应时间</td><td>≤ ×分钟</td><td></td></tr>
<tr><td>系统故障修复响应时间</td><td>≤ ×小时</td><td></td></tr>
<tr><td>时效指标</td><td>项目实施完成时限</td><td>×月底前</td><td></td></tr>
<tr><td rowspan="7">效益指标</td><td>经济效益指标</td><td></td><td></td><td></td></tr>
<tr><td rowspan="4">社会效益指标</td><td>工作效率</td><td>提升</td><td></td></tr>
<tr><td>公众知晓率</td><td>×%</td><td></td></tr>
<tr><td>公众认可率</td><td>×%</td><td></td></tr>
<tr><td>系统正常使用年限</td><td>×年</td><td></td></tr>
<tr><td>生态效益指标</td><td></td><td></td><td></td></tr>
<tr><td rowspan="2">满意度指标</td><td rowspan="2">服务对象
满意度指标</td><td>受益人群满意度</td><td>≥ ×%</td><td></td></tr>
<tr><td>上级主管部门满意度</td><td>≥ ×%</td><td></td></tr>
</table>

表 8 - 5　　房屋建筑物构建、基础设施建设、大型修缮类经费项目绩效目标

(202×年度)

项目名称	房屋建筑物构建、基础设施建设、大型修缮类经费		
部门名称			
单位名称			

项目资金（万元）	年度资金总额	
	其中：财政性资金	
	其他资金	

年度目标	

分解目标

一级指标	二级指标	三级指标	指标值	指标值说明
成本指标	经济成本指标	×工程成本	×元	
	社会成本指标			
	生态环境成本指标			
产出指标	数量指标	更换×建筑物、设施	×米/个	
		建造×建筑物、设施	×个	
		维修修缮面积	×平方米	
	质量指标	工程施工合格率	×%	
	时效指标	×工程完成及时率	×%	
		项目实施进度	按时完成	
效益指标	经济效益指标			
	社会效益指标	工作效率或服务水平	提升	
		×方面的意义	显著	
		持续使用时间	×年	
	生态效益指标	节能减排	节约能耗数量/月	
满意度指标	服务对象满意度指标	受益人群满意度	≥×%	
		上级主管部门满意度	≥×%	

表 8 - 6 　　　　　　　**农村环境整治资金项目绩效目标**

（202×年度）

项目名称		农村环境整治资金		
部门名称				
单位名称				
项目资金（万元）	年度资金总额			
	其中：财政性资金			
	其他资金			
年度目标				

分解目标

一级指标	二级指标	三级指标	指标值	指标值说明
成本指标	经济成本指标	补助标准	×元	
		污水设施建设补助标准	××万元/个	
	社会成本指标			
	生态环境成本指标			
产出指标	数量指标	农村人居环境整治个数	×个	
		村庄饮水设施改造数量	×处	
		农村生活污水设施新建或改造数量	×处	
		农村生活垃圾顶点存放数量	×处	
		农村生活垃圾无害化处理量	×吨	
		农村畜禽粪便综合利用点	×个	
	质量指标	项目（工程）验收合格率	×%	
		设施正常使用率	×%	
	时效指标	当年开工率	×%	
效益指标	经济效益指标			
	社会效益指标	村庄饮水卫生合格率	×%	
		环保实施使用年限	≥×年	
	生态效益指标	生活污水处理率	×%	
		生活垃圾无害化处理率	×%	
		农村畜禽粪便利用率	×%	
满意度指标	服务对象满意度指标	群众满意度	≥×%	

表 8－7　　　　　　　　**森林生态建设资金项目绩效目标**

（202×年度）

项目名称		森林生态建设资金		
部门名称				
单位名称				
项目资金（万元）	年度资金总额			
	其中：财政性资金			
	其他资金			
年度目标				

分解目标

一级指标	二级指标	三级指标	指标值	指标值说明
成本指标	经济成本指标	造林配套补助标准	×元/亩	
		森林抚育配套补助标准	×元/亩	
	社会成本指标			
	生态环境成本指标			
产出指标	数量指标	完成造林任务面积	×万亩	
		完成森林抚育面积	×万亩	
	质量指标	造林完成面积合格率	≥×%	
		公益林有效管护率	≥×%	
		森林抚育质量合格率	≥×%	
	时效指标	造林任务当期任务完成率	≥×%	
		森林抚育当期任务完成率	≥×%	
		造林任务完成时间	×年×月	
		森林抚育任务完成时间	×年×月	
效益指标	经济效益指标	全省林业产值增长	×亿元	
	社会效益指标	造林带动就业人数	×人	
		森林抚育带动就业人数	×人	
		林业可持续发展能力	持续提升	
	生态效益指标	森林覆盖率	×%	
满意度指标	服务对象满意度指标	主管部门满意度	≥×%	
		群众满意度	≥×%	

表 8 − 8　　　　　**义务教育薄弱环节改善与能力提升资金项目绩效目标**

(202×年度)

项目名称	义务教育薄弱环节改善与能力提升资金			
部门名称				
单位名称				
项目资金（万元）	年度资金总额			
	其中：财政性资金			
	其他资金			
年度目标				

分解目标

一级指标	二级指标	三级指标	指标值	指标值说明
成本指标	经济成本指标	校舍建设、改造成本	×元/平方米	
		设施设备采购成本	×元	
	社会成本指标			
	生态环境成本指标			
产出指标	数量指标	新建、改扩建学校数	≥×所	
		新建、改扩建、修缮校舍面积	≥×万平方米	
		购买图书量	≥×万册	
		购置计算机数量	≥×台	
		购置课桌凳数量	≥×单人套	
		购置学生用床	≥×张	
		购置教学仪器设备投入值	≥×亿元	
		多媒体教室与教学班级的比值	≥×%	
	质量指标	56人以上大班额比例	较上年下降	
		66人以上大班额	基本消除	
		中小学校数字校园达标率	≥×%	
		新建、改扩建工程验收合格率	×%	
	时效指标	×年项目开工率	×%	
		校舍建设工程按期完成率	×%	
效益指标	经济效益指标			
	社会效益指标	纳入支持范围的农村寄宿制学校	寄宿条件显著改善	
		中小学信息化教学环境	大幅改善	
		数字校园建设	≥×个	
		乡村小规模学校	≥×所	
		校舍设计使用年限	≥×年	
	生态效益指标			
满意度指标	服务对象满意度指标	学校满意度	≥×%	
		师生满意度	≥×%	

表 8 - 9　　　　　省级电子政务平台建设专项经费项目绩效目标

(202 × 年度)

项目名称	省级电子政务平台建设资金
部门名称	
单位名称	

项目资金（万元）	年度资金总额	
	其中：财政性资金	
	其他资金	

年度目标	

分解目标

一级指标	二级指标	三级指标	指标值	指标值说明
成本指标	经济成本指标	结算价格	≤目录价格	
	社会成本指标			
	生态环境成本指标			
产出指标	数量指标	省直部门接入数量	≥×家	
		云上业务系统运行目标数量	≥×个	
		云上计算资源开通数量	≥×台	
		培训次数	≥×次	
		应急演练次数	≥×次	
	质量指标	信息系统安全等级	三级	
		云平台可用性	≥×%	
		重大安全生产事故数量	0	
		运行维护保障率	×%	
	时效指标	资源交付响应时间	≤××	
		服务响应时间	≤××小时	
效益指标	经济效益指标			
	社会效益指标	省直信息化基础保障能力	提高	
		社会服务效率	提高	
		系统利用率	提升	
		政务处理效率及质量	提升	
		运行、服务和管理保障机制	持续完善	
	生态效益指标			
满意度指标	服务对象满意度指标	受益单位满意度	≥×%	

表 8 − 10　　　　　　　**商贸发展和市场开拓类资金项目绩效目标**

（202 × 年度）

项目名称	商贸发展和市场开拓资金			
部门名称				
单位名称				
项目资金（万元）	年度资金总额			
	其中：财政性资金			
	其他资金			
年度目标				

<table>
<tr><td colspan="5" align="center">分解目标</td></tr>
<tr><td>一级指标</td><td>二级指标</td><td>三级指标</td><td>指标值</td><td>指标值说明</td></tr>
<tr><td rowspan="3">成本指标</td><td>经济成本指标</td><td>会议支出总额</td><td>×万元</td><td></td></tr>
<tr><td>社会成本指标</td><td></td><td></td><td></td></tr>
<tr><td>生态环境成本指标</td><td></td><td></td><td></td></tr>
<tr><td rowspan="9">产出指标</td><td rowspan="6">数量指标</td><td>高端外派劳务基地培育数量</td><td>≥×家</td><td></td></tr>
<tr><td>新引进大项目数量增长率</td><td>×%</td><td></td></tr>
<tr><td>高端外派劳务人数增长率</td><td>×%</td><td></td></tr>
<tr><td>参展客商数量增长率</td><td>×%</td><td></td></tr>
<tr><td>参观客商数量增长率</td><td>×%</td><td></td></tr>
<tr><td>成交额或合同额增长率</td><td>×%</td><td></td></tr>
<tr><td rowspan="2">质量指标</td><td>奖励对象政策符合率</td><td>≥×%</td><td></td></tr>
<tr><td>展会召开质量达标率</td><td>≥×%</td><td></td></tr>
<tr><td>时效指标</td><td>项目按计划进度实施</td><td>×%</td><td></td></tr>
<tr><td rowspan="8">效益指标</td><td rowspan="5">经济效益指标</td><td>境外投资规模增长率</td><td>×%</td><td></td></tr>
<tr><td>实际使用外资规模</td><td>>×亿美元</td><td></td></tr>
<tr><td>外贸进出口规模</td><td>稳步增长</td><td></td></tr>
<tr><td>全省社会消费品零售
总额增长率</td><td>≥×%</td><td></td></tr>
<tr><td>境外企业海外营业
（销售）收入增长率</td><td>≥×%</td><td></td></tr>
<tr><td rowspan="3">社会效益指标</td><td>优化营商环境、产业和
区域经济布局</td><td>显著</td><td></td></tr>
<tr><td>扩大影响力</td><td>显著</td><td></td></tr>
<tr><td>配套机制健全性</td><td>健全</td><td></td></tr>
<tr><td>生态效益指标</td><td></td><td></td><td></td></tr>
<tr><td rowspan="2">满意度指标</td><td rowspan="2">服务对象满意度指标</td><td>受益单位满意度</td><td>≥×%</td><td></td></tr>
<tr><td>社会公众满意度</td><td>≥×%</td><td></td></tr>
</table>

二、分行业、分领域绩效指标体系

(一) 国家层面

财政部《分行业分领域绩效指标体系 (2020 年版)》中的行业领域绩效指标体系共涉及一般公共服务、外交、公共安全、教育、科学技术、文化旅游体育与传媒、社会保障和就业、卫生健康、节能环保、城乡社区和住房保障、农林水、交通运输、资源勘探工业信息、商业服务业、金融、自然资源海洋气象、灾害防治及应急管理等 18 个行业领域，100 多个行业类别，500 多种资金用途，4 000 多条绩效指标。

(二) 省级层面

从省级层面来看，分行业、分领域、分层次的核心指标和标准体系进一步完善，逐步实现了绩效指标设置从"填空题"向"选择题"的转变，为绩效目标编制质量的提升奠定了坚实的基础。

1. 广东省。

广东省 2018 年研究制定了《广东省财政预算绩效指标库》，该指标库共计收录 20 个行业大类、52 个子类、277 个资金用途、2 589 个绩效指标，形成相对完整的指标体系，为全面实施绩效管理提供了强有力的基础依据。该指标库兼顾了政府收支分类科目设置、各部门主要工作职能及全部专项资金使用方向，在指标设置上共分为 20 个大类，包括通用类指标和行业类指标。各大类指标在总体架构上再分为 3 个层级，其中：一级指标分为产出、效益两方面的指标，二级指标分为数量、时效、质量、成本、社会效益、经济效益、生态效益七方面的指标，以上这两级指标均使用了财政部通用的指标分类；三级指标为各部门和行业细化的个性化指标。作为指标库建设的重点，指标库对每个三级指标都设计了资金用途、指标名称、所属的一二级指标分类、指标解释、指标出处 (依据)、评分标准、指标标准值、指标历史值、指标取值来源、其他地区参考值、指标适用层级、指标适用的评价类型、关键字 13 个信息项。具体如表 8 - 11 所示。

表8-11　　　　广东省财政预算绩效指标库——文化旅游体育传媒类（旅游项目）指标数据表

编码	资金用途	指标名称			指标解释	指标出处	评分标准	指标取值				指标适用		关键词
		一级指标	二级指标	三级指标				标准值	实际值	历史值	参考值（其他省市）	层级	类型	
ZB03-001-0039	高端旅游项目发展经费	效益指标	经济效益指标	拉动社会投资达标率（%）	反映拉动社会投资数目情况	《广东省旅游业发展"十三五"规划》	（实际拉动的社会投资数/计划拉动的社会投资数）×指标分值	预算绩效目标申报数	评价考核现场采集数	年度工作总结确定数		1、2、3	1、2	旅游、高端旅游
ZB03-001-0040	高端旅游项目发展经费	效益指标	社会效益指标	游乐园（场）安全达标率（%）	反映游乐园/场发生安全事故情况	《游乐园（场）安全和服务质量》（GB/T 16767—1997）	年度无安全事故满分；发生一宗或以上安全事故不得分	预算绩效目标申报数	评价考核现场采集数	年度工作总结确定数		1、2、3	1、2	旅游、高端旅游
ZB03-001-0041	高端旅游项目发展经费	效益指标	社会效益指标	旅游品牌知名度上升	反映推广旅游品牌情况	《广东省旅游业发展"十三五"规划》	知名度上升的得满分；下降的不得分	预算绩效目标申报数	评价考核现场采集数	年度工作总结确定数		1、2、3	1、2	旅游、高端旅游
ZB03-001-0042	旅游扶贫	产出指标	数量指标	新建和改扩建旅游厕所建成率（%）	反映完善贫困地区乡村旅游基础设施及厕所革命进展情况	广东省旅游局关于征求《广东省贯彻〈"十三五"旅游业发展规划〉实施方案（征求意见稿）》意见的函	达到或超过标准值得满分；未达到标准值：实际建成数/标准值×指标分值	十三五期间达到5 000座	评价考核现场采集数	年度工作总结确定数		1、2、3	1、2	旅游、高端旅游

续表

| 编码 | 资金用途 | 指标名称 | | | 指标解释 | 指标出处 | 评分标准 | 指标取值 | | | | 指标适用 | | 关键词 |
		一级指标	二级指标	三级指标				标准值	实际值	历史值	参考值（其他省市）	层级	类型	
ZB03-001-0043	旅游扶贫	产出指标	数量指标	贫困村旅游资源普查完成率（%）	反映贫困村旅游资源普查情况	《广东省旅游局关于我省旅游行业精准扶贫精准脱贫三年攻坚的实施方案》	实际完成普查村数/计划普查的村数×指标分值	预算绩效目标申报数	评价考核现场采集数	年度工作总结确定数		1、2、3	1、2	旅游、扶贫
ZB03-001-0044	旅游扶贫	产出指标	数量指标	精准扶贫点项目完成率（%）	反映直省部门精准扶贫点项目情况	《广东省旅游局关于我省旅游行业精准扶贫精准脱贫三年攻坚的实施方案》	（实际完成部分/总体部分）×指标分值	预算绩效目标申报数	评价考核现场采集数	年度工作总结确定数		1、2、3	1、2	旅游、扶贫

广东省绩效指标库的建设实现了五个转变：一是从定性信息向定量数据转变。除指标名称、指标解释等基本信息外，更加注重指标数据信息的收集，增加了指标出处（依据）、指标标准值、历史指标值、数据来源等信息项。二是从财政部门自建自用向各级各部门共建共享转变。由财政部门搭建起基本框架和基础数据后，赋予各级各有关部门管理维护本部门指标的权限，充分调动各方积极性。三是从静态编制向动态管理转变。打破了按年度固化绩效指标编制的限制，指标入库、调整、退库均有明确的规范。四是从单向使用向综合应用转变。遵循财政部将三级绩效指标的通行做法，在一级、二级指标按共性分类的基础上，主要对三级指标进行细化。在做个性化创新探索的同时，也能够满足财政部预算绩效管理的各项工作需要。五是从绩效依靠"人为判断"向"数字应用"转变。

根据全面实施预算绩效管理的有关要求，指标库的作用将体现在预算绩效管理全过程中。一是预算编制阶段进行绩效目标申报审核时，明确由预算单位依托指标库编制绩效目标，即必须从指标库中挑选合适的绩效指标填入项目绩效目标中并明确目标值，从而有效解决因部门不清楚如何填报绩效指标导致绩效目标无法做实的问题。财政部门同样依托指标库审核绩效目标，通过调取指标库中的历史指标值与部门填报的目标值进行比对等方式，有效解决因财政部门与预算部门之间信息不对称而无法对绩效目标合理性进行判断的问题。二是预算执行过程中开展绩效运行监控和绩效评价时，财政部门依托指标库跟踪和评价绩效目标的落实和完成情况。通过将绩效目标中设定的目标值与指标的当期实际数值、指标库中保存的历史参考值进行综合比对和分析，科学判断财政资金和项目的绩效情况。指标当期的实际数值也将被及时收录到指标库中，作为下一期绩效管理的参考。

2. 江苏省。

江苏省财政完成省交通运输厅、科技厅、生态环境厅等第一批 15 个省级部门的分行业分领域绩效指标体系建设工作，15 套指标体系涵盖 599 个支出项目、8 674 个具体指标，指标体系已正式印发相关部门使用。分行业分领域绩效指标体系由绩效指标和绩效标准两部分组成。其中：绩效指标分为三个层级，一级、二级指标按照财政部印发的指标框架设置，三级指标由指标名称、指标解释和指标值组成，具体体现各行业各领域预算支出核心产出和效果；绩效标准分为计划标准、历史标准、行业标准、国际标准和其他标准等五种，作为指标值设置时的参考。

3. 湖北省。

湖北省财政厅和预算绩效管理标准化工作组采取示范引领的方式，选择工作基础好、主动意愿高的省教育厅、省交通运输厅、省经济和信息化厅、省民政厅、省公安厅、省农业农村厅等 6 个省直部门开展示范试点。经过一年的努力，6 个系统研制的绩效指标标准体系共有绩效指标 1 830 个，其中教育系统 466 个、交通运输系统 521 个、经济和信息化系统 305 个、民政系统 234 个、公安系统 146 个、农业农村系统 158 个。除农业农村系统覆盖一级项目指标外，其他系统均覆盖到二级项目。

4. 部门整体预算绩效评价指标体系——鹤壁经验。

部门是全面实施预算绩效管理的责任主体。在推进部门整体预算绩效管理的过程中，鹤壁市财政局与上海财经大学中国公共财政研究院开展课题合作，注重发挥部门主体作用，引导部门参与评价指标设计，按照"部门主责、结果导向、统一框架、量身定做、量化指标"的思路建立了部门整体预算绩效评价指标体系。在全省率先起步和探索部门整体绩效管理方法路径，历时三年，初步形成了部门整体绩效管理"鹤壁经验"。

一是引导部门参与，强化部门主体责任。在推进部门整体绩效管理改革中，注重发挥部门主体作用，推动部门做到"三个参与"，即参与设计、修改、完善，形成财政牵头、部门参与、专家支持的部门整体绩效指标设计路径；参与评价过程，坚持部门"自证清白"，由部门填报基础数据和信息，对数据真实性、完整性负责，财政委托第三方进行数据比对，开展绩效评价，形成评价报告；参与绩效公开，逐步推动部门向人大报告部门整体绩效目标和评价结果，向社会公开，接受社会监督，实现部门从"要我做绩效"到"我要做绩效"的转变。

二是聚焦部门职责，建立特色指标体系。突出行业特色和创新理念，按照"部门主责、结果导向、统一框架、量身定做、量化指标"思路建立指标体系。首先，为部门量身定制。在统一指标框架下，围绕部门"三定"方案和工作职责，为每个部门量身定做一套个性化部门整体绩效评价指标。其次，采用全量化指标。为最大程度减少影响评价结果的主观因素，评价指标全部采用定量指标，并将每条指标细化到指标内容、计算公式、指标权重、指标解释和统计口径、数据来源、评分方式、评分规则。最后，为指标建立评价标准。对评价指标固定数据来源途径，保证客观性；对共性指标确定统一指标来源，确保横向可比；对预算增加而职能不变的部门，引入反向调整公式，体现绩效理念。

三是分步探索实施，初步形成"鹤壁经验"。鹤壁市的部门整体预算绩效评价指标体系建设发展迅速,从 2018 年 10 个试点部门到 2019 年 30 个试点部门,再到 2021 年完成剩余党委、群团等部门整体预算绩效评价指标设计,稳扎稳打、有序推进。鹤壁市目前已初步形成了从部门整体预算绩效目标编报到评价反馈的部门整体预算绩效评价"鹤壁方案"。

建立部门分行业分领域绩效指标体系,是落实全面实施预算绩效管理相关要求的具体举措,对于提升部门单位绩效管理标准化、规范化、科学化水平,具有重要的基础支撑作用。分行业分领域要不断扩大指标体系建设范围,最终建成覆盖所有预算部门的分行业分领域指标体系,并分期分批将建成指标植入预算管理一体化系统,促进预算和绩效管理深度融合、不断提质增效。

第二节　预算绩效管理支撑体系

一、预算绩效文化支撑

预算绩效文化是人们对预算过程中引入绩效的基本认知、价值取向和态度。传统的预算管理和公共管理模式强调投入和过程,新公共管理和新绩效预算强调"结果导向",即从"结果"出发塑造管理过程、优化投入决策。

传统的分项列支预算强调投入控制,在预算编制的过程中只需要披露各项开支的细目,没有关于这些开支要实现的产出和结果等绩效信息。分项列支预算强调"打酱油的钱不能用来买醋",强调预算执行过程中的严格控制,导致产出和结果信息被忽视了。与强调投入的预算模式相一致,传统的公共管理模式以官僚制作为组织形式和运作形态,注重过程控制、"循规蹈矩"和"繁文缛节"成为官僚制的显著特征。20 世纪 50 年代兴起的绩效预算,开始将产出信息引入预算编制中,强调效率。20 世纪 90 年代新绩效预算更加关注结果导向,关注产出是否有助于政策目标的达成和利益相关者利益的增进。与此相应,新公共管理和重塑政府运动倡导结果导向、顾客导向、分权化、市场化的治理,通过绩效评估来不断地调整和优化管理过程和投入决策。从投入、过程导向转为结果导向是预算绩效管理文化的基本特征,是预算绩效文化重大变迁,涉及公务员行政习惯的改变和行政能力的更新。结果导向意味着在编制预算时就要清晰阐明申请预算资金所要实现的产出和效果,这要求行政人员更具备前瞻性和预见性,更需要以一种中长期的观点来筹划未来的政策和资源分配,需要促进行政文化和行政习惯从

"先要钱再找事"转化为"以事定费"。

《意见》提出"注重结果导向",关注产出、效益是否有助于部门、政策、项目等战略职责的达成,以绩效评价结果不断调整和优化决策、过程,逐步形成从投入、过程导向转为结果导向的绩效管理文化模式。预算绩效管理并非只包含绩效评价的方法与工具,还包含源自文化观念的基本认知和价值取向,绩效文化作为影响部门预算绩效管理质量的关键性因素,将在预算绩效管理改革中发挥重要的文化引领作用。

鉴于此,首先,加大宣传力度,拓宽宣传渠道。充分利用座谈会、政府官媒、微信公众号、短视频、微博推送等方式,线上线下相结合,将预算绩效信息使用的重要意义、使用方式等有关内容作为舆论宣传重点,着力提高各财政部门和预算部门绩效信息使用主体的绩效意识及工作积极性,促进各部门对预算绩效信息使用形成正确认识,切实转变传统观念,即绩效信息使用并非单纯地实施绩效问责,而是要发现问题,基于组织学习的角度不断改进绩效水平。其次,发挥部门领导者在改革中的统领性作用。领导者应该敢于变革,培养探索和冒险精神,勇于承担责任,在平时的工作中注重发展性组织文化的培育,重视预算绩效信息的使用,并与下属积极沟通,传达绩效理念,形成"重绩效信息、讲绩效信息、用绩效信息"的文化氛围。最后,预算部门需对传统的"因钱设事"行政组织文化和预算管理理念进行变革,重塑预算部门绩效导向的组织文化,培育部门人员在预算管理中的前瞻性、预见性,将绩效内化为部门的科学理财观,实现绩效管理与部门的预算编制、执行、决算等环节融为一体。

二、预算绩效管理制度支撑

推动预算绩效管理工作,必须有法可依,有据可循,通过建立完善的制度体系,有助于预算绩效管理的复制、推广和深化。预算绩效管理制度可以划分为以下几个层级。

一是法律法规层面。法律法规层面的制度具有根本性,是预算绩效管理的依据和保障。2014年8月31日修正的《预算法》通过,标志着我国预算绩效管理法律制度框架的确立。包括明确了"各级预算应当遵循统筹兼顾、勤俭节约、量力而行、讲求绩效和收支平衡的原则"。明确绩效评价结果是预算编制的依据之一"各级预算应当根据年度经济社会发展目标、国家宏观调控总体要求和本年度预算平衡的需要,参考上一年预算执行情况、有关支出绩效评价结果和本年度收支预测，按照规定程序征求各方面意见后，进行编制"。《预算法》明确了开展预算绩效管理的基本原则和基本内容。

2020 年 10 月 1 日起施行的《预算法实施条例》，为自 2004 年启动的预算法修订工作画上了一个圆满的句号，是中国预算法治化进程中的一个里程碑。《预算法实施条例》对于预算编制和执行中绩效管理的实施办法作出了进一步的细化和完善，具体体现在绩效目标设置、评价内容选择、绩效评价的部门职责以及绩效评价结果应用四个方面。（1）确立绩效目标的重要地位。《预算法实施条例》中对绩效评价的定义进行了明确的规定，即"是指根据设定的绩效目标，依据规范的程序，对预算资金的投入、使用过程、产出与效果进行系统和客观的评价"。从这个定义中，可以看出绩效目标在预算绩效评价过程中的重要作用。（2）明确绩效评价的具体内容。《预算法实施条例》明确指出，绩效评价是对预算资金的投入、使用过程、产出与效果这四方面进行评价，这是首次对预算绩效评价的内容进行系统的规划。（3）规范各部门的主要职责。《预算法实施条例》中对财政部门以及执行预算的支出部门在绩效评价和管理中的不同职责进行了具体规范。其中，财政部门负责组织和指导预算资金绩效监控、绩效评价，并有权对各部门的预算执行和绩效情况进行评价、考核。执行预算的各部门和单位负责实施绩效监控，开展绩效评价，并汇总本部门、本单位的预算执行情况，定期向本级政府财政部门报送预算执行情况报告和绩效评价报告。（4）强调绩效评价结果的有效使用。《预算法实施条例》中对预算绩效评价结果应用提出了更加明确的要求，即"绩效评价结果应当按照规定作为改进管理和编制以后年度预算的依据"。具体地，对于转移支付资金则进一步明确要求："设立的有关要求变更，或者实际绩效与目标差距较大、管理不够完善的，应当予以调整。"这一点充分体现了预算绩效管理改革推进过程中，对绩效评价结果应用的日益重视。

《预算法》《预算法实施条例》从预算编制指导思想、预算编制参考依据、转移支付定期评估、预算审查内容、决算审查重点和政府绩效评价等方面，明确了预算绩效管理的法律地位，但尚未形成专门的法律，人大、政府、部门和单位，以及第三方机构的绩效功能定位和权利责任尚待澄清。因此，开展预算编制、执行、决算和监督等全过程绩效评价，必须"重塑"评价行为的公信力、约束力内核。

二是政策规定层面。各级党委政府出台的推进预算绩效管理的政策，是开展预算绩效管理的基本遵循，比如《意见》明确了全面实施预算绩效管理的含义、指导思想、目标、内容、保障措施等内容，为推动全面实施预算绩效管理提供了指南和方向。再如中央办公厅印发的《关于人大预算审查监督重点向支出预算和政策拓展的指导意见》则明确了人大预算审查监督的原则、重点、内容和方法等内容。各地区、单位也出台了预算绩效管理实施意见，推动各地区、部门及单位预算绩效管理工作开展。

三是办法措施层面。包括以下内容：（1）制定实施细则。围绕预算管理的主要内容和环节，完善涵盖绩效目标管理、绩效运行监控、绩效评价管理、评价结果应用等各环节的管理流程，制定预算绩效管理制度和实施细则。（2）建立专家咨询机制、第三方机构参与预算绩效管理制度。（3）预算绩效标准体系。包括建立健全定量和定性相结合的共性绩效指标框架和分行业、分领域、分层次的核心绩效指标和标准体系。（4）评估评价方法体系。包括立足多维视角和多元数据，依托大数据分析技术，运用成本效益分析法、比较法、因素分析法、公众评判法、标杆管理法等，提高绩效评估评价结果的客观性和准确性。

三、预算绩效信息化支撑

预算绩效管理的全面实施涉及不同政府管理部门、不同的专业领域，相应绩效指标的设置及其绩效分析等专业性强，绩效业务开展和管理过程中面临工作量大、涉及面广、数据统计难等问题，必须借助信息化技术手段，实现资源共享和信息交互。

全面实施预算绩效管理本身更要讲"绩效"，信息化是关键切入点。各级政府要在财政部预算管理一体化建设的决策部署下，尽快建立绩效管理数据信息库和信息数据交换平台的"大数据"系统，借助信息化平台，搭建智能化的绩效管理模板，引入大数据、云计算等数据分析和处理技术，对各环节原始绩效数据进行搜集提取、综合分析、科学诊断、及时反馈，实现绩效管理从"人为判断"到"智能诊断"转变，打造"数字绩效"。一方面，建立绩效评价指标库和标准库。要以绩效评价指标体系为核心，建立分类的绩效评价指标库，据此实现财政信息系统和业务部门信息系统的数据交换，进而构建以绩效信息为基础的行业部门标准数据库，并通过数据积累，进一步制订面向不同地区、各种类型指标的评价标准，支持预算绩效管理规范化、高效化和科学化。另一方面，建立配套的绩效管理辅助数据库。将社会经济发展数据库、专家库、第三方机构库、绩效分析案例库等与绩效管理信息有机结合，实现各级政府和各预算部门的业务、财务、资产等信息共享，互联互通，打破"信息孤岛"和"数据烟囱"，使其能够横向覆盖绩效全业务，纵向覆盖不同政府层级，同时涵盖政府机构、第三方、专家、监督机构、公众等绩效业务关联方，为全面实施预算绩效管理提供有力的支撑。

第三节　第三方机构参与绩效管理的权责界定

预算部门或单位委托第三方机构参与预算绩效管理，是全面实施预算绩效管理的重要举措，是推动加强预算管理、提高财政资金使用效益的有效手段。由于这方面工作起步不久，目前对预算部门或单位作为委托方选择使用第三方机构以及开展必要的管理监督缺乏统一要求，特别是委托第三方机构评价自身绩效的做法亟待规范。为此，根据《预算法》《预算法实施条例》《中共中央　国务院关于全面实施预算绩效管理的意见》以及政府采购管理、政府购买服务管理有关规定，财政部先后制定了《关于委托第三方机构参与预算绩效管理的指导意见》《第三方机构预算绩效评价业务监督管理暂行办法》。

一、关于委托第三方机构参与预算绩效管理的指导意见

（一）总体要求

1. 指导思想。深入贯彻落实党中央、国务院关于全面实施预算绩效管理的决策部署，围绕强化预算约束和绩效管理，服务预算管理大局，通过明确范围、规范管理、有效引导、强化监督，合理界定委托方、第三方机构以及预算绩效管理对象等相关主体的责任关系，保障委托第三方机构参与预算绩效管理有序实施，严格第三方机构执业质量监督管理，促进第三方机构执业水平提升，推动预算绩效管理提质增效，更好发挥预算绩效管理在优化财政资源配置、提升政策效能中的积极作用。

2. 基本原则。坚持权责清晰、主体分离。委托第三方机构参与预算绩效管理，必须明确委托方与第三方机构、相关预算绩效管理对象的权利和责任，严格执行利益冲突回避制度，确保委托主体与预算绩效管理对象相分离。

坚持厉行节约、突出重点。合理确定委托第三方机构开展预算绩效管理工作范围，对自评等不宜委托第三方机构的工作实行负面清单管理。落实政府过紧日

子的要求，注重突出重点、解决实际问题。

坚持质量导向、择优选取。选取专业能力突出、资质优良的第三方机构参与绩效管理工作。充分发挥第三方机构智力资源和研究能力，以及在独立性、专业性方面的独特优势，引导带动绩效自评质量和绩效管理水平提升。

（二）主要内容

1. 委托第三方机构参与预算绩效管理的工作重点。委托第三方机构开展绩效管理，应当聚焦于贯彻落实党中央、国务院重大决策部署和本部门或单位主体职责的政策和项目。财政部门重点组织对预算部门及单位、下级财政部门开展政策性评估评价，也可以根据需要对其承担的重点项目开展评价；预算部门的财务机构或其他负责绩效管理的机构重点组织对业务机构、所属单位以及下级部门和单位开展具体项目的绩效管理工作。

2. 规范委托第三方机构参与预算绩效管理的范围。委托第三方机构参与绩效管理，主要包括以下几个方面工作的内容：一是事前绩效评估和绩效目标审核；二是绩效评价或评价结果复核；三是绩效指标和标准体系制定；四是预算绩效管理相关课题研究。具体项目选择上，可以结合工作实际，通过优先选取重点项目、随机选取一般性项目，以及分年度分重点滚动安排等方式开展。

3. 不得委托第三方机构承担的事项。坚持委托主体与绩效管理对象相分离，禁止预算部门或单位委托第三方机构对自身绩效管理工作开展评价。对于绩效目标设定、绩效运行监控、绩效自评等属于预算部门或单位强化内部管理的事项，原则上不得委托第三方机构开展，确需第三方机构协助的，要严格限定各方责任，第三方机构仅限于协助委托方完成部分事务性工作，不得以第三方机构名义代替委托方对外出具相关报告和结论。

4. 依法合规优选第三方机构。委托方应当严格按照政府采购、政府购买服务的程序和要求，选取专业能力突出、机构管理规范、执业信誉较好的第三方机构参与绩效管理工作。第三方机构须独立于委托方和绩效管理对象，主要包括社会咨询机构、会计师事务所、资产评估机构等社会组织或中介机构，科研院所、高等院校等事业单位等。

5. 规范委托第三方机构的方式。委托方可以根据委托事项的性质，采用全权委托或部分委托、单独委托或多家委托等方式，并根据不同委托方式界定第三方机构的工作定位和责任分担，发挥好第三方机构的作用。委托方及绩效管理对象应当尊重第三方机构的专业性和独立性，不得干预其独立、公正开展工作。

6. 保障第三方机构正常开展工作需要。委托方应当遵循"谁委托、谁付费"的原则，综合考虑委托业务的难易程度和工作量、时间与人员资质要求以及第三方机构工作成本等因素，合理确定委托费用并按协议支付。所需经费原则上由委托方通过项目支出或公用经费解决。委托方和相关预算绩效管理对象要积极支持配合，及时提供相关资料和必要的工作条件，并对所提供资料和数据的完整性、真实性、有效性负责，便于受托方全面掌握相关情况及委托方意图。

7. 加强对第三方机构的指导和监督。委托方应当对第三方机构进行必要的培训和指导，及时跟踪掌握第三方机构工作进展，加强付费管理和质量控制，把好绩效报告质量关，推动第三方机构履职尽责。各级财政部门、主管部门应当按照职责，加强对第三方机构参与预算绩效管理的执业质量监管，对第三方机构工作开展情况进行跟踪抽查。第三方机构有违背职业操守，或违反财政部门、预算部门相关规定及有关法律法规等行为的，要依法依规及时处理。

（三）配套措施

1. 完善管理制度。各有关中央部门、各级财政部门可以根据指导意见并结合工作需要，制定委托第三方机构参与本部门本地区预算绩效管理的管理办法、实施细则或操作规范，明确采购流程、工作程序、付费标准、档案管理、业绩考评、保密管理等具体规定，进一步细化规范预算部门和单位以及第三方机构等相关主体参与预算绩效管理的行为。

2. 强化工作协同。各级财政部门应当推动预算绩效信息公开，主动接受指导监督，增进协同配合，促进形成引导和规范第三方机构参与预算绩效管理的工作合力。发挥有关行业协会作用，强化第三方机构行业自律，不断提升业务能力和行业公信力。

3. 加强信用管理。各级财政部门应当加强第三方机构参与预算绩效管理的诚信体系建设，推动信息共享。各委托方应当按要求记录第三方机构履职情况，协助财政部门强化信用管理。第三方机构应实行受托工作成果责任制，确保预算绩效管理结果有人负责、有源可溯。

二、第三方机构预算绩效评价业务监督管理暂行办法

（一）第三方机构界定

第三方机构是指依法设立并向各级财政部门、预算部门和单位等管理、使用

财政资金的主体（以下统称委托方）提供预算绩效评价服务，独立于委托方和预算绩效评价对象的组织，主要包括专业咨询机构、会计师事务所、资产评估机构、律师事务所、科研院所、高等院校等。

预算绩效评价服务是指第三方机构接受委托方委托，对预算绩效评价对象进行评价，并出具预算绩效评价报告的专业服务行为。第三方机构接受委托依法依规从事预算绩效评价业务，任何组织和个人不得非法干预，不得侵害第三方机构及其工作人员的合法权益。

（二）第三方机构从事预算绩效评价业务应遵循的原则

第三方机构应当遵守法律、法规等有关规定，并按照以下原则从事预算绩效评价业务。

1. 独立原则。第三方机构应当在委托方和被评价对象提供工作便利条件和相关资料情况下独立完成委托事项。

2. 客观原则。第三方机构应当按照协议（合同）约定事项客观公正、实事求是地开展预算绩效评价，不得出具不实预算绩效评价报告。

3. 规范原则。第三方机构应当履行必要评价程序，合理选取具有代表性的样本，对原始资料进行必要的核查验证，形成结论并出具预算绩效评价报告。

（三）绩效评价主评人及执业规范

第三方机构开展预算绩效评价业务，应当成立由至少1名主评人和其他工作人员组成的工作组，并在评价过程中保持工作组成员的相对稳定。预算绩效评价报告应当由其主评人签字确认。绩效评价主评人由第三方机构根据以下条件择优评定：（1）遵守法律、行政法规和本办法的规定，具有良好的职业道德；（2）具有与预算绩效评价业务相适应的学历、能力；（3）具备中高级职称或注册会计师、评估师、律师、内审师、注册造价工程师、注册咨询工程师等相关行业管理部门认可的专业资质；（4）具有5年以上工作经验，其中从事预算绩效评价工作3年以上；（5）具有较强的政策理解、项目管理和沟通协调能力；（6）未被追究过刑事责任，或者从事评估、财务、会计、审计活动中因过失犯罪而受刑事处罚，刑罚执行期满逾5年。

第三方机构从事预算绩效评价业务的工作人员应当严格遵守国家相关法律制度规定，遵守职业道德，合理使用并妥善保管有关资料，严格保守工作中知悉的国家秘密、商业秘密和个人隐私，并有权拒绝项目单位和个人的非法干预。

第三方机构应当在了解被评价对象基本情况的基础上，充分考虑自身胜任能力以及能否保持独立性，决定是否接受预算绩效评价委托。确定接受委托的，第三方机构应当与委托方签订书面业务协议（合同），明确当事人的名称和住所、委托评价的项目和内容、履行期限、费用、支付方式、双方的权利义务、归档责任、违约责任、争议解决的方式等内容，并严格按协议（合同）条款执行。

（四）第三方机构从事预算绩效评价业务禁止行为

第三方机构从事预算绩效评价业务，不得有以下行为：（1）将预算绩效评价业务转包；（2）未经委托方同意将预算绩效评价业务分包给其他单位或个人实施；（3）允许其他机构以本机构名义或者冒用其他机构名义开展业务；（4）出具本机构未承办业务、未履行适当评价程序、存在虚假情况或者重大遗漏的评价报告；（5）以恶意压价等不正当竞争手段承揽业务；（6）聘用或者指定不具备条件的相关人员开展业务；（7）其他违反国家法律法规的行为。

（五）绩效评价报告提交流程

第三方机构在完成相关评价工作后，按照以下程序向委托方提交预算绩效评价报告。

1. 按照规定要求和文本格式，撰写预算绩效评价报告初稿，力求做到逻辑清晰、内容完整、依据充分、数据翔实、分析透彻、结论准确、建议可行。

2. 评价报告初稿撰写完成后，第三方机构应当书面征求被评价对象和委托方的意见。委托方或被评价对象可以组织评议专家组对评价报告进行评议，向第三方机构反馈书面意见。第三方机构应当对反馈的意见逐一核实，逐条说明采纳或不予采纳的理由，并根据反馈的有效意见对评价报告初稿进行修改。

3. 指定内部有关职能部门或者专门人员，对修改后的评价报告进行内部审核。

4. 经内部审核通过的评价报告，由该项目主评人签名，加盖第三方机构公章后，形成正式评价报告，提交委托方。

（六）绩效评价基础资料管理

第三方机构及其签名的主评人应当对所出具预算绩效评价报告的真实性和准确性负责。

第三方机构和委托方应根据协议（合同）确定的归档责任，按照《中华人民共和国档案法》《中华人民共和国保守国家秘密法》等法律法规的要求，及时对评价业务资料进行建档、存放、保管管理，确保档案资料的原始、完整和安全。

归档资料主要包括立项性材料（委托评价业务协议或合同等）、证明性材料（预算绩效评价实施方案、基础数据报表、数据核查确认报告、预算绩效评价工作底稿及附件、调查问卷等）、结论性材料（评价报告、被评价项目单位和委托方的反馈意见、评价工作组的说明等）。

第三方机构及其工作人员对评价工作及评价报告涉及的信息资料负有保护信息安全的义务。未经委托方及其同级财政部门同意，第三方机构及其工作人员不得以任何形式对外提供、泄露、公开评价报告和相关文档资料。

（七）监督问责

财政部门应当依法依规加强对第三方机构预算绩效评价执业质量的监督检查，监督检查包括以下内容：（1）第三方机构及其工作人员的执业情况；（2）第三方机构录入信息的情况；（3）第三方机构的评价报告信息上传及档案管理情况；（4）第三方机构预算绩效评价主评人的评定管理情况；（5）第三方机构的内部管理和执业质量控制制度建立与执行情况；（6）第三方机构对分支机构实施管理的情况；（7）法律、行政法规规定的与第三方机构预算绩效评价工作相关的其他情况。

财政部门应当建立健全对第三方机构预算绩效评价工作定向检查和不定向抽查相结合的监督检查机制。对存在违法违规线索的预算绩效评价工作开展定向检查；对日常监管事项，通过随机抽取检查对象、随机选派执法检查人员等方式开展不定向检查。财政部各地监管局根据财政部规定对第三方机构预算绩效评价执业质量开展监督检查。

第三方机构及其工作人员在预算绩效评价工作中有下列情形之一的，视情节轻重，给予责令改正、约谈诫勉、通报给行业监管部门或主管部门、记录不良诚信档案等处理：（1）违反上述禁止行为有关规定的；（2）在参加政府采购活动中有舞弊行为的；（3）录入及变更信息存在虚假的；（4）由于故意或重大过失而提供虚假数据和结论的；（5）擅自泄露预算绩效评价信息、结论等有关情况的；（6）违反法律、法规和本办法规定的其他行为。

第三方机构参与预算绩效评价选聘、履行预算绩效评价协议（合同）过程中，存在《中华人民共和国政府采购法》第七十七条、《中华人民共和国政府采购法实施条例》第七十二条规定情形的，依法予以处理处罚。第三方机构及其工作人员在开展预算绩效评价工作中造成损失的，依法承担民事赔偿责任；涉嫌犯罪的，依法追究刑事责任。

▶▶▶ 专栏 8－1　第三方机构参与绩效评价存在的问题与质量提升建议

2021年，财政部先后出台了《关于委托第三方机构参与预算绩效管理的指导意见》（以下简称《指导意见》）《第三方机构预算绩效评价业务监督管理暂行办法》（以下简称《暂行办法》），明确界定了第三方机构在参与预算绩效管理的主要内容，同时对从事绩效评价的第三方机构、人员职业原则、行为规范、绩效评价基本程序、从业质量等内容进行了明确规定，为第三方机构有序参与政府领域绩效评价、提升绩效评价服务供给质量指明了方向。

一、第三方机构参与绩效评价存在的问题

近年来，各级政府积极探索引入具有资质的第三方机构参与绩效评价，完成政府部门委托的评价业务。但从各地的实践来看，第三方绩效评价业务质量良莠不齐，未能达到政府部门期望，质量提升成为第三方机构亟待突破的现实困境。鉴于此，笔者基于绩效评价的基本程序，结合对第三方评价机构的调研、访谈及绩效评价方案、报告评审分析等实际情况，从准备阶段、实施阶段、报告阶段三个方面分析第三方机构绩效评价全过程存在的主要问题。

（一）准备阶段，资料清单与方案设计不够严谨

准备阶段的主要工作任务是开展前期研究、与相关单位沟通对接、拟定资料清单，在充分了解委托方意图、被评价对象情况的基础上制订绩效评价工作方案。前期准备的充分性、方案设计的科学性将直接决定后续绩效评价质量的高低，但许多第三方机构并未对准备阶段的工作引起重视，进而导致绩效评价过程中"抓小放大"，严重影响整体评价质量。准备阶段关键问题主要体现在以下三个方面。

一是第三方机构对重要政策理解不到位。许多机构在接受委托后，与被评价单位沟通对接最多信息是财务资料，业务资料关注度不够；同时，对被评价对象相关领域的重要政策、改革精神、管理制度等资料存在收集不全、学习不深、理解不透等现象，未能将相关政策制度要求与评价内容进行融合。

二是资料清单列示不清晰。翔实的资料收集是解决评价过程中信息不对称的有效手段，通常第三方机构需要收集的资料可分为政策类、管理类、财务类、业

务类等方面。许多第三方机构在资料内容的搜集中过于"求多求全"，资料清单表述模糊，针对性不强。如某项目资料清单中出现"项目预算管理相关材料""能够反映项目事实绩效的相关资料"等表述，让资料提供者"无从下手"。

三是方案设计重点不突出。评价工作方案的核心内容主要体现在两个方面：明确评价重点、设计绩效评价指标体系。在评价重点的撰写过程中普遍存在评价重点过于笼统、模糊，未结合项目特点对关键问题进行细化，项目个性化问题体现不足，对评价所要解决的关键问题提炼和把握不够准确，对关键问题定性不够准确，遗漏重要评价维度。在绩效评价指标设计过程中，普遍存在共性指标多、个性指标少，评价指标未能充分反映项目关键问题，且指标数量过多、过杂、过繁；指标权重存在"一刀切"现象，核心关键问题体现不足；绩效评价标准表述模糊，不够细化、量化、规范化，自由裁量空间大。

（二）实施阶段，调查取证与评价分析不够深入

实施阶段是第三方机构根据设定绩效评价工作方案，谋划和开展调研取证、对收集的事实和数据资料进行分析、与相关单位沟通意见、形成初步结论的过程。实施阶段的关键任务是基于方案的内容，进行资料收集、访谈调查，为后续的指标分析与报告撰写提供翔实的论据。调研发现，评价经验不足、专业知识储备不广、沟通渠道不畅等成为制约实施阶段质量提升的关键因素。综合来看主要体现在以下四个方面。

一是参与绩效评价人员经验不足。目前，许多评价机构都来源于会计师事务所、资产评估事务所、工程咨询公司等，虽然这些机构在审计、财税、工程等方面积累了丰富的经验，但绩效管理相关专业知识、经验相对欠缺。部分会计师事务所人员评价过程中受限于既有的"审计思维"，普遍存在"重财务轻业务、重制度轻绩效"的现象，对绩效评价的内涵理解不到位，过度关注财务资料的合法性、合规性，对项目实施过程中的绩效目标设置、产出、效益等关注不够。

二是调研访谈问题细化程度不够。部分第三方机构调研访谈问题比较笼统、宽泛，未触及关键和实质问题；问卷设计不够严谨，问卷内容比较单一，与绩效评价指标体系关联度不强，且问卷备选项仅设置为"是、否"或"是、一般、不是"，缺少区分度，导致调研对象选择受到局限，信息获取不够客观；此外，基础数据表设计存在格式、口径不统一等问题，导致调研结果无法满足评价分析的需要。

三是调查取证范围覆盖不足。通常情况下，调查取证范围原则上按照30%的抽样比例开展现场调研，对涉及县（市、区）较多的项目，一般按照现场调

研不低于 3 个县（市、区）的方式开展，对涉及单位较少的专项要做到现场调研全覆盖。但许多机构基于评价成本费用的考虑，在调查取证过程中覆盖面太小，无法有效反映项目整体实施情况。

四是对评价发现的事实和数据分析不深。部分机构在数据收集过程中，过分依赖被评价对象原有的工作结论、专家意见等数据资料，对发现的问题仅停留在"是什么"的层面，针对"为什么""怎么办"深挖程度不够，对评价发现的问题未能追根溯源。如在某项目支出绩效评价中，评价组发现项目制定的年度绩效目标普遍没有完成，只是根据评价标准进行扣分，但未对未完成的原因进行深入分析，对核心问题缺乏深入研究。

（三）报告阶段，问题与对策建议撰写不够具体

绩效评价报告作为第三方机构向委托方提供的最终成果，内容涵盖了项目基本情况、绩效评价工作开展情况、综合结论、绩效指标分析、主要经验及做法、问题及原因、有关建议等内容。评价结果作为财政部门安排政府预算、完善政策和改进管理的重要依据，评价报告质量将成为结果应用的关键性因素。但评审过程中发现，部分机构提供的报告问题归纳不准确、原因分析不清晰、整改建议太宽泛等问题较为突出，综合来看体现在以下三个方面。

一是报告专业性体现不足。部分机构提交的报告虽然按照项目支出绩效评价报告参考提纲进行撰写，但各部分内容更多停留在对收集的素材、文件制度要求等方面内容的堆砌，各段落内容逻辑性不强。另外，报告中对关键的政策制度理解不深，财政业务流程梳理不到位，行政事业财务核算规则掌握不够，存在"说外行话"的现象。

二是结论与问题衔接不够。在"绩效评价指标分析"中各指标的扣分点缺乏论据支撑，主观性太强。如某个项目绩效评价报告中，综合评价结论部分花大量的篇幅对该项目给予了积极评价，但总体得分只有 81 分，项目效果指标仅有 62% 的得分率，指标得分与评价结论不符，问题揭示不到位，原因分析不够透彻。

三是建议可操作性不强。评价报告的核心内容一方面在于问题的揭示与原因的分析，另一方面在于提出专业且具有可操作性的政策建议，为被评价对象下一步的落实整改指明方向。但目前许多第三方机构出具的报告依然存在整改建议宽泛、可操作性不强，报告"空心化"现象比较严重。如部分报告提出的建议多是"进一步加强项目论证""进一步完善绩效目标设置""进一步提高预算编制科学性"等"放之四海而皆准"的建议，与项目个性化问题衔接不够紧密，不

具有针对性和具体化，导致被评价单位无法按照建议细化整改。

二、第三方机构参与绩效评价质量提升对策

《指导意见》和《暂行办法》从委托方角度对第三方机构参与预算绩效管理的相关业务活动作出引导规范、管理监督的同时，提出要坚持"质量导向"的基本原则，着力提升第三方机构执业质量和评价结果应用效能，为推动预算绩效管理提质增效奠定良好的基础。鉴于此，笔者根据上述绩效评价三个阶段存在的主要问题，围绕准备、实施、报告三个关键阶段质量控制要点提升的提出以下建议。

（一）切实做到"三个到位"，奠定准备阶段基础质量保障

一是组织到位。目前外部评价主要分为财政部门评价和预算部门评价，无论是财政部门还是预算部门在必要时都可以引入并委托第三方机构参与绩效评价工作。建议两类评价在实施前，部门内部做好组织管理工作，可在部门内部成立绩效评价工作领导小组，财政部门由绩效管理科负责、预算部门由部门办公室负责，统筹协调绩效评价后续各项工作的开展，保障评价工作按期保质完成。

二是程序到位。多数情况下，委托方会根据政府采购流程，通过公开招标、邀请招标、竞争性谈判等方式遴选具有资质的第三方机构完成评价工作。在确定第三方机构后，建议委托方首先对被评价对象下发绩效评价通知书，使其知悉评价相关事宜并做好配合工作。其次，委托方、第三方机构、被评价对象三方要召开见面会，对接项目负责人。最后，三方要明确评价对象、目的、范围、内容、工作方式，细化评价工作安排。

三是学习到位。由于不少受托的第三方机构缺少财政预算、政府会计、行业知识等知识储备，因此准备阶段的核心任务是学习到位。第三方机构要充分搜集、梳理、学习被评价单位相关领域政策文件、改革精神、行业标准等关键内容，并基于项目特点制定科学、适用的工作方案。首先，第三方机构要确定"主评人"并配备具有专业胜任能力的评价团队，认真组织学习财政部门针对绩效评价环节出台的办法制度，熟悉评价流程、思路、工作要求，弄通弄懂评价报告撰写格式与模块要求。其次，第三方机构要针对所评价的领域进行前期研究，梳理各级被评价单位项目业务领域和财务领域的相关政策、制度，充分获取有价值的信息和数据。再次，基于对财政领域、被评价单位领域核心资料的学习，制定一份全面、清晰、有针对性的资料清单和基础数据表，并安排专人负责资料的收集工作。最后，研究学习三个以上与被评项目相同或相似的评价案例，取长补短，科学制定绩效评价工作方案，并及时提交委托方审核、修改。

（二）努力做到"四个实"，推进实施阶段过程质量控制

一是基础资料采集详实。第三方机构在资料清单列示的基础上，要逐项核对被评价单位提供的基础资料是否准备齐全，基础数据表填报是否完成，尤其要关注项目业务基础资料、绩效目标申报表、预决算批复文件、项目财务资料、自评价报告等提供的重要内容能否满足评价过程中绩效指标数据分析的需求。

二是实地查看真实。实地调研是第三方机构实施阶段的关键任务，一方面，要拟定翔实、具体、适用的调研访谈提纲和调查问卷，针对项目利益相关者开展访谈与问卷调查工作，问卷调查范围需覆盖到项目直接或间接受益对象；另一方面，科学、合理地选择部分项目进行实地查看，如果被评单位涉及的项目实施主体较少，实地调研要实现全覆盖；如果项目实施主体较多，可根据项目金额大小、项目类别、项目性质等采取抽样调查，抽样比例原则上不低于30%。

三是数据分析充实。一方面，需要及时分类整理、核对分析基础资料，充分利用各种统计数据，核实数据真实性，出现差异需在座谈会调研中进行核查，确定最终数据；另一方面，审核被评价单位绩效目标完成情况，对疑点进行查漏补缺，运用收集的事实和数据资料佐证存在的问题。

四是综合分析评价证实。第三方机构在绩效评价过程中要遵循独立、客观、真实的原则，尽量减少外界带来的干扰，将主观认定因素影响降到最低。一方面，根据基础数据资料对设计的绩效评价指标进行深入分析，得分、扣分要有依据，尤其在指标证据的列示分析过程中，先将同一个评价指标从不同来源搜集的证据列举出来，然后将不同来源的证据进行交叉验证，剔除错误证据，最终通过证据验证，确定用于绩效分析和评价的证据，尽量排除主观臆断；另一方面，在对被评价对象的绩效情况进行全面定量、定性分析和综合评价的过程中，除绩效评价指标外，其他能够体现项目绩效的重要数据、实例情况也应作为内容分析的一部分，在成效、问题及原因分析中体现出来，形成评价初步结论。

（三）认真做到"三个注重"，强化报告阶段结果质量提升

一是注重第三方机构内部审核意见，严把报告质量关。部分第三方机构在评价报告的出具过程中要经过项目经理、部门经理、质控（风控）部门三级复核，各级评审都会基于不同的角度对评价报告提出完善建议，"主评人"要注重各级复核意见，弥补自身缺陷与不足。与此同时，"主评人"还要善于归纳总结所评行业领域问题，做到绩效分析与问题相衔接，问题的阐述逻辑与事实相结合，成因与问题发生相一致，建议与问题相对应，切忌提出"假大空"的建议，切实提高评价报告报送质量。

　　二是注重被评价单位反馈的意见，充分听取评价对象合情合理的解释和诉求。《暂行办法》指出"第三方机构应当书面征求被评价对象和委托方的意见"。第三方机构与被评价对象在评价过程中处于"信息不对称"状态，第三方机构可能初次接触被评价对象的行业领域，囿于行业专业知识储备不足与评价时间的要求，在评价过程中可能对被评对象行业知识了解不充分。因此，针对被评价对象提出的合理诉求和意见，第三方机构要认真对待、合理采纳。

　　三是注重委托方的审核意见，提高绩效评价工作质效。通常情况下，第三方机构初步完成的评价报告要经由委托方进行初步审核，委托方会围绕报告格式规范性，语言描述清晰性，项目事实及指标分析、评价结论、存在的问题逻辑性，对策建议的针对性，报告附件的齐全性等方面提出审核意见，第三方机构要结合审核意见及时响应并修改初稿。

　　资料来源：江书军，邓茹. 第三方机构参与绩效评价存在的问题与质量提升建议［J］. 财务与会计，2022（3）.

第九章

其他领域预算绩效管理案例

第一节　政府投资基金绩效管理

一、政府投资基金

（一）政府投资基金内涵

《政府投资基金暂行管理办法》将政府投资基金界定为"由各级政府通过预算安排，以单独出资或与社会资本共同出资设立，采用股权投资等市场化方式，引导社会各类资本投资经济社会发展的重点领域和薄弱环节，支持相关产业和领域发展的资金"。

（二）政府投资基金设立领域

1. 支持创新创业。为了加快有利于创新发展的市场环境，增加创业投资资本的供给，鼓励创业投资企业投资处于种子期、起步期等创业早期的企业。

2. 支持中小企业发展。为了体现国家宏观政策、产业政策和区域发展规划意图，扶持中型、小型、微型企业发展，改善企业服务环境和融资环境，激发企业创业创新活力，增强经济持续发展内生动力。

3. 支持产业转型升级和发展。为了落实国家产业政策，扶持重大关键技术产业化，引导社会资本增加投入，有效解决产业发展投入大、风险大的问题，有效实现产业转型升级和重大发展，推动经济结构调整和资源优化配置。

4. 支持基础设施和公共服务领域。为改革公共服务供给机制，创新公共设施投融资模式，鼓励和引导社会资本进入基础设施和公共服务领域，加快推进重大基础设施建设，提高公共服务质量和水平。

（三）政府投资基金绩效管理要求

财政部门会同相关部门对基金实施全过程绩效管理。行业主管部门负责做好事前绩效评估，制定绩效目标和绩效指标，开展绩效监控，每年末基金实施绩效自评。自评结果报财政部门和其他主要出资人审核。财政部门可组织对基金开展重点绩效评价，主要评价政策目标实现程度、财务效益和管理水平。绩效自评和重点绩效评价结果作为基金存续、计提管理费的重要依据。

二、政府投资基金绩效评价案例

（一）案例介绍

F 创新产业投资基金（以下简称 F 基金）成立于 2017 年 9 月 19 日，是 H 市财政出资的首支产业投资引导基金，主要用于培育和扶持本地先进制造业企业，筹资规模 2.5 亿元，其中，H 市城乡投资发展有限公司代表政府方作为有限合伙人出资 10 000 万元，前海 F（H 市）股权投资基金管理（有限合伙）出资 300万元，H 市工业投资集团有限公司出资 5 000 万元，农开先进制造业投资基金（有限合伙）出资 5 000 万元，前海股权投资基金（有限合伙）出资 4 700 万元，各基金合伙人已全部出资到位。基金主要通过直接投资的方式，以不低于 80%的比例（即不低于 2 亿元），支持 H 市先进制造业企业及产业集群发展；或前海股权投资基金（有限合伙）（含关联方）直接与间接投资（包括 H 市及附属县区）额度不低于 4 亿元。

（二）评价指标设计

《H 市政府投资基金绩效考核评价管理办法》第六条规定，绩效考评以基金的投资运营情况评价为基础，同时考核受托管理机构的尽职尽责情况。第七条规定，绩效考评实行百分制，采取设置考核指标、权重及得分规则方式进行考核评价，指标包括效益指标和管理运营指标两大类。（1）效益指标：主要考核基金的政策效益、社会效益、经济效益，包括政府投资基金杠杆率、投向 H 市境内企业或项目的比例、投向基金设立方案确定的特定领域或特定企业的比例、促进相关行业发展的作用；所投企业数、被投企业投前投后效益情况、带动增加就业人数、增加利税额、知识产权、后续融资、促进地方经济发展等；政府出资回收率、投资收益率等。（2）管理运营指标：主要考核基金目标完成程度、基金运营效率及管理规范性，年度基金放大倍数、年度基金投资进度，资金运作有效性、风险控制有效性、项目选择有效性、投资管理有效性及信息报送制度的执行情况等。

评价指标设计以《H省省级政府投资基金绩效考核评价管理暂行办法》评价指标框架为依据，从项目政策效益和运营情况两个方面设计一级指标，同时，结合《H市政府投资基金绩效考核评价管理办法》考核内容，将部分关键指标与政策效益和运营情况两个一级指标进行融合。具体指标如表9-1所示。

表9-1　　　　　　　　　　　　F基金绩效评价指标

一级指标	分值	二级指标	分值	三级指标	分值	指标解释
政策效益指标	50	资金募集情况	15	政府出资到位率	根据资金权重确定权重分值	用以反映政府按基金合同约定出资的情况
				投融资平台公司出资到位率	根据资金权重确定权重分值	用以反映投融资平台按基金合同约定出资的情况
				社会资本出资到位率	根据资金权重确定权重分值	用以反映社会资本按基金合同约定出资的情况
		投资带动情况	10	基金放大倍数	3	用以反映财政出资带动其他资本投资情况
				融资带动效应	7	用以反映投资基金带动其他资本投资情况
		市场化管理情况	10	基金认购情况	7	用以反映对基金引入一家国家级基金、中央企业、上市公司、知名投资机构、省外资金认购基金份额及认购实缴到位情况
				基金管理机构知名度	3	用以反映基金委托管理机构情况

续表

一级指标	分值	二级指标	分值	三级指标	分值	指标解释
政策效益指标	50	基金发展定位落实情况	15	地理区域分布	5	用以反映基金投资于规定地域范围内企业的出资比例
				产业领域分布	5	用以反映基金投资于规定产业领域内企业的出资比例
				企业发展阶段分布	5	用以反映基金投资于规定企业发展阶段分布的企业出资比例
运营管理情况	50	基金投资情况	35	基金投资（退出）进度	10	用以反映基金投资及退出于规定进度的情况
				投资收益分配	3	用以反映投资收益及时、足额上缴
				投资收益率	4	用以反映基金投资收益效果与能力
				带动创新情况	3	用以反映被投资企业的科研成果情况以及创新能力
				带动经济情况	4	用以反映投资基金对企业成长的扶持效果，度量投资基金的投资成效
				项目库增幅	3	用以反映投资基金所能选择的项目库情况
				投资企业数量增幅	3	用以反映基金的工作进展情况
				基金保值增值率	5	用以反映基金的保全和增值情况，它充分体现了对基金所有者的保护，能够及时、有效地发现基金所有者权益减少的现象
		基金规范管理情况	15	基金经营管理模式	2	用以反映基金于规定委托管理情况
				托管机制健全性	2	用以反映托管机制设置情况
				资金使用合规性	3	用以反映资金于规定使用情况
				基金运营合法合规性	3	用以反映基金于法律规定运营情况
				基金投资规模合理性	3	用以反映基金在投资运营过程中于规定对单只子基金、单个项目投资规模
				基金预算管理规范性	2	用以反映财政出资部分于规定纳入年度预算管理
合计	100		100		100	

（三）绩效评价指标分析

1. 政策效益指标分析。本次项目决策下设"资金募集情况"（见表9-2）、"投资带动情况"（见表9-3）、"市场化管理情况"（见表9-4）、"基金发展定位落实情况"（见表9-5）四个二级指标，总分值50分，综合评分50分。

表9-2　　　　　　　　　　资金募集情况评价得分表

一级指标	二级指标	三级指标	得分规则	分值	得分
政策效益指标	资金募集情况	政府出资到位率	政府出资到位率=政府实缴出资额/政府认缴出资额×100%，根据到位率与权重分值乘积计算得分	6	6
		投融资平台公司出资到位率	投融资平台公司出资到位率=投融资平台公司实缴出资额/投融资平台公司认缴出资额×100%，根据到位率与权重分值乘积计算得分	3	3
		社会资本出资到位率	社会资本出资到位率=社会资本实缴出资额/社会资本认缴出资额×100%，根据到位率与权重分值乘积计算得分	6	6

政府出资到位率：该指标主要反映和考核资金募集情况中政府出资部分是否到位。经核实，H市城乡投资发展有限公司代表政府方作为有限合伙人出资10 000万元。2017年12月15日H市城乡投资发展有限公司代表政府出资资金已足额及时到位，基金出资到位率100%。因此根据计分规则，该项指标得分6分。

投融资平台公司出资到位率：该指标主要反映和考核资金募集情况中投融资平台出资部分是否到位。经核实，投融资平台，即H市工业投资集团有限公司出资5 000万元。2017年12月20日H市城乡投资发展有限公司代表政府出资资金已足额及时到位，基金出资到位率100%。因此根据计分规则，该项指标得分3分。

社会资本出资到位率：该指标主要反映和考核资金募集情况中社会资本出资部分是否到位。经核实，前海F股权投资基金管理（有限合伙）出资300万元，农开先进制造业投资基金（有限合伙）出资5 000万元，前海股权投资基金（有限合伙）出资4 700万元。2017年12月21日H市城乡投资发展有限公司代表政府出资资金已足额及时到位，基金出资到位率100%。因此根据计分规则，该项指标得分6分。

综上所述，F基金"市场化管理情况"指标得分15分。

表9-3　　　　　　　　　　投资带动情况评价得分表

一级指标	二级指标	三级指标	得分规则	分值	得分
政策效益 指标	投资带动 情况	基金放大倍数	基金放大倍数=带动其他资本投资/财政出资额。基金放大倍数≥5倍，得满分；基金放大倍数<5倍，按照基金放大倍数对应比例给分	3	3
		融资带动效应	基金投资后，被投资项目累计新增融资额/基金投资金额达到0.5的得2分，每增加0.5加2分，最高不超过7分	7	7

基金放大倍数：政府投资基金的宗旨在于发挥财政资金的杠杆放大作用，增加创业投资资本的供给。截至2022年12月31日，F基金财政出资10 000万元，带动社会资金对H市本地企业投资8.23亿元，带动社会资金对H省企业投资6.1亿元。根据"基金放大倍数=带动其他资本投资/财政出资额"通过计算得出，基金放大倍数为14.33。因此根据计分规则，该项指标得分3分。

融资带动效应：政府投资基金能够引导社会各类资本投资经济社会发展的重点领域和薄弱环节，是支持相关产业和领域发展的必然之举。截至2022年12月31日，F基金累计完成投资26 586.3万元，基金投资后，被投资项目累计新增融资151 340万元。根据"融资带动效应=被投资项目累计新增融资额/基金投资金额"计算得出，融资带动效应为5.69。因此根据计分规则，该项指标得分7分。

综上所述，F基金"投资带动情况"指标得分10分。

表9-4　　　　　　　　　　市场化管理情况评价得分表

一级指标	二级指标	三级指标	得分规则	分值	得分
政策效益 指标	市场化 管理情况	基金认购情况	对注册在省内的基金每引入一家国家级基金、中央企业、上市公司、知名投资机构、省外资金认购基金份额的，得1分，最高不超过3分。前述机构累计实缴到位规模占基金累计实缴到位规模达到20%得1分，每增加5个百分点，加1分，最高不超过4分	7	7
		基金管理 机构知名度	委托知名基金管理机构管理的，得3分	3	3

基金认购情况：该指标主要考核该基金引入国家基金、中央企业、上市公司、知名投资机构、省外资金认购情况，以反映基金融资机制创新及投资主体多元化。根据F基金（有限合伙）合伙协议约定，H市城乡投资发展有限公司代

表政府方作为有限合伙人出资 10 000 万元，前海 F 股权投资基金管理（有限合伙）出资 300 万元，H 市工业投资集团有限公司出资 5 000 万元，农开先进制造业投资基金（有限合伙）出资 5 000 万元，前海股权投资基金（有限合伙）出资 4 700 万元。引入知名投资机构，即 H 市工业投资集团有限公司出资 5 000 万元、农开先进制造业投资基金（有限合伙）出资 5 000 万元；引入省外资金，即前海股权投资基金（有限合伙）出资 4 700 万元，得 3 分。合计引入 9 700 万元，均已到位。累计实缴到位规模占基金累计实缴到位规模达到 38.8%，根据计分标准，得 4 分。该指标综合得分为 7 分。

基金管理机构知名度：根据《H 省政府投资基金管理办法》要求，受托管理机构以遴选方式选择基金管理机构，基金管理机构应符合以下条件：（1）在中华人民共和国境内依法设立，实缴资本不低于 1 000 万元；（2）基金管理机构已在中国证券投资基金业协会完成登记；（3）至少有 3 名具备 3 年以上基金管理工作经验的高级管理人员且至少有 3 个以上股权投资的成功案例（即投资所形成的股权投资年平均收益率不低于 10%）；（4）受托管理机构要求的其他条件。通过资料收集与现场调研，基金管理机构符合上述要求，根据计分规则，"基金管理机构知名度"指标得分 3 分。

综上所述，F 基金"市场化管理情况"指标得分 10 分。

表 9-5　　　　　　　　　基金发展定位落实情况评价得分表

一级指标	二级指标	三级指标	得分规则	分值	得分
政策效益指标	基金发展定位落实情况	地理区域分布	基金已完成投资项目（以投资金额计算），在地理区域分布方面符合基金方案规定要求的得 5 分，每减少 1 个百分点扣 0.5 分，此项得分扣完为止	5	5
		产业领域分布	基金已完成投资项目（以投资金额计算），在产业领域分布方面符合基金方案规定要求的得 5 分，每减少 1 个百分点扣 0.5 分，此项得分扣完为止	5	5
		企业发展阶段分布	基金已完成投资项目（以投资金额计算），在企业发展阶段分布方面符合基金方案规定要求的得 5 分，每减少 1 个百分点扣 0.5 分，此项得分扣完为止	5	5

地理区域分布：该指标主要反映被投资项目地理区域分布情况。根据 F 基金（有限合伙）合伙协议要求，该基金直接投资于 H 市内（包括 H 市及附属县区）企业比例不低于 80%，即不低于 2 亿元；或前海股权投资基金（有限合伙）（含关联方）直接与间接投资额度不低于 4 亿元。该基金自成立以来，投资团队先后完成了皓泽电子、多氟多等多家公司投资。截至 2022 年 12 月 31 日，该基金完成投资 26 586.3 万元，其中在 H 市投资 16 500 万元，为 H 市引入外部投资 90 340 万元，共计在 H 市内投资 106 840 万元（如下表所示），即在 H 市域的投资额度大于 4 亿元，完成了合伙协议 8.3 条款的要求。因此根据计分规则，"投资 H 市境内企业比例"指标得分 5 分。

产业领域分布：该指标主要反映被投资项目在产业领域分布情况。通过资料收集，F 基金具体投资企业均为制造业，符合产业领域分布要求，根据计分规则，"产业领域分布"指标得分 5 分。

企业发展阶段分布：该指标主要反映被投资企业所处发展阶段的情况。根据 F 基金（有限合伙）合伙协议约定，合伙企业的目的是直接或间接投资全国范围内，尤其是 H 省内，特别是 H 市区域内未上市（包括新三板挂牌企业）的先进制造业产业企业及产业集群通过专业化的投资运作，实现良好的投资效益。截至 2022 年 12 月 31 日，F 基金具体投资企业均为未上市企业。因此，F 基金投资企业发展阶段符合要求，根据计分规则，"企业发展阶段分布"指标得分 5 分。

综上所述，F 基金"基金发展定位落实情况"指标得分 15 分。

2. 运营管理情况分析。运营管理情况下设"基金投资情况"（见表 9 - 6）"基金规范管理情况"（见表 9 - 7）二个二级指标，满分 50 分，综合评分 40.96 分。

表 9 - 6　　　　　　　　　　基金投资情况评价得分表

一级指标	二级指标	三级指标	得分规则	分值	得分
运营管理情况	基金投资情况	基金投资（退出）进度	基金累计投资进度（以可用投资金额计算）达到基金序时进度的得 5 分，基金累计退出进度（以退出本金金额计算）达到基金序时进度的得 5 分，每减少 1 个百分点扣 0.5 分，此项得分扣完为止	10	10
		投资收益分配	投资收益及时、足额上缴国库得 5 分，否则不得分	3	0
		投资收益率	基金投资收益率 ≥10% 得满分，每降 1%，扣除 10% 权重分，扣完为止	4	0

续表

一级指标	二级指标	三级指标	得分规则	分值	得分
运营管理情况	基金投资情况	带动创新情况	被投企业在基金投资期间知识产权总数量每增加1项,得0.5分,最高得3分	3	3
		带动经济情况	被投企业利润增长率≥10%得满分,每降1%,扣除10%权重分,扣完为止	4	4
		项目库增幅	项目库数量增幅=今年项目库数量-去年项目库数量。项目库数量增幅≥2个,得2分	3	3
		投资企业数量增幅	所投企业数量增幅=(当年累计所投企业-之前年度累计所投企业)/之前年度累计所投企业×100%。所投企业数量增幅≥10%,得3分;每降1%,扣除10%权重分,扣完为止	3	3
		基金保值增值率	资本保值增值率=期末所有者权益/期初所有者权益×100%。资本保值增值率≥90%,得满分,小于90%酌情扣分	5	4.96

基金投资(退出)进度:主要考察基金投资进度执行情况。2022年2月21日,完成投资汉邦科技1 000万元;2022年3月11日召开2022年第1次投资决策委员会,审议并通过了投资涧光股份1 989.5万元的议案,2022年3月24日完成该项投资,投资进度为100%,得5分;另外,F基金投资于多氟多公司和科瑞森公司的本金目前已全额收回,因此,退出进度为100%,得分为5分。根据计分规则,该指标合计得分为10分。

投资收益分配:该指标主要考察基金投资收益是否及时、足额上缴国库。根据F基金(有限合伙)合伙协议要求,在合伙企业存续期间内,已收回的投资不得用于再投资;此外,根据《H省政府投资基金管理办法》规定,政府投资基金存续期间,对于基金退出项目的本金和收益,应按基金章程规定进行分配或继续用于基金滚动使用。政府委托出资方式下,资金分配归属政府所得部分由受托管理机构专户管理,并于每年4月底前及时足额上缴国库。截至2022年12月31日,F基金已退出的项目2个,退出净收益及分红收益合计为930.27万元,根据政府出资比例计算其实现的分红及收益合计372.11万元,但未及时足额上缴财政。根据计分规则,该指标得分0分。

投资收益率:该指标用以反映基金投资收益效果与能力。2022年度,H市F基金的净利润为-4 741.16万元,自成立以来累计投资金额为26 586.3万元。F基金自2017年成立至2022年12月31日,资产总值从2.5亿元增长到4.98亿元，资产增值接近 1 倍。根据"基金投资收益率 = 本年收益/投资金额 × 100%"得出：基金投资收益率为 −17.83%。因此根据计分规则，该项指标得分 0 分。

带动创新情况：科技创新能力是提升先进制造业企业同行业核心竞争力的关键所在，也可以实现 H 市经济发展中的经济新增长点，这是推动行业内的产业结构调整和升级的重中之重。截至 2022 年 12 月 31 日，被投企业知识产权数量为 1 986 项；2021 年 12 月 31 日，被投企业知识产权数量为 1 599 项。因此根据计分规则，该项指标得分 3 分。

带动经济情况：该指标主要反映投资基金对企业成长的扶持效果，度量投资基金的投资成效。经查阅资料与数据分析，截至 2022 年 12 月 31 日，累计被投资企业 10 个，其中两个已退出，由于被投资企业中有 4 个企业申报上市，有关利润的数据暂不宜提供，其余四家利润情况较好。经评价组讨论认定：四家处于申报上市的公司盈利状况较好，为客观评判 F 基金投资中的经济带动情况，评价组认定该项指标得分 4 分。

项目库增幅：项目库建设是项目建设的首要环节，在项目建设全过程中起着重要的基础性作用。该基金管理方主要通过以点带面的方式，对 H 市产业集聚区、博爱产业集聚区、孟州产业集聚区、修武产业集聚区的制造业企业进行了摸排，产业主要包含装备制造、电子信息产业零部件、新能源、现代农业等产业，完成了大部分企业的初步接触，形成了初步的项目池，并对其进行了持续跟踪、尽职调查，为投资工作的进一步开展奠定了基础。2021 年，F 基金项目库储备 54 个项目。截至 2022 年 12 月 31 日，该基金项目库共储备 58 家企业。实际项目库增幅为 4。因此根据计分规则，该项指标得分 3 分。

投资企业数量增幅：截至 2022 年 12 月 31 日，F 基金累计投资 10 家企业，2022 年度共投资 2 家企业。根据"所投企业数量增幅 =（当年累计所投企业数 − 之前年度累计所投企业数）/之前年度累计所投企业数 × 100%"计算得出所投企业数量增幅为 25%。因此依据计分规则，该项指标得分 3 分。

基金保值增值率：按照《财政部关于印发〈财政总预算会计制度〉的通知》要求，各级财政部门应完整准确反映投资基金中财政出资部分形成的资产和权益，在确保政府投资安全的前提下实现保值增值。2022 年 12 月 31 日，F 基金期末所有者权益为 498 142 560.59 元，2021 年 12 月 31 日，F 基金期末所有者权益为 558 361 916.94 元。根据"资本保值增值率 = 期末所有者权益/期初所有者权益 × 100%"得出：F 基金资产保值增值率为 89.22%。因此根据权重计算，该项指标得分 4.96 分。

综上所述，F 基金"基金投资情况"指标得分 27.96 分。

表 9-7 基金规范管理情况评价得分表

一级指标	二级指标	三级指标	得分规则	分值	得分
基金规范管理情况		基金经营管理模式	基金委托专业管理机构进行市场化经营管理的得 2 分；否则，此项不得分，且没有委托专业管理机构管理的另外从绩效评价总得分中扣减 2 分	2	2
		托管机制健全性	基金建立资金第三方托管机制，依法合规选择符合条件的金融机构实施第三方托管的得 2 分；没有建立第三方托管机制的，此项不得分，且另外从绩效评价总得分中扣减 2 分	2	2
		资金使用合规性	基金在投资运营过程中闲置资金未发生违反相关法律法规等情况，未进行禁止性业务投资情况的、政府投资基金投资单个项目所处领域行业未违反禁止性规定的得 3 分；否则，此项不得分，且每违反 1 次另外从绩效评价总得分中扣减 1.5 分	3	3
		基金运营合法合规性	基金依法合规经营，未发生违反相关法律法规等情况，并未被相关部门依法处罚的得 3 分；发生违法违规经营行为，被相关部门依法处罚的，此项不得分，且每处罚 1 次另外从绩效评价总得分中扣减 1.5 分	3	3
		基金投资规模合理性	基金在投资运营过程中未发生对单只子基金、单个项目投资规模超出基金方案或管理办法规定情况的得 3 分；否则，此项不得分，且每违反 1 次另外从绩效评价总得分中扣减 1.5 分	3	3
		基金预算管理规范性	基金政府出资部分纳入年度预算管理，并报同级人大或其常委会批准的得 2 分，否则不得分	2	0

基金经营管理模式：该指标用以考核基金委托管理机构管理情况。基金管理专业化既是政府作为委托方对管理机构的基本要求，也是政府投资基金高效运行的保障。该基金的受托管理机构为 H 市城乡投资发展有限公司，根据《H 市先进制造业培育基金委托协议》规定，受托管理机构的职责为：①负责受托管理业务；②在 H 市财政局授权范围内相应行使对政府投资基金扶持创投机构的管理权和参与决策权；③根据合伙协议的约定，向其推荐投资决策委员会委员；④应与政府投资基金管理团队建立定期、有效的沟通机制，在权责范围内随时了解政

府投资基金的运作情况，定期分析政府投资基金资产运行状况及重大事项，并向 H 市财政局汇报等。通过资料收集与现场调研，基金委托专业管理机构进行市场化经营管理且受托管理方认真遵守托管协议的相关规定并按照托管协议履行了相应的职责。因此，根据计分规则，该指标得分是 2 分。

托管机制健全性：该指标用以反映和考核资金第三方托管机制健全性。根据《H 省财政厅关于印发 H 省政府投资基金管理办法》要求，政府投资基金应选择在中国境内设立的商业银行进行托管，托管机构依据托管协议负责账户管理、资金清算、资产保管等事务，对投资活动实施动态监管。此外，根据 F 基金（有限合伙）合伙协议规定，全体合伙人一致同意合伙企业在一家具有相关资质的声誉良好的托管机构作为托管和募集结算资金专用账户，托管相关的具体安排将由合伙企业与托管机构之间签订托管协议。基金托管机制健全，该指标得分为 2 分。

资金使用合规性：该指标用以考核资金使用是否合法合规，主要反映投资运营中的闲置资金及投资单个项目所处领域行业遵守相关法律法规的情况。根据资料收集和现场调研，发现该基金运营合法合规，闲置资金未发生违法违规等情况、未进行禁止性业务投资，政府投资基金投资单个项目所处领域行业未违反禁止性规定。根据计分规则，该指标得分为 3 分。

基金运营合法合规性：该指标主要考核基金运营程序合法合规情况。该基金的投资决策程序为：管理公司将按照不同项目确定投资团队，负责该项目的投资事宜和投资后的日常跟踪，确保投资决策的专业性和项目跟踪的持续性。具体包括：（1）项目寻找和筛选：丰富的项目储备库；（2）项目立项：管理团队组织对备选项目进行初步尽职调查，形成立项建议；（3）尽职调查：管理团队进行现场尽职调查，形成整体投资框架；（4）投资审核：管理团队将项目投资报告书提交投资决策委员会审议通过；（5）文件签署：经投资决策委员会表决同意，方可签署相关协议。经对该基金的实地考察，发现其合伙人协议、投资决策决议等资料齐全并及时归档，基金运营过程未发生违反相关法律法规等情况。因此，根据计分规则，该指标得分为 3 分。

基金投资规模合理性：该指标用以考核在投资过程中，基金对单个投资项目的投资规模是否符合规定。根据 F 基金（有限合伙）合伙协议规定，单一项目投资不得超过合伙企业总资产的 20%。根据资料收集，基金在投资运营过程中，对单个项目的投资未超过 20%，根据计分标准，该指标得分为 3 分。

基金预算管理规范性：该指标考察基金政府出资是否纳入年度预算管理，用以反映和考核基金预算管理的规范情况。根据《H 省财政厅关于印发 H 省政府投资基金管理办法》要求，政府投资基金政府出资必须纳入年度预算管理，报同级人大或其常委会批准；数额较大的，应根据基金投资进度分年安排。经 H 市审计局专项审计核查，H 市 F 基金政府完成出资部分统筹使用以前年度财政存量资金，该笔资金未纳入年度预算。因此，根据计分规则，该指标得分为 0 分。

综上所述，F 基金"基金规范管理情况"指标得分 13 分。

（四）评价结论

评价组依据基金受托管理机构提供的数据资料、座谈会、企业调研等获取的信息，对 F 基金绩效情况进行了综合评价。通过绩效评价工作组数据资料分析、现场抽样调研等方法的实施和应用，依据《项目支出绩效评价管理办法》《H 市政府投资基金绩效考核评价管理办法》等规定，对 F 基金项目进行了全面、系统、科学、客观公正的评价，最终 F 基金绩效评价得分 90.96 分，评价结果为"优"。

（五）存在的问题（略）

（六）有关建议（略）

第二节　地方政府债务绩效管理

一、债务绩效管理内涵

随着债务绩效问题研究的不断深入，一些学者对地方政府债务绩效管理进行了概念界定。薛菁（2014）认为债务绩效管理是以政府债务的可持续为目标，围绕债务风险防控而进行的管理活动。冀云阳（2021）将债务绩效管理分解为债务预算管理、绩效管理和项目管理三部分，提出债务绩效应包括覆盖债务运行全过程的债务管理绩效和全生命周期的债务项目绩效。郑方方等（2022）认为地方政府债务管理绩效与债务项目资金绩效共同构成地方政府债务绩效，即地方政府债务绩效的优化既有赖于财政部门的债务管理能力与成效，也离不开债务项目资金绩效的提升，两者相互促进、协同发展。

2021 年，财政部颁布的《地方政府专项债券项目资金绩效管理办法》对地方政府专项债券项目资金绩效管理的内涵作出明确表述，将其界定为"指财政部门、项目主管部门和项目单位以专项债券支持项目为对象，通过事前绩效评估、绩效目标管理、绩效运行监控、绩效评价管理、评价结果应用等环节，推动提升债券资金配置效率和使用效益的过程"。

二、地方政府债务全过程绩效管理体系

（一）事前绩效评估

申请专项债券资金前，项目单位或项目主管部门要开展事前绩效评估，并将评估情况纳入专项债券项目实施方案。事前绩效评估主要判断项目申请专项债券资金支持的必要性和可行性，重点论证以下方面：（1）项目实施的必要性、公益性、收益性；（2）项目建设投资合规性与项目成熟度；（3）项目资金来源和到位可行性；（4）项目收入、成本、收益预测合理性；（5）债券资金需求合理性；（6）项目偿债计划可行性和偿债风险点；（7）绩效目标合理性；（8）其他需要纳入事前绩效评估的事项。

地方财政部门指导项目主管部门和项目单位做好事前绩效评估，将事前绩效评估作为项目进入专项债券项目库的必备条件。必要时财政部门可组织第三方机构独立开展绩效评估，并将评估结果作为是否获得专项债券资金支持的重要参考依据。

（二）绩效目标管理

绩效目标应当重点反映专项债券项目的产出数量、质量、时效、成本，还包括经济效益、社会效益、生态效益、可持续影响、服务对象满意度等绩效指标。项目单位在申请专项债券项目资金需求时，要同步设定绩效目标，经项目主管部门审核后，报同级财政部门审定。绩效目标要尽可能细化量化，能有效反映项目的预期产出、融资成本、偿债风险等。

地方财政部门要将绩效目标设置作为安排专项债券资金的前置条件，加强绩效目标审核，将审核后的绩效目标与专项债券资金同步批复下达。绩效目标原则上执行中不作调整。确因项目建设运营环境发生重大变化等原因需要调整的，按照新设项目的工作流程办理。

（三）绩效运行监控

项目主管部门和项目单位应当建立专项债券项目资金绩效跟踪监测机制，对绩效目标实现程度进行动态监控，发现问题及时纠正并告知同级财政部门，提高

专项债券资金使用效益，确保绩效目标如期实现。

地方财政部门应当跟踪专项债券项目绩效目标实现程度，对严重偏离绩效目标的项目要暂缓或停止拨款，督促及时整改。项目无法实施或存在严重问题的要及时追回专项债券资金并按程序调整用途。财政部门利用信息化手段探索对专项债券项目实行穿透式监管，根据工作需要组织对专项债券项目建设运营等情况开展现场检查，及时纠偏纠错。

（四）绩效评价管理

项目主管部门和财政部门绩效评价要反映项目决策、管理、产出和效益。绩效评价指标框架和绩效评价提纲由省级财政部门结合实际情况自主制定，参考《项目支出绩效评价管理办法》有关范例，并突出专项债券项目资金绩效评价特点。包括但不限于以下内容。

1. 决策方面。项目立项批复情况；项目完成勘察、设计、用地、环评、开工许可等前期工作情况；项目符合专项债券支持领域和方向情况；项目绩效目标设定情况；项目申请专项债券额度与实际需要匹配情况等。

2. 管理方面。专项债券收支、还本付息及专项收入纳入政府性基金预算管理情况；债券资金按规定用途使用情况；资金拨付和支出进度与项目建设进度匹配情况；项目竣工后资产备案和产权登记情况；专项债券本息偿还计划执行情况；项目收入、成本及预期收益的合理性；项目年度收支平衡或项目全生命周期预期收益与专项债券规模匹配情况；专项债券期限与项目期限匹配情况等；专项债券项目信息公开情况；外部监督发现问题整改情况；信息系统管理使用情况；其他财务、采购和管理情况；

3. 产出方面。项目形成资产情况；项目建设质量达标情况；项目建设进度情况；项目建设成本情况；考虑闲置因素后债券资金实际成本情况；项目建成后提供公共产品和服务情况；项目运营成本情况等。

4. 效益方面。项目综合效益实现情况；项目带动社会有效投资情况；项目支持国家重大区域发展战略情况；项目直接服务对象满意程度等。

专项债券项目建立全生命周期跟踪问效机制，项目建设期绩效评价侧重项目决策、管理和产出等，运营期绩效评价侧重项目产出和效益等。

（五）评价结果应用

绩效评价结果量化为百分制综合评分，并按照综合评分进行分级。综合评分为 90 分（含）以上的为"优"，80 分（含）至 90 分的为"良"，60 分（含）至 80 分的为"中"，60 分以下的为"差"。项目主管部门和项目单位要根据绩效评价结果及时整改问题。省级财政部门也要及时将重点绩效评价结果反馈项目主管部门和项目单位，并提出整改意见。项目主管部门和项目单位应根据评价结果和整改意见，提出明确整改措施，认真组织开展整改工作。上级财政部门对下级财政部门绩效管理工作定期开展抽查，指导和督促提高绩效管理水平。财政部组织各地监管局定期抽查各地区绩效管理工作情况、省级财政部门重点绩效评价开展情况等，抽查情况书面报告财政部。

按照评价与结果应用主体相统一的原则，财政部在分配新增地方政府专项债务限额时，将财政部绩效评价结果及各地监管局抽查结果等作为分配调整因素。省级财政部门在分配专项债务限额时，将抽查情况及开展的重点绩效评价结果等作为分配调整因素。地方财政部门将绩效评价结果作为项目建设期专项债券额度以及运营期财政补助资金分配的调整因素。

各级财政部门、项目主管部门和项目单位及个人，违反专项债券项目资金绩效管理规定致使财政资金使用严重低效无效并造成重大损失的，以及有其他滥用职权、玩忽职守、徇私舞弊等违法违规行为的，依法责令改正；对负有直接责任的主管人员和其他直接责任人员依法给予处分；涉嫌犯罪的，依法移送有关机关处理。

三、专项债券项目绩效评价案例

（一）案例基本情况介绍

某医院建设项目占地面积 315.34 亩，实际用地面积 244.94 亩。项目分为一到五期工程，总建筑面积合计 254 152.31 平方米（地上建筑面积 183 141.13 平方米，地下建筑面积 66 721.18 平方米）。主要包括门诊、医技、病房及其他医疗用房、地下车库、水电、暖通、消防、综合管网、道路、绿化工程及相关配套附属设施等。

项目总投资 105 465.00 万元，资金来源为：项目单位经营结余投入 65.00 万元；本项目计划申请债券资金总额 105 400.00 万元。其中，2019 年已使用 4 000.00 万元，2020 年已使用 8 000.00 万元，2021 年已使用 10 000.00 万元，2022 年计划使用 63 400.00 万元，已使用 63 400.00 万元，2023 年计划使用 20 000.00 万元。

（二）评价指标体系设计

1. 指标体系选取。本项目评价指标体系参考《H 省财政厅关于开展 2023 年度专项债券项目资金重点绩效评价工作的通知》中《政府专项债券项目资金绩效评价指标体系框架》，从决策、管理、产出、效益四个方面进行分析，由 4 个一级指标、13 个二级指标、45 个三级指标构成，指标体系权重共计 100 分。同时依据《项目支出绩效评价管理办法》相关规定，财政和部门评价指标的权重根据各项指标在评价体系中的重要程度确定，应当突出结果导向，原则上产出、效益指标权重不低于 60%。同一评价对象处于不同实施阶段时，指标权重应体现差异性，其中，实施期间的评价更加注重决策、过程和产出，实施期结束后的评价更加注重产出和效益。因此，本项目设置各项权重分值为决策 15 分、管理 30 分、产出 40 分、效益 15 分，突出在建项目特征，符合更加注重决策、管理和产出的评价要求。

2. 指标体系构成。

决策：指标权重 15 分，包括项目立项、专项债券申请情况、绩效管理情况三个二级指标。其中：项目立项包括立项依据充分性、立项程序规范性；专项债券申请情况包括支持领域合规性、手续办理完备性、配套资金到位率、项目文本科学性；绩效管理情况包括事前绩效评估、绩效目标设定、绩效目标合理性、绩效指标明确性。该部分指标重点考核预算部门在项目决策环节对项目论证、专项债券申请情况、项目实施方案制定、项目绩效目标设置及管理情况等方面。

管理：指标权重 30 分，包括资金管理、资产管理、项目管理、其他管理四个二级指标。其中：资金管理包括纳入预算情况、资金使用规范性、资金支出进度、专项债券本息偿还计划执行情况、预期收益合理性；资产管理包括在建工程管理；项目管理包括项目建设合规性、风险控制有效性；其他管理包括项目信息公开、外部监督发现问题整改情况、其他财务、采购和管理情况。该部分指标重点考核项目单位的资金管理、预算执行、资产管理、制度建设与执行、信息公开、问题整改等情况。

产出：指标权重 40 分，包括项目建设和项目运营两个二级指标。其中：项目建设包括建设进度、项目开工及时率、建设材料购置合格率、门诊综合楼检测达标率、医技楼检测达标率、内科楼检测达标率、建设成本、资金成本、预计资产形成率、医疗床位预计覆盖数量，引用"建设进度"和"项目开工及时率"

重点考察项目在建设期内的完成情况，跟踪项目建设进度；引用"建设材料购置合格率""门诊综合楼检测达标率""医技楼检测达标率""内科楼检测达标率"考察项目建设达标情况；项目运营包括预计运营成本、预计运营收入和收益、预计提供公共产品和服务。该部分指标用于评价项目在建设期间实际建设、产出以及预计运营情况。

效益：指标权重15分，包括社会效益、生态效益、带动作用、满意度四个二级指标。其中，社会效益包括"建设期间就业情况""安全事故发生次数""医疗就诊环境改善程度"和"医疗服务水平提升程度"四个三级指标，重点考察实施项目对医疗服务水平的改善程度和对城区居民医疗需求的保障意义；生态效益包括"控制施工环境污染"，考核项目实施是否制定有效措施减少对生态环境的影响；带动作用包括"带动投资"和"支持发展"两个三级指标；满意度主要从"社会公众满意度"进行考察。该部分指标重点按照实施方案的要求加快对项目的建设进度，尽快满足人民群众对医疗服务的需要，强化对区域内医疗资源建设目标的考察。

具体指标如表9-8所示。

表9-8　　　　　　　　　某医院债券项目绩效评价指标

一级指标	二级指标	三级指标	权重分值	指标解释
决策 (15分)	项目立项 (2分)	立项依据充分性	1	项目立项是否符合法律法规、相关政策、发展规划以及部门职责，用以反映和考核项目立项依据情况
		立项程序规范性	1	项目的申请、设立过程是否符合相关要求，用以反映和考核项目立项的规范情况。项目的立项是否经过主管部门、发改、财政部门的审核批复，程序完备
	专项债券申请情况 (6分)	支持领域合规性	1	项目立项是否符合专项债券支持领域和方向，是否属于有一定收益的公益性项目
		手续办理完备性	1	前期手续办理及相关材料是否完整，项目前期工作是否符合政府采购、招标投标的相关规定和程序，用以反映和考核项目前期工作开展的规范情况
		配套资金到位率	1	项目配套资金是否足额到位
		项目文本科学性	3	项目实施方案、收益和融资平衡方案、法律意见书等文件内容的科学性与合理性

续表

一级指标	二级指标	三级指标	权重分值	指标解释
决策 (15分)	绩效管理情况 (7分)	事前绩效评估	2	是否进行事前绩效评估
		绩效目标设定	1	是否设定绩效目标，并随项目资料报送
		绩效目标合理性	2	项目所设定的绩效目标是否符合实际、切实可行，用以反映和考核项目绩效目标与项目实施的相符情况
		绩效指标明确性	2	依据绩效目标设定的绩效指标是否清晰、细化、可衡量等，用以反映和考核项目绩效目标的明细化情况
管理 (30分)	资金管理 (13分)	纳入预算情况	2	项目资金、项目收益纳入预算管理情况
		资金使用规范性	4	债券资金使用管理情况，用以反映项目单位对债券资金的使用是否合规
		资金支出进度	2	资金拨付和支出进度是否按计划执行，是否及时支付到资金使用最末端，形成实物工作量；资金拨付和支出进度与项目建设进度是否匹配，是否存在资金闲置情况
		专项债券本息偿还计划执行情况	3	专项债券本息偿还计划执行情况
		预期收益合理性	2	项目全生命周期预期收益与专项债券规模是否合理、匹配
	资产管理 (4分)	在建工程管理	4	项目建设过程中管理情况
	项目管理 (8分)	项目建设合规性	4	项目建设流程是否规范；资产备案登记是否规范
		风险控制有效性	4	项目是否采取合理可控的风险控制措施有效规避、减轻相关风险的发生
	其他管理 (5分)	项目信息公开	2	1. 是否对专项债券项目信息按要求公开； 2. 是否按要求及时在信息系统填报、更新信息
		外部监督发现问题整改情况	2	项目在审计、督查、巡视等工作中被检查出来问题的整改落实的及时性和有效性，用以反映和考核项目对发现问题的整改落实情况
		其他财务、采购和管理情况	1	是否健全相关制度并严格执行政府采购法律法规以对项目顺利实施进行保障

一级指标	二级指标	三级指标	权重分值	指标解释
产出 (40分)	项目建设 (35分)	建设进度	10	是否在规定时间实施建设
		项目开工及时率	1	是否在规定时间开工
		建设材料购置合格率	3	在项目建设过程中，购置的材料是否合格、无质量问题
		门诊综合楼检测达标率	5	已建成门诊综合楼质量是否达标、无工程质量问题
		医技楼检测达标率	4	已建成医技楼质量是否达标、无工程质量问题
		内科楼检测达标率	4	已建成内科楼质量是否达标、无工程质量问题
		建设成本	3	项目建设成本情况
		资金成本	3	考虑闲置因素后债券资金实际成本情况
		预计资产形成率	1	项目预计形成资产情况
		医疗床位预计覆盖数量	1	考察预计投入医疗床位数量情况
	项目运营 (5分)	预计运营成本	2	项目预计运营成本情况
		预计运营收入和收益	2	项目预计运营收入和收益情况
		预计提供公共产品和服务	1	项目预计提供公共产品和服务情况
效益 (15分)	社会效益 (5分)	建设期间就业情况	2	项目建设带动就业人数增加情况
		安全事故发生次数	1	项目建设期间安全事故发生情况
		医疗就诊环境改善程度	1	考察通过项目建设对医疗就诊环境的改善情况
		医疗服务水平提升程度	1	考察通过项目建设对医院医疗服务水平的提升情况
	生态效益 (1分)	控制施工环境污染	1	考察项目实施对生态环境的影响
	带动作用 (2分)	带动投资	1	项目带动社会有效投资情况
		支持发展	1	项目支持国家重大区域发展战略情况
	满意度 (7分)	社会公众满意度	4	社会公众或服务对象对项目实施效果的满意程度
		医护人员及管理人员满意度	3	医护人员及管理人员对项目实施效果的满意程度

（三）绩效评价指标分析（简略分析）

1. 项目决策情况。本次项目决策指标下设置"项目立项""专项债券申请情况"和"绩效管理情况"三个二级指标，总分值15分，综合评价得分10.6分。

（1）项目立项。下设"立项依据充分性"和"立项程序规范性"两个三级指标，总分值2分，综合评分2分。

（2）专项债券申请情况。下设"支持领域合规性""手续办理完备性""配套资金到位率""项目文本科学性"四个三级指标，总分值6分，综合评分4.8分。其中"项目文本科学性"因未能充分结合医院未来运营中的收入、费用情况进行科学、严谨的风险预测，方案中所提出的风险防控措施针对未来出现的偿债风险而言可操作性不强的原因扣除1.2分。

（3）绩效管理情况。下设"事前绩效评估""绩效目标设定""绩效目标合理性"和"绩效指标明确性"四个三级指标，总分值7分，综合评分3.8分。其中事前绩效评估、绩效指标明确性因评估报告不严谨、绩效指标未能清晰衡量项目在建设期内的产出与效益等方面的考核内容扣除3.2分。

2. 项目管理情况。本次项目管理指标下设置"资金管理""资产管理""项目管理""其他管理"四个二级指标，总分值30分，综合评价得分28.43分。

（1）资金管理。下设"纳入预算情况""资金使用规范性""资金支出进度""专项债券本息偿还计划执行情况"和"预期收益合理性"五个三级指标，总分值13分，综合评分11.43分。因项目支出进度较慢、预期收益存在预测不科学等现象扣除1.57分。

（2）资产管理。下设"在建工程备案和产权登记情况"一个三级指标，总分值4分，综合评分4分。

（3）项目管理。下设"项目建设合规性"和"风险控制有效性"两个三级指标，总分值8分，综合评分8分。

（4）其他管理。下设"项目信息公开""外部监督发现问题整改情况"和"其他财务、采购和管理情况"三个三级指标，总分值5分，综合评分5分。

3. 项目产出情况。产出类指标下设"项目建设"和"项目运营"两个二级指标，总分值为40分，综合评价得分31.53分。

（1）项目建设。下设"建设进度""项目开工及时率""建设材料购置合格率""门诊综合楼检测达标率""医技楼检测达标率""内科楼检测达标率""建设成本""资金成本""预计资产形成率""医疗床位预计覆盖数量"十个三级指标，总分值 35 分，综合评分 26.53 分。"建设进度"因工期滞后 16 个月扣除 8 分，"项目开工及时率"因项目实际开工日期比计划开工日期推迟 2 个月扣除 0.4 分，"预计资产形成能率"扣除 0.07 分。

（2）项目运营。下设"预计运营成本""预计运营收入和收益"和"预计提供公共产品和服务"三个三级指标，总分值为 5 分，综合评分为 5 分。

4. 项目效益情况。效益类指标下设"社会效益""生态效益""带动作用"和"满意度"四个二级指标，总分值为 15 分，综合评价得分 13.65 分。

（1）社会效益。下设"建设期间就业情况""安全事故发生次数""医疗就诊环境改善程度""医疗服务水平提升程度"四个三级指标，总分值为 5 分，综合评分为 4.87 分。

（2）生态效益。下设"控制施工环境污染"一个三级指标，总分值为 1 分，综合评分为 0.90 分。

（3）带动作用。下设"带动投资""支持发展"两个三级指标，总分值为 2 分，综合评分为 1.93 分。

（4）满意度。下设"社会公众满意度""医护人员及管理人员满意度"两个三级指标，总分值为 7 分，综合评分为 5.95 分。

（四）综合评价结论

评价组根据评价指标体系及评分标准，经基础数据采集、访谈、现场核验、审阅复核、统计分析等过程，对某医院项目资金在决策、管理、产出、效益四个方面对该项目进行了客观评价。具体评价指标得分情况如表 9 - 9 所示。

表 9 - 9　　　　　　　　某医院专项债券资金绩效评价得分表

指标	权重分值	目标分值	得分
决策	15	15	10.6
项目立项	2	2	2
立项依据充分性	1	1	1
立项程序规范性	1	1	1
专项债券申请情况	6	6	4.8
支持领域合规性	1	1	1
手续办理完备性	1	1	1
配套资金到位率	1	1	1

续表

指标	权重分值	目标分值	得分
项目文本科学性	3	3	1.8
绩效管理情况	7	7	3.8
事前绩效评估	2	2	1
绩效目标设定	1	1	1
绩效目标合理性	2	2	1
绩效指标明确性	2	2	0.8
管理	30	30	28.43
资金管理	13	13	11.43
纳入预算情况	2	2	2
资金使用规范性	4	4	4
资金支出进度	2	2	1.43
专项债券本息偿还计划执行情况	3	3	3
预期收益合理性	2	2	1
资产管理	4	4	4
在建工程备案和产权登记情况	4	4	4
项目管理	8	8	8
项目建设合规性	4	4	4
风险控制有效性	4	4	4
其他管理	5	5	5
项目信息公开	2	2	2
外部监督发现问题整改情况	2	2	2
其他财务、采购和管理情况	1	1	1
产出	40	40	31.53
项目建设	35	35	26.53
建设进度	10	10	2
项目开工及时率	1	1	0.6
建设材料购置合格率	3	3	3
门诊综合楼检测达标率	5	5	5
医技楼检测达标率	4	4	4
内科楼检测达标率	4	4	4
建设成本	3	3	3
资金成本	3	3	3

指标	权重分值	目标分值	得分
预计资产形成率	1	1	0.93
医疗床位预计覆盖数量	1	1	1
项目运营	5	5	5
预计运营成本	2	2	2
预计运营收入和收益	2	2	2
预计提供公共产品和服务	1	1	1
效益	15	15	13.65
社会效益	5	5	4.87
建设期间就业情况	2	2	2
安全事故发生次数	1	1	1
医疗就诊环境改善程度	1	1	0.94
医疗服务水平提升程度	1	1	0.93
生态效益	1	1	0.9
控制施工环境污染	1	1	0.9
带动作用	2	2	1.93
带动投资	1	1	0.93
支持发展	1	1	1
满意度	7	7	5.95
社会公众满意度	4	4	2.95
医护人员及管理人员满意度	3	3	3
合计	100	100	84.21

某医院项目的建设有利于改善和提高人民群众的就医环境和条件，使群众享受到优质、高效的医疗卫生服务，对全面提升当地医疗卫生保健水平、加快构建和谐社会具有重要的现实意义。评价组通过调研、访谈、数据分析等发现，项目实施存在建设进度滞后、风险防控落实不到位、未考虑资金的货币时间价值等问题。根据评分标准，某医院政府专项债券项目资金绩效评价总体得分为84.21分，评价等级为"良"。

(五) 存在的问题及原因分析

1. 项目绩效管理水平亟待提升。评价组通过查阅事前绩效评估报告及项目绩效目标申报表发现，项目基本能够围绕建设任务，结合绩效管理要求开展事前绩效评估与绩效目标设置工作。但从质量审核的角度，存在以下几个问题：一是事前绩效评估报告不严谨。一方面缺少论证小组成员相关信息，另一方面报告中填报的绩效目标申报内容与建设内容存在不一致的现象，如规划医疗床位存在1 000 张、1 500 张两个数据，前后数据不一致。二是绩效目标设置质量不高。单位在设置绩效目标时，存在一张表通用到整个项目建设期的现象，未能按照年度建设计划与预算资金需求规模编制年度绩效目标申报表，从而导致目标表无法正常反映项目计划实施成效与年度正常业绩水平。三是绩效指标的指向性不明确。绩效目标申报表存在明显的错误，二级指标仅设置"数量指标"，未能细化量化质量指标、效益指标等内容，绩效指标未能清晰衡量项目在建设期内的质量、时效、效益等方面的考核内容。

2. 项目文本科学性有待提升。在该项目收益与融资自求平衡专项评价报告中，一方面对此项目运营期内的现金流量分析没有考虑货币的时间价值因素。在评估投资项目的回报时，未考虑资金的复利效应，仅是将收益进行简单的加总合计，可能导致对项目盈利能力的低估或高估，评估结果可能未能真实反映项目的长期经济效益，会影响到专项债券资金项目的收益与融资自求平衡分析，从而增加投资风险。另一方面费用测算不够严谨。人员费用的预测存在不严谨现象，因为新院区建成运营后，需要大量的医护管理人员，仅以现有人员的 2.50％的增长率进行测算明显低于医院发展的正常需求，其他支出也存在同样的问题。

3. 项目风险预案制定缺乏针对性。通过查阅项目"两书一案"发现，虽然项目实施方案中对"影响融资平衡结果的风险及控制措施"将风险界定为政府的信用情况、项目进度和区域经济的发展速度等方面，并简单提及"如偿债出现困难，将通过调减投资计划、处置可变现资产、调整预算支出结构等方式筹集资金偿还债务。"该方案的设计过于笼统，针对性不强，未能充分结合医院未来运营中的收入、费用情况进行科学、严谨的风险预测，方案中所提出的风险防控措施针对未来出现的偿债风险而言可操作性不强，债务风险应急处置预案制定不够具体、细化、严谨。

4. 项目建设工期存在滞后现象。根据项目单位绩效目标设定来看，项目竣工时间2023 年4 月，投产时间2023 年5 月。但从现场调研及对项目单位的访谈获悉，项目预计竣工时间为2024 年9 月，相较于计划工期滞后16 个月，且设备购置工作尚未完成，预计会对项目的投产运营造成一定的影响。

（六）有关建议

1. 实施穿透式监管，构建全生命周期绩效管理机制。以《地方政府专项债券项目资金绩效管理办法》为指引，对专项债券项目资金绩效实行全生命周期管理，开展穿透式监管，防范项目低效、无效风险，确保债券"发得出、用得好、还得上"目标实现。针对当前项目建设而言，需从全生命周期管理的绩效目标管理、绩效运行监控、绩效评价管理、评价结果应用等环节细化完善，形成规范、适用的"三表一报告"。一是做"深"绩效评估。鉴于前期事前绩效评估报告存在的问题，建议某医院在后续的项目事前绩效评估环节，严格按照事前绩效评估的工作流程和步骤，成立工作组和专家组，认真开展评估论证工作，确保评估结论真实、可靠。二是"做优"绩效目标申报表。建议今后各年度绩效目标编制能够围绕成本、产出、效益、满意度指标设计要求，细化年度建设目标和任务，为后续绩效监控和绩效评价提供支撑。三是"做实"绩效运行监控表。按照"谁使用债券、谁负责监控"这一基本原则，该医院需组织相关人员负责项目绩效监控管理，及时分析相关监控信息，对偏离绩效目标的项目及时采取纠偏措施，保障债券资金安全高效使用，项目建设和运营顺利推进。四是"做真"绩效自评表。根据合同约定，2024年项目建设任务将会完成，建议在竣工验收后针对项目建设期绩效实现情况，如实开展自评价工作。

2. 完善管理制度，确保债券资金使用安全高效。由于该项目债券资金占比规模较大，除财政部门对债券资金采取穿透式监管外，作为资金使用主体，建议该医院围绕债券资金的"借、用、管、还"建立相应的债券资金管理制度，尤其在当前的"用、管、还"三个环节，细化落实相应的规章制度，确保资金使用安全高效。如在"用"的环节根据债券资金申请用途，明确资金支出范围；在"管"的环节合理筹划债券利息偿还途径、形式等内容；在"还"的环节，明确还款资金来源、还款方式等内容，保证债券本金和利息能够如期偿还。

3. 注重债务风险，细化债务风险处置应急预案。通过查阅资料发现，项目在实施方案中针对债券无法还本付息风险仅从"通过调减投资计划、处置可变现资产、调整预算支出结构等方式筹集资金偿还债务"官方表述中进行了措施说明，未能结合该医院未来运营情况以及实施方案内容调整对债务风险防范措施进行细化。建议该医院能够根据自身资产、债务情况，结合项目未来运营预期效益、偿债能力等进行本金还款的方式设计，进一步提升本息覆盖倍数测算的准确性、科学性、严谨性，充分测度还本付息对医院未来发展过程中财务收支压力的影响，并作出合理规划，制定完善的偿债方案，切实防范债务风险。

4. 实施项目精细化管理，统筹加快项目建设进度。鉴于当前项目建设实际工期与计划工期相比存在严重的滞后性问题，建议项目建设中进一步细化项目管理工作，做好论证、招标、采购、验收等各环节工作的衔接，统筹加快项目建设进度。同时，做好后续设备购置的论证、评估、资金筹集、采购等工作，确保项目能够尽快投产运营。

（七）其他需要说明的问题

因本项目尚未完工，项目效益尚无法体现，根据《地方政府专项债券项目资金绩效管理办法》"第十八条 专项债券项目建立全生命周期跟踪问效机制，项目建设期绩效评价侧重项目决策、管理和产出等，运营期绩效评价侧重项目产出和效益等"要求，本次评价指标体系着重评价项目决策、管理和产出，管理情况中"运营管理规范性"、产出情况中"建设成本""资金成本""形成资产""预计运营成本""预计运营收入和收益""预计提供公共产品和服务"指标均按预计结果进行评价。

第三节　国际金融组织贷款项目绩效评价

一、国际金融组织贷款项目绩效评价概述

（一）绩效评价定义

国际金融组织贷款项目绩效评价，是指运用一定的评价准则、指标和方法，结合国际金融组织贷款项目预先设定的绩效目标，对项目绩效进行科学、客观、公正的评价。项目绩效评价以项目目标为导向，对项目全过程进行综合评价，全面考察项目的设计、实施、管理、结果及影响，旨在为改进项目设计、完善项目管理、提升项目绩效、优化政府决策和推广最佳实践提供有效信息。

（二）绩效评价准则

绩效评价主要对绩效评价对象（被评国际金融组织贷款项目）的相关性、效率、效果和可持续性四方面（即四个准则）进行评价。每个评价准则下对应

若干关键评价问题以及一系列具体评价指标。绩效评价正是通过考察分析各个评价指标的实际达成情况，来衡量被评项目的四方面绩效。

1. 相关性：是指项目目标与国家、行业和所在区域的发展战略、政策重点以及需求的相符程度；

2. 效率：是指项目投入和产出的对比关系，即能否以更低的成本或者更快的速度取得预计产出；

3. 效果：是指项目目标的实现程度以及实际产生的效果和相关目标群体的获益程度；

4. 可持续性：是指项目实施完工后，其独立运行的能力和产生效益的持续性。

完工项目应对上述四方面进行全面评价，在建项目应重点评价相关性、效率和效果。

（三）绩效评级方法

《国际金融组织贷款项目绩效评价管理办法》规定，项目绩效分为四个等级，完工项目分别是高度成功、成功、比较成功、不成功；在建项目分别是实施顺利、实施比较顺利、实施不太顺利、难以继续实施。绩效评级的具体做法是：（1）根据绩效评价框架收集有关项目绩效目标完成情况的证据；（2）运用特定的分析方法和打分标准，根据收集整理的证据，对每个评价指标、关键评价问题和评价准则进行递进式打分、评级；（3）根据四个评价准则的权重设置，对四个准则的评价分值进行加权平均，算出项目绩效分值；（4）根据绩效分值确定项目绩效等级。绩效评价分值采用百分制。评价准则的权重、项目绩效分值与对应绩效等级参见表9-10。

表9-10　　　　　　　　　　项目绩效分值与绩效等级对应表

评价准则		完工项目准则权重（%）	在建项目准则权重（%）	绩效等级			
				[90, 100]	[80, 90)	[60, 80)	[0, 60)
相关性		10	20	高度相关	相关	基本相关	不相关
效率		30	50	效率非常高	效率高	效率一般	效率低
效果		30	20	非常满意	满意	比较满意	不满意
可持续性		30	10	高度可持续	可持续	基本可持续	不可持续
项目绩效	完工	100	—	高度成功	成功	比较成功	不成功
	在建	—	100	实施顺利	实施比较顺利	实施不太顺利	难以继续实施

二、国际金融组织贷款项目绩效评价框架开发

绩效评价框架（见表9-11）是开展绩效评价的核心。绩效评价框架包括评价准则、关键评价问题、评价指标、证据、证据来源、证据收集方法等。

表9-11　　　　　　　　　　绩效评价框架结构

评价准则	关键评价问题 （一级指标）	评价指标 （二三级指标）	证据	证据来源	证据收集方法
相关性	● ●	● ●	●	● ●	● ●
效率	● ●	● ●	●	● ●	● ●
效果	● ●	● ●	●	● ●	● ●
可持续性	● ●	●	●	●	●

根据四个评价准则设计出若干个必须回答的关键评价问题（完工项目有11个关键评价问题，在建项目有10个关键评价问题）。评价在建项目和完工项目的关键评价问题不完全相同，表9-12列出了关键评价问题框架。

表9-12　　　　　　　　　　关键评价问题框架

准则	完工项目		在建项目	
	权重 （%）	关键评价问题	权重 （%）	关键评价问题
相关性	10	1.1 项目目标和内容设计是否符合当前国家、行业和所在区域的发展战略，并有效解决实际问题	20	1.1 项目目标和内容设计是否符合当前国家、行业和所在区域的发展战略，并能够有效解决实际问题
		1.2 项目目标受益群体定位（及其首要需求的确定）是否适当		1.2 项目目标受益群体定位（及其首要需求的确定）是否适当

准则	完工项目		在建项目	
	权重（%）	关键评价问题	权重（%）	关键评价问题
效率	30	2.1 项目是否按计划进度实施和完工，并实现了所有预期产出	50	2.1 项目是否按计划进度实施，并实现了相应的阶段性产出
		2.2 项目预算是否按计划投入和使用		2.2 项目预算是否按计划投入和使用
		2.3 项目管理机构设置（和项目实施机构选择）是否适当？项目管理及内部控制是否到位并能确保项目有效实施		2.3 项目管理机构设置（和项目实施机构选择）是否适当？项目管理及内部控制是否到位并能确保项目有效实施
		2.4 项目的资源投入是否经济有效？项目内容设计和实施机制是否具有一定的创新性		2.4 项目的资源投入是否经济有效？项目内容设计和实施机制是否具有一定的创新性
效果	30	3.1 项目是否实现了绩效目标	20	3.1 项目是否实现了阶段性绩效目标
		3.2 项目实际受益群体是否是项目的目标受益群体		3.2 预计项目实际受益群体是否是项目的目标受益群体
可续性	30	4.1 项目财务是否具有可持续性	10	4.1 项目财务是否具有可持续性
		4.2 项目后期运营是否具有可持续性		4.2 项目实施是否具有可持续性
		4.3 项目绩效是否具有可持续性？或者项目创新内容是否具有示范性和可推广性		

为兼顾统一性和灵活性，评价准则（包括其权重）和关键评价问题是固定的，不应该任意增减或改变。管理部门和评价小组可以根据项目实际情况或评价需要，强调其中的若干问题，即可以适当调整关键评价问题的权重设置。

三、世界银行贷款项目绩效评价案例

（一）案例基本情况

1. 项目背景。20 世纪 90 年代末，随着矿产资源的枯竭，H 市开始了从"黑色印象"到"绿色主题"的战略转型，促进旅游业的发展，并将交通运输业确定为社会经济转型的关键部分之一。然而，城市中心与景区之间较差的连通能力，削减了旅游业可能对 H 市区带来的经济效益。此外，由于私家车数量的增长、交通需求的增长以及交通管理系统的不足，导致交通事故和死亡人数升高、温室气体排放量不断升高。因此，减轻负面环境影响、减少交通事故、实现可持续发展模式仍然是 H 市政府（JMG）的首要议程。为了适应 H 市城市功能转型的需求，解决城市交通安全问题与绿色出行问题，城市公共交通系统基础设施与绿色安全廊道建设已经成为全面提升城市科学管理和服务水平的重要抓手。

2. 项目目标。项目发展目标与世界银行 2020～2025 财年中国国别伙伴框架一致，该框架将促进绿色增长确定为三个主要参与领域之一，促进向低碳能源转型，减少空气污染，加强可持续自然资源管理，促进低碳交通和城市建设。世界银行帮助中国从注重实物投资转向更广泛的视角，包括交通安全、公交导向发展（TOD）和出行需求管理。该项目采用了优化城区道路布局、发展公交优先、建设无障碍通行设施、搭建智能交通系统、组建道路交通安全委员会、印发《中小学生交通安全教育读本》等一系列安全系统方法，以改善交通安全管理，减少交通事故死亡和重伤人数；通过 H 市行人和骑自行车人专用的"绿色走廊"部分，帮助改善公交服务，促进慢行交通出行。此外，项目发展目标符合"十四五"规划（2021－2025 年）的绿色发展和共享繁荣战略以及碳达峰和碳中和的目标。

3. 项目内容。绿色交通项目内容涵盖绿道慢行交通系统、智能交通、智能公交、城区道路改造、公交场站枢纽建设、咨询服务项目等诸多方面，主要包括四个子项目。

（1）安全系统综合走廊建设及改善子项目，具体包括：①进行交通数据收集、绩效监测和评估、补救措施的制定；②主要在解放路、人民路和塔南路实施土建工程和交通管理措施以及覆盖走廊和邻近地区的智能交通系统（ITS）建设；③建设和改善交通安全教育基地，开展道路交通安全教育宣传，并提高事故后医疗应急服务；④组建道路交通安全委员会并制定交通安全宣传教育举措。

（2）绿色旅游走廊建设及改善子项目，具体包括：建设连接市中心与北部山区自然风景旅游地的步行、自行车专用绿道。包括新建一段山区路段，重新设计群英河河道沿线路段和现有城市公路及交叉口安全设计、慢行安全设施建设、绿道标志和标线、照明，以及走廊沿线的绿化和美化。

（3）公共交通基础设施建设及改善子项目，具体包括：①火车站公交枢纽建设；②公交停保场建设；③智能公交系统建设；④绿色环保公交车采购。

（4）机构能力建设子项目，具体包括项目组织机构建设、培训及能力建设、课题研究和项目管理四项组成内容。

4. 项目实施情况。项目实际投资金额人民币 882 592 027. 51 元，其中，世界银行贷款 1 亿美元（折合人民币 670 965 434. 55 元），国内地方配套资金为人民币 211 626 592. 96 元。该项目于 2012 年 7 月 25 日获得国家发改委、财政部立项，2014 年 1 月 21 日获得省发改委可研批复，2014 年 9 月 30 日《贷款协定》和《项目协议》经世界银行批准正式生效，2015 年 10 月获得省发改委初步设计批复。项目于 2015 年 10 月开始实施，原定项目贷款关账日期为 2019 年 12 月 31 日，因项目重组调整，经 H 市项目办延期申请后，世界银行批准最终关账日为 2021 年 6 月 30 日。项目于 2022 年 5 月完成竣工财务决算报告，总体进度较预计延期 18 个月，延期主要原因是：一是征地拆迁与移民安置延误了实施进度，导致一些活动取消或调整，如绿道山区段、走廊外 48 个路口改造和火车站北广场公交枢纽；二是修改施工图设计，以适应城市规划的改变，如城市道路面层的"白改黑"、更换路灯、路沿石和透水砖；三是土建工程的施工时间不可预测，国家宏观政策影响、H 市范围内的"暂停施工（封土令）"和环境保护控制措施对项目实施进度影响显著。

（二）绩效评价框架与绩效评级方法

1. 绩效评价框架。根据《国际金融组织项目绩效评价操作指南》（以下简称《指南》）的要求，对项目的相关性、效率、效果和可持续性四个方面进行评价（见表 9 - 13），每个评价准则下对应若干关键评价问题以及一系列具体评价指标，通过考察分析各个评价指标的实际达成情况，衡量项目四个方面绩效。

（1）相关性。包括 2 个关键问题、5 个二级评价指标、9 个三级指标。主要评价项目目标与国家、行业和所在区域的发展战略、政策重点以及需求的相符程度。

（2）效率。包括 4 个关键问题、11 个二级评价指标、10 个三级指标。主要评价项目投入和产出对比关系，即能否以更低的成本或者更快的速度取得预计产出。

（3）效果。包括 2 个关键问题、6 个二级指标、10 个三级指标。主要评价项目目标的实现程度以及实际产生的效果和相关目标群体的获益程度。

（4）可持续性。包括 3 个关键问题、7 个二级评价指标、11 个三级指标。主要评价项目实施完工后，其财务与独立运行的能力、产生效益的持续性和创新内容的示范性与持续性。

表9—13　绩效评价准则及关键问题框架

评价准则	关键评价问题		评价指标
相关性	1.1 项目目标和内容设计是否符合当前国家、行业和所在区域的发展战略，并能够有效解决实际问题	1.1.1 项目目标与国家和H市战略和政策重点的相符程度	项目目标与中国交通发展战略和政策重点的相符程度
			项目目标与H市相关战略和政策重点的相符程度
	1.1.2 项目产出设计能否针对性对性解决所在城市交通发展面临的实际问题		改善连定交通走廊沿线的交通安全和交通效率
			促进所在城市试点绿道慢行的出行能力
			加强所在城市相关机构能力
	1.1.3 项目中期拟调整内容设计是否优化项目目标的实现		是否优化项目目标
			是否更有利于项目目标的实现
	1.2 项目目标受益群体定位（及其主要需求的确定）是否适当	1.2.1 项目产出是否符合并满足当前所在城市及周边受益群体的需求	项目瞄准的目标受益群体及其亟待解决的实际问题和需求是否合理适当
		1.2.2 项目产出是否符合并满足未来所在城市及周边受益群体的需求	项目瞄准的目标受益群体范围是否考虑到项目区域的现状和未来变化趋势
效率	2.1 项目是否按计划进度实施和完工，并实现了所有预期产出	2.1.1 项目是否按计划的时间周期实施并完工	开工时间吻合度
			完工时间吻合度
			项目预期和实际的实施周期相符程度
		2.1.2 项目是否实现了预期产出	安全系统综合走廊建设及改善子项目完成率
			绿色旅游走廊建设及改善子项目完成率
			公交基础设施建设及子项目完成率
			机构能力建设子项目完成率
	2.2 项目预算是否按计划投入和使用	2.2.1 预算执行吻合度	安全系统综合走廊建设及改善子项目实际资金使用与预算吻合度
			绿色旅游走廊建设及改善子项目实际资金使用与预算吻合度
			公交基础设施建设及子项目实际资金使用与预算吻合度
			机构能力建设子项目实际资金使用与预算吻合度

续表

评价准则	关键评价问题	评价指标	
效率	2.2 项目预算是否按计划投入和使用	2.2.2 资金到位率	世行贷款资金到位率（%） 配套资金到位率（%）
		2.2.3 资金使用合法合规性	项目违规使用总额占项目资金总额的比重（%）
	2.3 项目管理机构设置（和实施机构选择）是否适当，项目管理及实施内部控制是否到位并能确保项目有效实施	2.3.1 是否在省、市、县相关各级有专门的项目管理办公室，并配备足够的人员，是否促进项目协调推进	
		2.3.2 是否分类制定了相关的管理制度和实施细则，并落实到位	
		2.3.3 各级管理机构职责是否清晰、适当	
		2.3.4 是否有有效的信息收集及反馈渠道	
	2.4 项目的资源投入是否经济有效，项目内容设计和实施机制是否具有一定的创新性	2.4.1 项目实际经济内部收益率与预期经济内部收益率的相符程度	
		2.4.2 项目的创新性设计提高效率和效果的程度	
效果性	3.1 项目是否实现了绩效目标	3.1.1 安全系统综合走廊建设及改善子项目预期绩效目标完成率	项目走廊沿线的年交通相关死亡人数的减少 项目走廊改善长度 项目走廊高峰期公共交通出行时间的减少
		3.1.2 绿色旅游走廊建设及改善子项目预期绩效目标完成率	绿道每年的慢行交通道次数 建设的绿道走廊长度
		3.1.3 公交基础设施建设及子项目预期绩效目标完成率	过夜停车能力 配备车载智能公交系统装置的公交车比例 绿色环保公交车采购数量
		3.1.4 机构能力建设及子项目预期绩效目标完成率	道路安全省指导委员会履行使职能情况

续表

评价准则		关键评价问题		评价指标
效果性		3.2 项目实际受益群体是否是项目的目标受益群体	3.2.1 项目对目标受益群体的瞄准度	各子项目目标受益群体瞄准情况
			3.2.2 项目受益群体满意度	项目受益群体对项目实施情况及效益的满意度
		4.1 项目财务是否具有可持续性	4.1.1 运营和维护经费能否持续满足需要	项目资金能否持续满足项目实施需要
				省级到期还款率（%）
				地（市）到期还款率（%）
		4.1.2 能否按时偿还贷款		项目单位到期还款率（%）
				财政资金垫付率（%）
				还款准备金充足率（%）
可持续性		4.2 项目后期运营是否具有可持续性	4.2.1 政策的可持续性	项目运营政策的可持续性
			4.2.2 运营机构及管理的可持续性	负责项目完工后运行管理工作的机构及制度存在与否
			4.2.3 产出有效利用率	正常使用率
		4.3 项目绩效或者项目创新内容是否具有示范性和可推广性	4.3.1 项目产出能否得到及时维护	项目产出运行和维护的资金充足与否
			4.3.2 项目产出能否得到及时维护	项目产出运行和维护的保障制度存在与否
			4.3.3 项目创新内容能否在其他地市复制	

2. 评分标准。评价小组根据《指南》规定，首先，最大程度参考项目评估文件或设计文件中确定的项目绩效目标或其他量化标准，并根据项目中期调整报告对目标进行及时修订。如果项目评估文件或设计文件中对某些指标内容没有涉及，则评价小组与管理部门进行讨论，根据项目特点及通行的衡量标准，确定合理的、可操作的打分依据。

其次，根据评价指标的具体特点和现实数据条件，选择百分制分段打分法或"100、0"两段打分法。分段打分法主要针对需要回答实现程度的指标，根据项目特点和行业情况等，以一个能反映程度差异的数或现象的间距，依次设置相应的评分段（在此例中是"90～100分""80～89分""60～79分"0～59分"）。在对该类指标实际打分时，评价小组根据项目实际情况，对应给出所处段中的某一个分值，以形成对该指标实现程度的评价。两段打分法主要针对只需要回答"是否""有无"，而不需要或在现有条件下不能得到有关程度的数据的指标。这类指标由于对相关程度的判断在实际操作中存在较大困难，项目实际情况若符合"100分"的得分标准就打"100分"：不符合，就打"0分"。

最后，评价小组根据各个评价准则之间存在的逻辑上的关联性，对项目四个评价准则的得分和整个评价过程进行全面审视，得出具有更强说服力的结论。

3. 绩效评价分析方法。考虑评价方法的实施范围与应用条件，评价小组综合使用以下几种绩效评价分析方法。

（1）变化分析法。评价小组采用变化分析方法，比较指标的实际变化情况在经过一段时间后是否达到预期变化。

（2）贡献分析法。评价小组采用贡献分析方法，旨在分析项目的实施是否是产生变化的原因之一，或者是否对产生变化发挥了促进作用。

（3）问卷分析法。本项目使用詹姆斯等（James et al.，1984，1993）提出的问卷分析方法对回收的受访者调查问卷进行分析，对每个问题都是用一个5分制的李克特量表进行评分，1表示"很不满意"，5表示"非常满意"。对于每个受访者的回答进行分析以确定统计指标，用于判断本项目的绩效，并通过指标衡量问题表述的一致性程度。

（4）加权平均法。根据收集整理的相关证据，运用一定的分析方法和既定的评分标准对指标体系中的各项评级指标进行打分，并按照各级指标的权重进行指标体系的加权平均。

4. 绩效评级方法。根据《指南》规定，项目绩效分为四个等级，即高度成功、成功、比较成功、不成功。项目的绩效评级分为四个步骤：（1）运用既定的分析方法和打分标准，根据收集整理的证据，对各项评价指标进行打分；（2）对每个关键评价问题下的各项指标得分进行加权平均，算出每个关键评价问题得分；（3）对每个评价准则下的关键评价问题得分进行加权平均，算出各个评价准则最终的评价分值，并相应确定四个准则的绩效等级；（4）根据四个评价准则的权重设置，对四个准则的评价分值进行加权平均，算出项目综合绩效分值，相应确定项目绩效等级。绩效评价分值采用百分制。项目及各评价准则绩效分值与对应绩效等级如表9-14所示。

表9-14　　　　　　　　项目绩效分值与绩效等级对应表

评价标准	完工项目准则权重（%）	绩效等级			
		[90, 100]	[80, 90)	[60, 80)	[0, 60)
相关性	10	高度相关	相关	基本相关	不相关
效率	30	效率非常高	效率高	效率一般	效率低
效果	30	非常满意	满意	比较满意	不满意
可持续性	30	高度可持续	可持续	基本可持续	不可持续
项目绩效	100	高度成功	成功	比较成功	不成功

（三）项目绩效分析

1. 项目相关性分析。相关性准则的百分制评价得分为100分，加权平均分为10分，绩效评价等级为"高度相关"。项目目标和内容设计高度符合当前国家、行业和所在区域的发展战略，并能够有效解决实际问题；项目目标受益群体定位（及其首要需求的确定）适当。

相关性准则设置了2个关键评价问题，分别是"项目目标和内容设计是否符合当前国家、行业和所在区域的发展战略，并能够有效解决实际问题"和"项目目标受益群体定位（及其首要需求的确定）是否适当"，共包含5个二级指标，9个三级指标。评价小组围绕评价指标，通过案卷研究、互联网搜索、面访、座谈等方法获取证据，并对证据进行整理、分析和指标评价，根据打分标准和评价规则，项目相关性准则各指标绩效打分情况如表9-15所示。

表9－15　项目相关性准则绩效评价情况

评价准则	关键评价问题	二级指标	三级指标	指标权重（%）	评价得分（百分制）	准则加权得分	绩效等级
相关性（10%）	1.1 项目目标和内容设计是否合适当前国家、行业和所在区域的发展战略，并能够有效解决实际问题（50%）	1.1.1 项目目标与中国和H市相符程度（50%）	1.1.1.1 项目目标与中国交通发展战略和政策重点的相符程度	50	100	10	高度相关
			1.1.1.2 项目目标与H市相关战略和政策重点的相符程度	50	100		
		1.1.2 项目产出设计能否针对性解决所在城市及发展面临的实际问题（40%）	1.1.2.1 改善选定交通走廊沿线的交通安全和交通效率	40	100		
			1.1.2.2 促进所在城市试点绿道慢行交通的出行量	40	100		
			1.1.2.3 加强所在城市相关机构能力	20	100		
		1.1.3 项目中期批调整内容设计是否优化项目目标、是否更有利于项目目标的实现（10%）	1.1.3.1 是否优化项目目标	50	100		
			1.1.3.2 是否更有利于项目目标的实现	50	100		
	1.2 项目目标受益群体定位（及其首要需求的确定）是否适当（50%）	1.2.1 项目产出是否符合并满足当前所在城市及周边受益群体的需求（50%）	1.2.1.1 项目瞄准的目标受益群体及其期待解决的实际问题和需求是否合理适当	100	100		
		1.2.2 项目产出是否符合并满足未来所在城市及周边受益群体的需求（50%）	1.2.2.1 项目瞄准的目标受益群体范围是否考虑项目区域的现状和未来变化趋势	100	100		

项目相关性准则的绩效评价加权平均分为 10 分，绩效评价等级为"高度相关"。

项目发展目标与世界银行 2020～2025 财年中国国别伙伴框架一致，与世界银行消除极端贫困和促进共同繁荣的双重目标相一致，可靠、安全、高效的交通服务是促进旅游业、提高经济增长和改善获得经济发展机会的先决条件，这和 H 市的社会经济转型尤为相关。项目的目标是改善 H 市选定交通走廊的交通安全和效率，促进试点绿道慢行交通出行量。在这方面，该项目采用了一种安全系统方法，以改善交通安全管理，减少交通事故死亡人数和重伤；通过 H 市行人和骑自行车人专用的"绿色走廊"部分，帮助改善公交服务，提高公共交通服务使用者满意度，促进慢行交通出行。此外，项目发展目标符合我国"十四五"规划（2021－2025 年）的绿色发展和共享繁荣战略以及碳达峰和碳中和的目标。该项目目标和内容设计符合当前国家、行业和所在区域的发展战略，并能够有效解决实际问题。项目目标受益群体定位（及其首要需求的确定）适当。因此，项目相关性准则评价为"高度相关"。

2. 项目效率分析。效率准则的百分制评价得分 90.05 分，加权平均得分为 27.02 分，绩效评级为"效率非常高"。项目作为 Z 绿色交通及交通安全综合改善项目，内容涵盖绿道慢行交通系统、智能交通、智能公交、城区道路改造、公交场站枢纽建设和咨询服务项目等诸多方面。项目主要包括四个子项目，按照前期项目实施计划，在竣工进度、预算资金管理、管理机构设置和预期收益率等方面都取得预期的成效。作为 H 市唯一单独实施的国际性金融组织贷款项目，全面实现了改善城市综合交通的目标。

效率准则设置了 4 个关键评价问题，分别是"项目是否按照《贷款协定》《项目协议》《贷款修订协定》等法律文件的计划进度实施和完工，并实现了所有预期产出""项目预算是否按计划投入和使用""项目管理机构设置（和实施机构选择）是否适当、项目管理及内部控制是否到位并能确保项目有效实施""项目的资源投入是否经济有效、项目内容设计和实施机制是否具有一定的创新性"。4 个关键评价问题共包括 10 个二级指标和 14 个三级指标。评价小组围绕评价指标，通过案卷研究、面访、座谈、实地调研和问卷调查等方法获取对效率性绩效评价的原始资料信息，通过对原始资料信息进行整理和分析，根据打分标准和评级规则，效率准则各指标绩效打分情况如表 9-16 所示。

表9－16　项目效率准则绩效评级情况

评价准则	关键评价问题	二级指标	三级指标	指标权重（%）	指标得分	准则加权得分	绩效等级
效率（30%）	2.1 项目是否按计划进度实施，并实现了所有预期产出（30%）	2.1.1 项目是否按计划的时间周期实施并完工（50%）	2.1.1.1 开工时间吻合度	25	42.52	27.02	效率非常高
			2.1.1.2 完工时间吻合度	25	60		
			2.1.1.3 项目预期和实际的实施周期相符程度	50	60		
		2.1.2 项目是否实现了预期产出（50%）	2.1.2.1 安全系统综合走廊建设及改善子项目完成率	60.38	100		
			2.1.2.2 绿色旅游走廊建设及改善子项目完成率	3.2	100		
			2.1.2.3 公交基础设施建设子项目完成率	33.89	70		
			2.1.2.4 机构能力建设子项目完成率	2.52	100		
	2.2 项目预算是否按计划投入和使用（20%）	2.2.1 预算执行吻合度（50%）	2.2.1.1 安全系统综合走廊建设及改善子项目实际资金使用与预算吻合度	60.38	85		
			2.2.1.2 绿色旅游走廊建设及改善子项目实际资金使用与预算吻合度	3.2	0		
			2.2.1.3 公交基础设施建设子项目实际资金使用与预算吻合度	33.89	85		
			2.2.1.4 机构能力建设子项目实际资金使用与预算吻合度	2.52	85		

续表

评价准则	关键评价问题	二级指标	三级指标	指标权重（%）	指标得分	准则加权得分	绩效等级
效率（30%）	2.2 项目预算是否按计划投入和使用（20%）	2.2.2 资金到位率（30%）	2.2.2.1 世行贷款资金到位率	50	100		
			2.2.2.2 配套资金到位率	50	100		
		2.2.3 资金使用合法合规性（20%）	2.2.3.1 项目违规资金总额占项目资金总额的比重	100	100		
	2.3 项目管理机构设置（和实施机构选择）是否适当，项目管理及内部控制是否能确保项目有效实施（20%）	2.3.1 是否在省、市、县相关各级有专门的项目管理办公室，并配备足够的人员，是否促进项目协调推进（25%）		25	100		
		2.3.2 是否分类制定了相关的管理制度和实施细则，并落实到位（25%）		25	100		
		2.3.3 各级管理机构职责是否清晰，适当（25%）		25	100		
		2.3.4 是否有有效的信息收集反馈渠道（25%）		25	100		
	2.4 项目的资源投入是否经济有效，项目内容设计和实施机制是否具有一定的创新性（30%）	2.4.1 项目实际经济内部收益率与预期经济内部收益率的相符程度（50%）		50	100	27.02	效率非常高
		2.4.2 项目的创新性设计提高效率和效果的程度（50%）		50	100		

项目效率准则的绩效评价加权平均分为 27.02 分，绩效等级为"效率非常高"。

本项目除了因部分原因未能实现原计划工期开工和预算执行与实际吻合度较低等问题，工程进度和资金到位率方面基本上按照计划的时间周期进行。虽然受到空气治理政策等外部不可抗力因素的影响，而对于项目本身而言，信息沟通平台建设的不完善、原项目设计与城市规划的不融合和移民安置等问题，从而诱发的与施工方信息沟通不畅和项目规划调整也是造成各子项目未能按计划实现开工的主要原因。而在预算执行方面，影响支付进度的主要原因是部分施工单位对合同审批和支付文件的准备方面存在延误，导致世行贷款的总体支付进展缓慢。由于项目前期的规划和论证不足，使得例如交叉口标志工程、绿道智能系统和火车站公交枢纽项目的取消，造成实际投资金额的减少，降低了预算执行率。因此，项目效率准则评价为"效率高"。

3. 项目效果分析。效果准则的百分制评价得分 100 分，加权平均得分为 30 分，绩效评级为"非常满意"。项目作为城市综合交通改善工程，降低了项目走廊沿线的年交通相关死亡人数，达到了项目走廊改善长度的目标，缩短了项目走廊高峰期公共交通出行时间，达到了绿道每年的慢行交通出行次数目标和建设的绿道走廊长度目标，提高了过夜停车能力，实现了配备车载智能公交系统装置的公交车的目标比例，并且达到了绿色环保公交车采购数量，有效改善了 H 市目前的交通状况，达到了改善交通安全和效率、净化环境的效果。项目的实际受益群体与目标受益群体高度一致，受益群体满意度高。

效果准则设置了 2 个关键评价问题，分别是"项目是否实现了绩效目标"和"项目实际受益群体是否是项目的目标受益群体"，共包含 6 个二级指标和 10 个三级指标。评价小组围绕评价指标，通过案卷研究、面访、座谈、实地调研、问卷调查等方法获取证据，经过证据整理、分析和指标评价，根据打分标准和评级规则，项目效果准则各指标绩效打分情况如表 9 - 17 所示。

项目效果准则的绩效评价加权平均分为 30 分，绩效等级为"非常满意"。

项目作为城市绿色、安全交通改善工程，实现了项目发展目标。项目走廊沿线交通相关死亡人数从基线值的 4.7 人下降到完工时的 2.3 人；高峰时段公共交通出行时间，解放路从 20.5 分钟减少到 16.8 分钟，人民路从 17 分钟减少到 16 分钟，塔南路从 17.6 分钟减少到 12.2 分钟；用户满意度由 69.6% 提高到了 89.4%，其中女性满意度达到 87.7%；绿道走廊沿线每年的慢行交通出行量约为 1 151.4 万人次，大大超过了原定目标的 24.15 万人次。项目指标的所有目标值

表 9 - 17　项目效果准则绩效评级情况

评价准则	关键评价问题	二级指标	三级指标	指标权重（%）	指标得分	准则加权得分	绩效等级
效果（30%）	3.1 项目是否实现了绩效目标（60%）	3.1.1 安全系统综合走廊建设及改善子项目预期绩效目标完成率（25%）	3.1.1.1 项目走廊沿线的年交通相关死亡人数的减少	40	100	30	非常满意
			3.1.1.2 项目走廊改善长度	20	100		
			3.1.1.3 项目走廊高峰期公共交通出行时间的减少	40	100		
		3.1.2 绿色旅游走廊建设及改善子项目预期绩效目标完成率（25%）	3.1.2.1 绿道每年的慢行交通出行次数	50	100		
			3.1.2.2 建设的绿道走廊长度	50	100		
		3.1.3 公交基础设施建设及子项目预期绩效目标完成率（25%）	3.1.3.1 过夜停车能力	40	100		
			3.1.3.2 配备车载智能公交系统装置的公交车比例	30	100		
			3.1.3.3 绿色环保公交车采购数量	30	100		
		3.1.4 机构能力建设子项目预期绩效目标完成率（25%）	3.1.4.1 道路安全指导委员会职能行使情况	50	100		
			3.1.4.2 受培训官员和员工人数	50	100		
	3.2 项目实际受益群体是否是项目目标受益群体（40%）	3.2.1 项目对目标受益群体的瞄准度（40%）		100	100		
		3.2.2 项目受益群体满意度（60%）		100	100		

都已实现并超过，并在安全教育平台建设、交通安全教育读本编写等方面取得了一些意想不到的结果，影响范围超出了 H 市。因此，项目效果准则评价为"非常满意"。

4. 项目可持续性分析。可持续准则的百分制评价得分 94 分，各指标加权后的平均得分为 28.2 分，绩效评级为"高度可持续"。项目完工后，管理工作的机构和制度依然存在，但由于资产移交手续正在陆续办理中，相关运营管理制度并未明确；还款机制健全，具备还款能力，能够按时偿还贷款，产出具有可持续性。Z 作为资源枯竭城市在发展方式转型取得的成绩具有典型的示范作用，项目创新内容可以在其他城市复制，未来具有一定的推广价值。

项目的可持续性是指项目建成完工投入运营以后，项目能否持续运行并继续发挥成效的可能性。项目的可持续性分析即对项目的既定目标是否能够按期实现，并产生较好的社会效益等方面的评价分析。它主要针对保障项目运行并发挥成效的各方面因素进行评价，这些因素包括项目财务、项目后期运营和项目绩效 3 个方面的关键性问题。当然，由于财政部门对项目还款十分关注，可持续性对项目财务尤其是项目还款能力的评价最为重要。项目的可持续性直接影响到项目长期效益能否持续性地实现。

项目可持续性准则设置了 3 个关键评价问题，分别是"项目财务是否具有可持续性""项目后期运营是否具有可持续性""项目绩效是否具有可持续性或者项目创新内容是否具有示范性和可推广性"，共包含 7 个二级指标和 11 个三级指标。评价小组围绕评价指标，主要采取了案卷研究、面访、座谈、实地调研、问卷调查等方式进行资料收集、整理和分析。根据打分标准和评级规则，项目可持续性准则各指标绩效打分情况如表 9 - 18 所示。

项目相关性准则的绩效评价加权平均分为 28.2 分，绩效评价等级为"高度可持续"。本项目完工后，负责实施管理的机构和制度持续存在，相关人力资源、经费保障和政策支持能够满足项目持续运行的需要，还款机制健全稳定，具备还款能力，可以按时足额偿还贷款及相关费用，能够保证稳定、持续地产出。考虑到 H 市作为资源枯竭转型城市的典型代表，项目创新内容具有较强的示范效应，在未来具备在其他地市复制推广的可能性。因此，项目可持续性准则评价为"高度可持续"。

（四）经验、不足及建议（略）

表 9-18　　　　项目可持续准则绩效评价结果

评价准则	关键评价问题	二级指标	三级指标	指标权重（%）	指标得分	准则加权得分	绩效等级
可持续性（30%）	4.1 项目财务是否具有可持续性（30%）	4.1.1 运营和维护经费能否持续满足需要（50%）	4.1.1.1 项目资金能否满足项目自实施需要	100	100	28.2	高度可持续
		4.1.2 能否按时偿还贷款（50%）	4.1.2.1 省级到期还款率（%）	20			
			4.1.2.2 地（市）到期还款率（%）	20			
			4.1.2.3 项目单位到期还款率（%）	20	100		
			4.1.2.4 财政资金垫付率（%）	20			
			4.1.2.5 还款准备金充足率（%）	20			
	4.2 项目后期运营是否具有可持续性（40%）	4.2.1 政策的可持续性（50%）	4.2.1.1 项目运营政策的可持续性	100	100		
		4.2.2 运行机构及管理的可持续性（50%）	4.2.2.1 负责项目完工后运行管理工作的机构及管理制度存在与否	100	70		
	4.3 项目绩效是否有可持续性? 或者项目创新内容是否具有示范性和可推广性（30%）	4.3.1 产出有效利用率（30%）	4.3.1.1 正常使用率	100	100		
		4.3.2 项目产出能否得到及时维护（40%）	4.3.2.1 项目产出运行和维护的资金充足与否	50	100		
			4.3.2.2 项目产出运行和维护的保障制度存在与否	50			
		4.3.3 项目创新内容能否在其他地市复制（30%）		100	100		

主要参考文献

[1] Allen Schick. 绩效现状：时机已经成熟但尚未付诸实践的理念综述 [J]. OECD 预算编制学报，2003（1）.

[2] 白景明，程北平，王泽彩. 中国财政绩效报告——理论与实践（2018）[M]. 北京：中国财政经济出版社，2018.

[3] 白景明. 新意义、新目标、新制度、新要求：把全面实施预算绩效管理落到实处 [J]. 中国财政，2019（10）：8-13.

[4] 曹堂哲，罗海元. 部门整体绩效管理的协同机理与实施路径——基于预算绩效的审视 [J]. 中央财经大学学报，2019（6）：3-10.

[5] 范柏乃. 政府绩效管理 [M]. 上海：复旦大学出版社，2003.

[6] 何文盛，杜丽娜. 中国预算绩效管理改革的政策演进与双重逻辑——中央和省级政府双向互动的政策实践视角 [J]. 中央财经大学学报，2021（6）.

[7] 江书军，蔡晓冉. 全过程预算绩效信息公开框架与促进机制 [J]. 地方财政研究，2020（11）：33-41.

[8] 江书军，陈立妮，蔡晓冉. 县级政府预算绩效管理改革制约因素与优化路径研究——基于河南省的调研分析 [J]. 财政监督，2023（3）：49-54.

[9] 江书军，陈立妮. 预算部门绩效自评价质量提升制约因素与驱动机制研究——基于2017—2020年度中央部门绩效自评结果分析 [J]. 河南理工大学学报（社会科学版），2024，25（1）：24-33.

[10] 江书军，迟艳. 绩效目标管理质量提升制约因素与优化策略研究——以102个中央部门为例 [J]. 财政监督，2023（16）：47-52.

[11] 江书军，邓茹. 第三方机构参与绩效评价存在的问题与质量提升建议 [J]. 财务与会计，2022（3）：79-80.

［12］李红霞，刘天琦．预算绩效与政府治理：契合性与协同性视角［J］．中央财经大学学报，2019，39（6）：11－19．

［13］马海涛，曹堂哲，王红梅．预算绩效管理理论与实践［M］．北京：中国财经经济出版社，2020．

［14］童伟，田雅琼．部门整体支出事前绩效评估方法及路径探讨［J］．地方财政研究，2018，15（1）：32－38．

［15］童伟．基于编制本位和流程再造的预算绩效激励机制构建［J］．财政研究，2019（6）：46－56．

［16］王佳．全面实施绩效管理框架下深化预算绩效目标管理改革研究［J］．地方财政研究，2021（11）．

［17］王银梅．论全面实施预算绩效管理中的信息公开问题［J］．中国行政管理，2019（7）：158－159．

［18］杨志安，邱国庆．数据开放、社会参与和政府预算监督［J］．青海社会科学，2017（6）：125－131．

［19］周志忍，徐艳晴．政府绩效管理的推进机制：中美比较的启示［J］．中国行政管理，2016（4）：139－145．

［20］Allen Schick. The metamorphoses of performance budgeting［J］. OECD Journal on Budgeting, 2014（2）.

［21］Bernadin H J, Kane J S, Ross S, Spina J D, Johnson D L. Performance Appraisal Design, Devel－opment, and Implementation［J］. Handbook of Human Resource Management, 1995：462－493.

［22］Campbell J P, McCloy R A, Oppler S H, et al. A theory of performance［C］. Schmitt N&Boman WC.（Eds）, Personnel selection in organizations, San Francisco：Jossey Bass, 1993：35－70.

［23］Dan A, Cothran. Entrepreneurial Budgeting：An Emerging Reform［J］. Public Administration Review, 1993（5）：445－454.

［24］Ho T K. From Performance Budgeting to Performance Budget Management：Theory and Practice［J］. Public Adminstration Review, 2018（5）.

［25］J S Kane. The Conceptualisation and Representation of Total Performance Effectiveness［J］. Human Resource Management Review, 1996, 6（2）：123－145.

［26］K J Murphy, M Jensen. Performance pay and top-management incentives［J］. Journal of Political Economy, 1990, 98（2）：225－264.

［27］ Richard S Williams. Performance Management ［M］. London：International Thomson Business Press，1998：93.

［28］ Taylor J，Pierce J L. Effect of introducing a performance management system on employee's subsequent attitude and effort ［J］. Public Personnel Management，1999（3）.